유영모·함석헌의
생각 365

유영모·함석헌의
생각 365

박재순 지음

홍성사

들어가기 전에

유영모, 함석헌의 깊은 정신과 사상을 함께 나누고 싶어 이 책을 썼다. 두 분 선생님의 글을 읽으면 몸과 맘이 곧고 힘 있어지고 지성과 생각이 깊고 맑아지며 얼이 솟아오르는 느낌을 갖는다. 두 분 선생님은 글을 통해서 스스로 책임을 지며 전체의 자리에서 생각하고 행동하도록 우리의 지성과 영성을 단련하고 일깨운다.

여기에 실린 글들이 읽는 이들의 지성을 맑고 또렷하게 깨워서 깊고 넓은 생각의 세계로 이끌어 주기를 기대한다. 이 글들을 읽고서 삶에 떠밀리고 일에 치여 살지 않고 삶과 일의 주인과 주체로 살 힘을 얻는다면 고맙겠다. 날마다 이 글을 조금씩 읽음으로써 우리의 마음과 생각과 말이 맑고 깊고 넉넉해지기를 바란다.

이 책을 통해 유영모, 함석헌 선생님의 삶과 사상과 정신이 널리 퍼져서 생명과 정신의 씨알맹이가 싹트고 속 알맹이가 깊어지기를 바란다. 이 책의 저작권 수입금은 두 선생님의 사상과 정신을 연구하고 알리는 데 힘쓰는 다석학회, 함석헌기념사업회, 재단법인 씨올에 드리기로 하였다. 읽는 이마다 두 선생님의 정신과 사상을 알리고 실천하는 데 앞장서 주기를 바란다.

2012년 10월 삼각산 아래서

박재순

일러두기

- 이 묵상집에 인용한 유영모 선생님 말씀의 출처는 다음과 같습니다. 《다석일지 상·중·하(영인본)》, 《다석강의》(현암사), 《다석 유영모 어록: 다석이 남긴 참과 지혜의 말씀》, 《진리의 사람 다석 유영모 상·하》(이상 두레), 《죽음에 생명을 절망에 희망을: 씨올의 메아리》(홍익재), 《제소리: 다석 유영모 강의록》(솔출판사)

- 함석헌 선생님 말씀은 다음 자료에서 인용하였습니다. 《뜻으로 본 한국역사》, 《함석헌 전집 1권—뜻으로 본 한국역사》, 《함석헌 전집 2권—인간혁명의 철학》, 《함석헌 전집 3권—한국기독교는 무엇을 하려는가》, 《함석헌 전집 4권—죽을 때까지 이 걸음으로》, 《함석헌 전집 5권—서풍의 노래》, 《함석헌 전집 6권—시집 수평선 너머》, 《함석헌 전집 8권—씨올에게 보내는 편지》, 《함석헌 전집 17—민족통일의 길》(이상 한길사)

영원의 미완성,
영원히 자라는 혼의 타는 그 가슴엔
지극히 적은 부분의 불꽃마다
제대로 무한한 즐거움,
끝없이 닫는 영의 헐떡이는 염통엔
찰나 찰나의 고동의 울림마다
그대로 영원한 이김.

<u>《함석헌 전집 6: 시집 수평선 너머》 125쪽</u>

▶ 생명도 역사도 우주도 끝없이 자라는 미완성이다. 자라는 생명과 역사와 우주의 중심과 끝이 내 맘 속에 영혼 속에 있다. 내 혼은 자라려는 열망으로 타오르는 불꽃이다. 내 혼이 자라기 위해 타오르는 불꽃은 아무리 작은 것이라도 그 불꽃 하나하나마다 제대로 무한한 즐거움이 있다. 앞으로 나가려고 끝없이 달리는 영혼의 헐떡이는 염통에는 찰나찰나 염통이 일으키는 고동의 울림마다 그대로 영원한 이김이 있다.

참으로 고운 것은 아무도 안 보는 데 있다. 자연의
아름다움은 누구에게 보이려고 생긴 게 아니다. 사람은
아름답게 꾸민 것을 남에게 보이고자 한다. 달도 아무도
안 보는 겨울 달, 겨울별이 더 좋다. 《씨올의 메아리》 347쪽

▶참으로 고운 것은 제가 저로서 저답게 있는 것이다. 고운 것은 속
의 속에서 나오기 때문이다. 속이 곯고 힘없으면 고운 게 나올 수
없다. 남에게 보이기 위해서 껍데기를 꾸민 것은 고운 게 아니다.
아무도 보지 않는데 스스로 뚜렷이 저답게 저로서 있는 것이 참으
로 고운 것이다.

　　　맨 첨이고 참되시는 아버지 하나님을 그리워함은
어쩔 수 없는 사람의 본성(本性)이다. 생각은 그리움에서
나온다. 그립고 그리워서 생각을 하게 된다. 이를 사람의
참 뜻이라고 하여 성의(誠意)라고 한다. 이 뜻은 꼭 이루
어져야 한다. 《다석 유영모 어록》 59쪽

▶다석은 '나'의 뿌리를 깊이 탐구했다. 금식하고 밤잠을 자지 않
으며 탐구한 결과 '나'의 뿌리가 하늘, 빈탕한데, 하나님 아버지임
을 깨달았다. '나'의 속의 속에 사람의 본성인 바탈 속에 하늘, 하
나님 아버지에 대한 그리움이 사무쳐 있음을 알았다. 하늘(하나
님)에 대한 그리움과 사랑에서 생각이 나온다. 과학은 하늘의 평
면에 사물을 비추어 본 것이고, 철학은 하늘의 깊이에 비추어 본
것이며, 종교는 하늘과 사귀는 것이다. 하늘을 그리워하고 생각하
는 것이 사람의 참뜻이다. 하늘을 그리워하고 생각하여, 하늘이
우리의 몸과 맘에, 삶과 일에 드러나게 하는 것이 사람의 참뜻을
이루는 것이다.

산을 옮기자 해서 산더러 여기서 일어나 저 바다 속으로 가거라 하고 소리를 지르고 있는 것은 어리석은 일이요, 내가 나더러 옮겨 가라고 명령을 해야 옳은 일이다. 어디로 옮겨 가란 말인가? 하나님께로다. 믿음이란 하나님과 내가 하나 됨이다. 내가 산 같은 나를 바다같이 무한한 하나님 속에 던져 하나가 돼버리면 산을 마음대로 하는 것쯤은 문제가 아니다. 믿으면 (내가 하나님과 하나 되면) 된다(물건이 나와 하나 된다). 다 됐다. 《함석헌 전집 5: 서풍의 노래》317쪽

▶하나님이 있다거나 없다고 말하는 것은 중요하지 않다. 모든 것을 초월하고 아우르며, 모든 것의 속의 속에, 깊이의 깊이에 계신다고 믿어지는 이에게 가까이 가면, 그이와 하나로 되면 모든 물건들에서 자유로울 수 있고 또 모든 물건들과 하나로 될 수 있다. 그러면 매임 없이 기쁘고 힘이 난다. 물건과 일에서 자유로우면 나를 맘대로 움직일 수 있고 물건과 하나로 되면 물건과 일을 제대로 이끌 수 있다.

사람이 하나님 아버지를 그리워함은 막을 길이
없다. 그것은 아버지와 아들의 관계이기 때문이다. 아버
지와 아들은 둘이면서 하나이다. 부자불이(父子不二) 이것
이 부자유친(父子有親)이라는 것이다. 《다석 유영모 어록》 20~21쪽

▶하늘과 관계하는 세 가지 방식이 있다. 지천(知天)은 하늘을 아
는 것이고, 하늘을 지식의 대상으로 삼는다. 낙천(樂天)은 하늘을
즐거워하는 것인데 하늘은 여전히 즐거워하는 대상으로 남는다.
친천(親天)은 하늘을 섬기고 하늘과 사귀는 것인데 하늘과 사람
이 인격적으로 서로 참여하는 것이다.
다석은 하나님 아버지의 얼굴이 사람의 맘속에 들어 있다고 했다.
아버지 하나님의 얼굴을 그리워하고 아버지의 얼굴이 내 얼굴에
새겨져야 한다고 보았다. 하나님 아버지를 섬기고 사귀는 일은 천
자(天子)의 일이고 성인(聖人)의 일이다. 모든 씨올이 천자와 성인
의 자리에 있다.

1월 5일   하늘을 사귐〔親天〕

우리는 터져 나가는 우주에 산다. 우리가 터져 나가는 우주다. 우주의 씨올이다. 우주의 한없는 겨레가 터져 나올 씨올이다. <경석헌 전집 2: 인간혁명의 철학> 212쪽

▶함석헌은 우주를 살아서 움직이는 것으로 보았다. 우주는 자라는 생명체이고 새롭게 변화되는 역사를 가진다. 우주는 자신을 터뜨리면서 앞으로 나아간다. 자신을 폭발시켜 버리고 자신을 뛰어넘어 앞으로 나아간다.

이런 우주 속에 사는 우리도 자신을 터뜨리며 솟아올라 앞으로 나아가는 존재다. 우리는 우주 안에 있으면서 우주를 품고 있는 우주의 주인이다. 우리 속에 우주가 있다. 우리가 우주 자체이다. 우리는 우주의 새로운 주인들을 낳을 씨올이다. 우리는 우주의 중심과 맨 앞 끄트머리에 있다.

나와 네가 다른 것이 아니다. 모두 다 한 나무에 핀 꽃이다. 우리는 다만 그 사람의 긋(얼의 나타남)을 알면 그만이다. 곧 그 사람의 인격, 그 사람의 정신, 그 사람의 생각, 그 사람의 말씀을 알면 그만이다. 그 말씀 속에서 또 내 얼(참 나)을 내 긋을 알 수 있기 때문이다. 《다석 유영모 어록》15쪽

▶나와 너는 모두 한 생명나무에 핀 꽃이다. 그러나 각 사람마다 속에 생명의 값인 인격과 얼을 지니고 있다. 사람의 인격과 얼은 생각과 말씀으로 표현된다. 인생의 목적은 서로의 생각과 말에 귀를 기울이고 서로의 인격과 얼을 보고 알자는 것이다.

다석은 생명과 정신의 전체성과 하나 됨을 말하면서도 한 사람의 인격을 강조했다. 전체성과 주체성의 역동적 일치를 말한다. 정신이 자유롭고 깊을수록 전체 하나와 통한다.

고난의 역사라니 고난 전에 또 무엇이 있고 고난 후에 또 무엇이 온다는 말이 아니다. 그저 고난의 역사가 스스로 나타났을 뿐이다. 제[自]가 곧 까닭[由]이다. 그러므로 자유(自由), 곧 스스로 함이다. 그러므로 고(苦)는 생명의 근본원리다. 고를 통해 자유에 이른다. 고를 피하고 낙을 맞으려는 사람은 영원히 고를 면치 못할 것이요, 선을 사랑하고 악을 미워하려는 사람은 영원히 선을 보지 못할 것이다. 《뜻으로 본 한국역사》 22쪽

▶삶 자체가 문제이고 고난이다. 삶에는 늘 고난이 따르는 것을 알고 고난을 감수하는 이만이 삶을 바르고 힘 있게 살 수 있다. 과거의 고난이 없던 때를 그리워하는 사람도, 미래의 고난 없는 세상을 꿈꾸는 사람도 현재의 삶을 힘차게 살 수 없다. 삶에는 늘 고통스러운 상황이 있고 성가신 일이 있고 나를 괴롭히는 이들이 있기 마련이다. 이 고통스런 삶 속에서 믿음으로 사랑을 이루자는 것이다.

　　마음속에 영원한 생명의 씨(얼)를 지닌 이는 그 씨가 자란다. 그러므로 어제의 나가 오늘의 나가 아닌데 밤낮 같은 소리만 할 까닭이 없다. <u>《다석유영모 어록》 18쪽</u>

▶사람의 마음속에 하나님의 얼굴이 숨겨 있고 영원한 생명의 씨올이 심겨 있다. 사람의 속의 속에서 하나님의 얼굴이 뚜렷해지고, 영원한 생명의 씨올이 싹트고 자라면 생각과 말이 새롭다. 속의 생명이 자라는 이만 제소리를 하고 새 소리를 할 수 있다.

　　이 20세기 문명의 인간이 종교요 철학이요 과학
이요 하며 떠드는 것도 그 어떤 하나 초정신이라고밖에
부를 수 없는 것을 향하고 있는 것이리라. 우리말의 '한'
혹은 '흔', '얼' 혹은 '올'이란 것도 그것을 그려보자고 그
리는 한 그림(幻像, vision)이요, 그것을 맞혀보자고 던지
는 한 돌 던짐인지도 모른다. 《뜻으로 본 한국역사》 28쪽

▶함석헌은 문명, 종교, 철학, 과학의 근본 바탕에 우주만물을 하나
로 아우르는 초정신이 있다고 보았다. 생명과 역사는 '하나이고 전
체'인 초월적 정신에 근거하고, 이 정신을 향해 나아간다. 한겨레
는 이 정신을 하나님, 한얼, '한'으로 보고 '한'이 우리 겨레의 정신
적 원형질이라고 했다. 우리 정신과 역사에는 모든 것을 하나로 끌
어안는 '한', '하나이고 큰 정신'에 대한 그리움이 사무쳐 있다.

물에 용이 뛰듯이 참말 속에는 참뜻이 튀어 오른다. 영원히 사는 것은 참(하나님) 뜻뿐이다. 하나님의 뜻은 시작도 마침도 없이 영원하다. 우리는 하나님의 뜻인 참뜻만은 지니고 가야 한다. 하나님의 뜻인 참뜻이 나의 본체인 참나이다. 영원히 죽지 않는 하나님의 뜻이 담긴 참말이 곧 영원한 생명이다. 여기서 우리는 하나님의 뜻과 내 뜻이 하나가 되어 영원한 참뜻을 이루어간다. 《다석 유영모 어록》 19~20쪽

▶사람의 속에서 우러난 말에는 진실함과 생명력이 약동한다. 저마다의 생명과 정신에는 참뜻이 있고 참뜻이 정신과 생명을 움직인다. 참뜻은 생명과 정신의 본성과 사명, 중심과 목적이다. 참뜻을 잡으면 참 나를 찾고 영원한 생명에 이른다.

지금은 진화의 새 단계가 나오려고 한다. 유인원의 어느 한 가지에서 돌연변이에 의해 엉뚱한 '사람'이란 것이 껑충 하고 뛰어나왔듯이 이 종교라는 것에서 엉뚱한 새 사람이 나오고야 말 것이다. 그리하여 '사람'이 나와서 '내가 만물의 영장'이라 하고 이 세계를 통일했듯이, 그 엉뚱한 것이 나옴으로써 이 우주가 어지러움, 허투루임을 면하고 건짐을 받을 것이다. 《뜻으로 본 한국역사》 28쪽

▶함석헌은 생명진화의 역사가 인간에게서 멈추지 않고, 새로운 비약에 이를 것으로 본다. 생각하는 인간(homo sapiens)이 본능과 이성, 개인과 전체를 하나로 통합하는 영적 존재로 될 것이다. 성경은 이런 영적 존재를 하나님의 자녀들이라고 한다. 이런 이들이 나와야 우주만물도 허무와 멸망에서 벗어나 신적 영광과 자유에 참여할 수 있다.

　　　영원한 생명을 믿는 사람에게는 바쁜 것이 없다.
하늘이 무너져도 솟아날 구멍이 있다. 영원한 생명으로
사는 사람은 언제나 유유하다. 그래서 생각도 유유하고
노래도 유유하다. 《다석 유영모 어록》 20쪽

▶시간과 공간에 매인 몸을 가지고 살면서도 사람은 영원한 생명
과 정신을 믿고 영원한 생명과 정신으로 살아야 한다. 사람의 뿌
리는 하늘에 있다. 하늘나라의 사람으로 살면 근심과 걱정이 없고
바쁠 게 없다. 늘 기쁘고 넉넉한 자유를 누린다.

지금으로부터 2천 년 내지 3천 년 전쯤에 와서 비로소 개인의 종교가 시작되었다. 영혼의 자각이 되었다. 위대한 종교는 다 이때 나왔다. 이것은 인류사의 한 큰 시대다. 그리하여 2, 3천 년 인류를 이끌어 왔다. (근세에 이르러) 서로 자유를 주장하는 동안에 인류를 오리가리 찢어진 꼴로 만들었다. 바퀴는 석가, 공자가 돌리던 그 인생의 그 바퀴지만 역사의 길은 도저히 전에 꿈도 꾸지 못했던 데로 가고 있다. 아니다. 바퀴도 그 바퀴가 아니다. 지금은 과거의 세계관이 거의 해체되어 버리고 새것은 아직 얼거리도 잡지 못한 때다. 보편적 세계사상의 결핍, 이것이 현대가 당하는 비참의 원인이다. <뜻으로 본 한국역사> 33~35쪽

▶함석헌은 기존의 고등 종교를 높이 평가하면서도 그 시대적 한계를 말한다. 공자, 석가, 예수는 모두 당대의 문화적, 시대적 제약을 지닌 세계관 속에서 깊은 진리를 제시했다. 근세 이후 자유화, 산업화, 세계화의 큰 흐름 속에서 과거의 세계관은 쓸모없게 되었다. 그런데 세계화 시대를 위한 보편적 세계사상은 아직 나오지 않았다. 함석헌은 공자와 석가를 넘어서서 동서의 정신문화를 통전하는 새로운 보편적 세계사상을 추구하였다. 개인과 주체의 자리에서 전체를 보고 전체의 자리에서 개인과 주체를 보는 보편적 세계사상, 그것은 인류가 민족과 국가를 넘어서, 문명과 종교를 넘어서 더불어 살 수 있는 정신의 집이다.

　　모든 문제는 마침내 하나[一]에 연결되어 있다. 문제는 언제나 하나(전체)인데 하나[一]로 참 살고 하나[一]로 돌아가자는 것이다. 《다석 유영모 어록》 40쪽

▶하나에 이르고 전체의 자리에 서면 모든 문제는 해결된다. 하나를 붙잡고 전체의 자리에 이른 사람에게는 문제들이 극복되었거나 문제를 풀 수 있는 길이 열린다. 너와 나와 그가 하나로 되는 자리에 이르면 모든 갈등과 다툼을 넘어서 상생 평화의 세계가 보인다.

　　　현대를 건지려면 군축회의도 필요하고 경제회의
도 필요하겠지만, 그보다 먼저 새로운 세계이상을 세워
야 할 것이다. 머리가 달라져야 한다. 달라져도 웬만한 정
도가 아니라 아주 근본적으로 달라져야 할 것이다. 《뜻으
로 본 한국역사》 35쪽

▶ 정치와 경제의 바탕은 문화이고 문화의 토대는 정신과 사상이
다. 정치와 경제를 바로 세우려면 문화를 바로 세우고, 문화를 바
로 세우려면 정신과 사상을 바로 세워야 한다. 함석헌은 언제나 방
법을 묻지 않고 정신과 철학을 물었다. 정신과 철학이 확립되면 방
법이 나오기 마련이다. 함석헌의 철학은 새로운 세계이상에 대한
모색이었고 그의 삶은 새로운 세계이상에 대한 헌신이었다.

말숨은 우리 맘속에서 타는 참(얼)의 불이다. 중용(中庸)이란 우리 맘속에 쓰여진다는 말이다. 우리 맘속에 영원한 생명의 불꽃이 타고 있다. 하나님의 말숨(말씀)이 타고 있다. 그것이 거룩한 생각이다. 사람은 하나님의 말숨이 불타는 성화로(聖火爐)이다. 하나님의 말숨을 쉬지 못하면 사람이라고 하기 어렵다. 《다석 유영모 어록》 26쪽

▶말은 정신의 숨이다. 말숨은 말씀과 숨을 결합한 것이다. 몸의 숨과 정신의 말씀이 하나로 이어지고 통한다. 다석은 중용(中庸)을 "맘속에[中] 쓰여진다[用]"로 풀이하였다. 말씀이 맘속에서 쓰여진다는 것은 말씀으로 생명의 불꽃이 타오르는 것을 뜻한다. 사람은 생각하는 존재요 생각은 속에서 말이 불타는 것이다. 우리 속에서 하나님의 말씀이 불타면 생각이 깊고 부드러워져서 원만하고 그윽한 중용의 삶을 살 수 있다.

1월 17일   사람은 하나님의 말숨(말씀의 숨)이
불타는 성화로(聖火爐)이다

세계가 하나 되는 시대, 이것이 역사의 새 장의 제목이다. 이제는 모든 인류의 아들들을, 지금까지 서로 원수인 듯 서로서로 다투고 죽이던 모든 민족, 나라, 인종, 교도, 주의자를 총동원하여 한 전선에 내세워서 모든 모순, 모든 허비, 모든 오해를 다 내버리고 새로운 건설적인 하나로 향하게 하여야 한다. 《뜻으로 본 한국역사》 36쪽

▶세계사는 하나로 되는 길목에 들어섰다. 이제 모든 싸움을 접고 '하나의 세계'로 나아가야 한다. 전쟁과 폭력의 민족국가 시대에서 상생과 공존의 세계평화 시대로 나아가자는 것이 함석헌의 역사철학의 결론이다. 함석헌의 철학은 민족 정신문화에 깊이 뿌리내리면서도 하나의 세계를 향해 활짝 열려 있다. 하나의 세계를 위한 총동원령은 이미 내려졌다. 함석헌의 철학은 이 총동원령을 알리는 나팔소리다.

　　　사람이 살자면 맑은 샘물이 있어야 하듯이 이 세
상에는 사람의 정신을 살릴 참 말이 있어야 한다. 말씀의
임자가 누구인가? 하나님의 성령이 말씀의 주인공이다.
우리의 마음속에서 말하는 이는 하나님이시다. 하나님
의 말씀이 참 말씀이다. 참말을 듣는 이가 많아야 나라
가 바로 되어 흥하게 된다. 《다석 유영모 어록》 27쪽

▶말이나 글이 넘치는 세상인데 정신을 살릴 참 말은 구하기 어렵
다. 마치 홍수가 나면 맑은 물을 얻기 어려운 것과 같다. 욕심이 지
나치고 지식이 넘쳐서 하나님이 주시는 생명의 말씀을 만나기 어
렵다. 말과 글이 홍수가 난 세상에서 유영모와 함석헌의 말씀은 맑
은 샘물과 같은 말씀이 아닌가? 유영모와 함석헌은 하나님에게 충
성하고 하나님의 말씀을 바로 들은 이다. 참말을 듣고 참말을 하
는 이는 맘과 행실이 바르니, 이런 사람이 많아야 나라가 바로 되
고 흥하게 된다.

　　'하나'를 어서 의식하여야, 그리하여 각각 서로 한 몸의 지체인 것을 깨달아야 이 미친 자살적인 경련이 그칠 것이다. 그러나 그 새것 그 하나를 가르쳐 주는 자가 누구냐? 하나를 믿는 자만이 할 수 있을 것이다. 《뜻으로 본 한국역사》 36쪽

▶하나의 세계로 가려면 서로 한 몸의 지체임을 깨닫고 '하나'를 믿어야 한다. 그래야 공연한 미움과 분노 속에서 자해하며 서로 죽이는 지옥 불에서 벗어날 것이다. 함석헌은 '하나이신 하나님'을 믿고 '하나의 세계'로 들어가야 한다고 보았다.

　　　말씀 살음(사룀)이 영생이다. 육체가 숨이 막히면
죽듯이 정신은 말이 막히면 죽는다. 말대답을 못하면 정
신은 죽는다. 하나님의 말씀 살음 이것이 영생이다. 마치
비가 와서 샘이 솟듯이 말씀 살음이 영원한 생명으로 사
는 것이다. 《다석 유영모 어록》 20쪽

▶다석은 말씀을 '말의 씀[用]', '말의 숨', '말의 섬[立]'으로 보았
다. 사람은 말을 쓰고 말을 숨 쉬고 말을 세우는 존재다. 한자에서
는 목숨과 말씀을 명(命)으로 나타낸다. 명(命)은 숨이면서 하늘
말씀[天命]이고 이루어야 할 명령[使命]이다. 마음을 편안하게 하
고 말씀을 세우는 것[安心立命]이 사람의 본분이다.
말씀 살음은 "말씀으로 산다", "말씀을 사뢰고 말씀을 드린다",
"말씀을 불사른다"라는 뜻으로 풀이할 수 있다, 그러나 말씀을 사
뢰는 것이 말씀을 불사르는 것이고 말씀으로 사는 것이므로 내용
적으로 같은 말이다. 말씀 살음은 말씀을 쓰고 숨 쉬고 세움이다.
사람과 천지만물이 말씀으로 지어졌고 말씀이 영원한 생명에 이
르는 길이고 말씀 자체가 영원한 생명이다. 말씀 살음에서 정신과
물질의 깊이가 드러나고, 말씀 살음이 영원한 생명을 사는 것이다.

생명의 근본원리는 스스로 함이다. 하나님은 스스로 하는 정신이기 때문에 지은 그 세계도 스스로 하는 생명에 이르기를 바란다. 하나님은 산 하나님이기 때문에 죽은 기계를 좋아하지 않는다. 그리하여 자기를 항상 자유 하는 생명을 가진 인격을 통하여 나타내기를 쉬지 않는다. 인간은 하나님의 일동무가 되었다. 하나님은 그 우주 완성을 반드시 사람을 통하여 하려 한다. 《뜻으로 본 한국역사》 60~61쪽

▶함석헌은 생명, 하나님, 인간을 '스스로 함'으로 파악하였다. 인간은 스스로 하는 주체를 가진 인격이면서 하나님을 드러내고 하나님과 더불어 일하는 하나님의 일동무다. 인간은 하나님과 사람과 우주를 향해 열린 존재다. 인간은 하나님과 더불어 우주를 완성해 간다. 서구 근대철학이 배타적·개인적 주체성의 철학을 말했다면, 함석헌은 신과 인간과 생명을 통합하는 상생적 주체성의 철학을 말하였다. 인간의 주체는 서로 살림과 서로 섬김의 주체다.

　　우리의 몸 생명은 목숨인데 얼 생명인 말숨(말숨)과 바꾸어놓을 수 있다. 공자를 논어와 바꾸어놓을 수 있는 것이 바로 그것이다. 우리에게 생각과 말씀이 끊이지 않는 것은 누에가 실을 뽑는 것이다. 그리하여 목숨이 말숨(말숨) 속에 번데기가 되어 들어가게 된다. 이것이 바로 사는 삶이다. 《다석 유영모 어록》 21쪽

▸말은 목의 숨이 울려서 나오는 소리다. 인생의 목적은 목숨을 말숨으로 말 숨을 얼 숨으로 바꾸자는 것이다. 몸 생명이 얼 생명으로, 목숨이 말숨(말숨)으로 바뀌어야 한다. 말숨은 영원한 생명이신 하나님과 소통하는 것이다. 하나님과 소통하고 사귀면 말 숨이 얼 숨이 된다. 목숨을 말 숨으로, 말 숨을 얼 숨으로 바꾸는 것이 믿음이고 생각이다. 다석은 이것이 영원한 생명에 들어가는 것이라고 보았다.

모든 악은 선의 뒷면이요, 모든 싸움은 다 사랑 싸움이다. 아픔 없이 하나님을 찾아 만날 수는 없다. 황금시대보다는 어지러운 때에, 영화보다는 떨어짐에, 이긴 자보다는 진 자에, 평안보다는 고통에, 즐거움보다는 죽음에 보다 더 귀히 여기고 보람 있게 여기고 존경할 것이 들어 있으며, 참으로 영원한 감격이 될 보화가 들어 있다. 〈뜻으로 본 한국역사〉 67쪽

▶사랑이 삶과 역사를 움직이고 이끄는 것이라고 보면 모든 것을 긍정하고 적극적이게 된다. 함석헌이 고난과 패배 속에서 삶의 보화를 보는 것은 패배주의가 아니라 삶에 대한 절대 긍정이고 적극적인 자세를 나타낸다. 사랑하는 사람은 패배도, 고통도, 죽음도 영원한 삶의 보물이 되게 한다. 고난과 패배, 절망과 좌절에서 삶의 보물을 발견하는 사람은 결코 절망을 모르는 이다.

누에는 죽어야 고치가 된다. 실을 다 뽑고는 죽어야 한다. 죽지 않으려는 미련한 생각은 버려야 한다. 생각의 실, 말씀의 실을 뽑아 생각의 집, 말씀의 집, 사상의 집을 지어야 한다. 그것은 내가 가서 있을 집을 마련하는 것이다. 우리는 말씀의 집을 지으러 왔다. 생각하여 말씀의 실을 뽑아 누에가 고치 집을 짓듯 말씀의 집을 지어야 한다. 《다석 유영모 어록》 21쪽

▶사람의 몸 생명은 곧 끝나게 되어 있다. 잠시 사는 동안 몸 생명에서 생각의 실, 말씀의 실을 뽑아 말씀의 집, 사상의 집을 지어야 한다. 이것이 몸 생명이 죽은 다음에 '내'가 살 집이다. 이것은 나뿐 아니라 누구나 함께 살 집이다.

씨올은 물입니다. 가는 길이 좁고 험하면 험할수록 아름다운 노래를 부릅니다. 노래는 나만 아니라 남까지도 하나로 싸서 전체에 바치는 향기입니다. 《함석헌 전집 8: 씨올에게 보내는 편지》 96쪽

▶물 같은 사람은 힘없고 바보 같은 사람을 가리키는 말이다. 잘난 사람은 높은 데로 가는데, 물은 낮은 데로 흐른다. 힘센 사람은 제 뜻대로 환경을 바꾸고 다른 사람들을 끌고 가는데 물은 주어진 자리, 주어진 환경을 따를 뿐이다. 도대체 물은 불만과 불평을 모르는 것 같다. 험한 계곡을 흐를수록 물은 아름답고 신나는 소리를 낸다.

나는 생명의 씨올맹이다. 생명의 씨올맹이는 사랑으로 싹트고 꽃 피고 열매 맺는다. 사랑으로 사는 씨올은 물처럼 산다. 고통과 시련을 노래로 이긴다. 나를 오해하고 까닭 없이 못살게 구는 사람도 함께 끌어안고 노래 부르며 평화의 길을 간다. 그렇게 사노라면 삶에서 저도 모르게 향기가 난다.

　　나는 '모름지기'란 우리말을 좋아한다. '모름지기'란 반드시 또는 꼭이란 뜻이다. 사람은 모름(하나님)을 꼭 지켜야 한다. 우리는 하나님 아버지를 모른다. 하나님 아버지를 다 알겠다는 것은 말이 안 된다. 아들이 아무리 위대해도 아버지와는 차원이 다르기 때문이다. 《다석유영모 어록》 20쪽

▶다석은 '모름지기'를 '모름을 지킨다'는 뜻으로 풀이한다. '모름지기'란 말의 어원은 차치하더라도 '모름을 지킨다'는 말은 철학적으로 매우 깊은 의미를 지닌다. 물질적인 상대세계는 물질의 빛과 이성의 빛이 들어가지만 물질적인 상대세계를 초월한 절대, 하나, 없음과 빔의 세계는 햇빛과 이성의 빛이 들어갈 수 없다.

모르는 세계를 모르는 것으로 지킬 때만 '반드시', '꼭'(모름지기)이 성립한다. 모름을 지킬 때만 영의 세계와 물질적 상대 세계가 지켜지고, 모름을 지키는 사람만 아는 것을 알 수 있고 '반드시', '꼭'이란 말을 할 수 있다. 모름을 지키지 않는 사람은 제가 무엇을 아는지 모르는지도 모르면서 영의 세계와 물질세계를 해친다. 모름을 지키지 않는 사람의 말과 행위는 믿을 수 없다.

역사의 운동은 차라리 수레바퀴나 나선의 운동으로 비유하는 것이 좋다. 수레의 바퀴는 밤낮 제자리를 돈 것 같건만 결코 제자리가 아니라 나아간 것이요, 나사는 늘 제 구멍을 돌고 있는 것 같은데 사실은 올라가는 것이다. 《뜻으로 본 한국역사》 74쪽

▶역사가 후퇴하는 것 같고 되풀이하는 것 같지만 역사는 나아가는 것이다. 짧게 보면 역사는 막힌 것 같고 끊어진 듯하고, 늪에 빠진 것 같지만, 크게 보면 역사는 위로 올라가는 것이고 앞으로 나아가는 것이다. 어둡고 혼란스런 역사 속에서 함석헌은 절망하지 않고 앞으로 나아갔다. 역사의 숲에서 헤매는 사람은 사랑의 북두칠성과 정의의 북극성을 보고 역사의 길을 찾아야 한다.

　　사람이 최후까지 가지고 가는 보물이 뭐냐 하면
곧 자기의 약함 곧 자기 병입니다. 유쾌했던 행복은 다 잊
어도 좋지만 제 병은 마지막까지 놓을 수 없습니다. 그 병
을 놓는 순간이 곧 자기의 최후인 동시에 새 생의 시작입
니다. 인간 전체의 역사도 마찬가지일 것입니다. 인간은
최후까지 제 죄를 지고 갈 것입니다. 죄 벗자는 것이 목적
입니다. 사는 한 죄가 있을 것이요 죄가 있는 한 살 것입
니다. 그러다가 그 죄의 짐을 정말 잘 지면 떨어지는 순간
이 올 것이요, 그러면 새 시대에 들 것입니다. <함석헌 전집 14:
생각하는 백성이라야 산다> 194쪽

▶병은 보물이다. 병든 사람은 병에서 나을 때까지 병을 달래며 병
과 함께 살아야 한다. 병을 싫어하고 미워하여 박대할수록 병은 깊
고 커진다. 병을 손님처럼 잘 대접해서 보내야 한다. 병을 잘 달래
고 다스려서 내보내면 건강하게 새 삶을 살 수 있다. 그렇지 않으면
병을 친구 삼아 사는 날까지 살다가 병과 함께 죽음의 문턱까지
같이 가야 한다. 병은 병든 사람의 친구이거나 손님이다. 병들면
몸이 얼마나 소중하고 사람이 얼마나 소중한지 알게 된다. 병들면
사랑과 믿음이 살아난다. 역사의 병인 죄도 마찬가지다. 죄를 외면
하거나 숨기지 않고 죄의 짐을 잘 짊어져야 그 짐에서 벗어난다. 남
북분단과 전쟁의 죄 짐을 끝까지 잘 지지 않으면 남북분단과 전쟁
에서 벗어날 수 없다. 남북분단과 전쟁의 죄를 짊어질 생각은 하지
않고 자꾸 남북북단과 전쟁의 상처를 덧내고 조장하면 어떻게 남
북분단과 전쟁에서 벗어나겠는가.

　　　이제 인류의 문명은 전쟁으로 끝을 맺느냐, 전쟁
그것의 끝을 맺는 새 문명으로 들어가느냐 하는 갈림길
에 이르렀다. 그 속에 품고 있는 역사의 먼동 틀 때에 뿌
려진 정신의 씨가 덮어 누르는 가시덤불을 뚫고 쑥 올라
와 새 단계에 오르느냐, 그렇지 않으면 아주 질식되어 버
리고 지구가 가시밭이 되고 마느냐 하는 데 있다. 정신적
인 방향으로 결정적으로 키를 돌리지 않는 한 소망이 없
는 자리에 이르렀다. 《뜻으로 본 한국역사》 77~78쪽

▶인류의 마지막 싸움은 전쟁을 끝내고 새 문명으로 들어가는 싸
움이다. 국가주의가 주도한 이제까지의 문명은 전쟁문명이다. 전
쟁문명은 물질과 폭력이 지배하는 문명이고, 새 문명은 정신과 평
화가 이끄는 문명이다. 물질이 정신을 지배하면 반드시 망하고 정
신이 물질을 지배하면 반드시 산다.

산업기술문명이 너무 화려하게 꽃을 피워서 인간의 정신세계가
황폐하고 위축되는 것 같다. 해가 지려 할 때 하늘을 화려하게 물
들이는 것처럼 오늘 물질문명이 지나치게 화려하고 눈부신 것은
그 끝이 가까운 것을 나타내는 게 아닐까? 지금은 물질문명의 황
혼기라고 문명 비평가 프리초프 카프라는 말했다. 어둠이 깊을수
록 새벽이 가깝다. 물질문명의 어둠이 짙을수록, 평화와 상생의 영
성적 문명이 동트는 새벽이 가까운 것 아닐까? 함석헌은 새 문명이
동트고 있음을 알리고 그 길로 가려고 온 힘과 정성을 다했다.

우리가 정신을 닦는다는 것은 말씀을 닦는 것이다. 생각을 한다는 것이 무엇인가? 말씀을 닦는 것이다. 몸을 닦듯이 말을 닦아야 한다. <u>《다석유영모 어록》 22쪽</u>

▶하나님의 말씀으로 세상을 창조했다고 하지만 사람의 말은 빈소리요, 공허한 관념이기 쉽다. 말이 진실하면 새로운 변화를 가져오고 뜻 있는 사건을 일으킬 것이다. 생각하는 것은 말을 닦는 것이고 말을 닦는 것은 맘과 인격을 닦는 것이다. 생각한다는 것은 말을 닦아서 말과 정신의 일치에 이르고 말에 생명과 정신이 가득차게 하는 것이다. 그래서 참 말을 함으로써 새 세상을 창조하고 불의한 세상을 의로운 세상으로 바꾸자는 것이다.

역사는 사랑에서 나왔고, 사랑에 이끌려 사랑으로 돌아가고 말 것이다. 그 '아가페'를 공자는 '인'(仁)으로 보았고, 노자는 '도'(道)로 보았고, 석가는 '빔'[空]으로 보았다. 노자의 말대로 억지로 붙인 이름이다. 그 자리에 들어가려는 운동을 믿음이라 해도 좋고, 통일이라 해도 좋고 영화(靈化)라 해도 좋고, 영원으로 돌아간다 해도 좋다. 《뜻으로 본 한국역사》 78~79쪽

▶사랑은 역사 창조의 근원이고 동인이다. 공자, 노자, 석가의 가르침의 핵심도 창조의 근원인 사랑이다. 이 사랑에 들어가는 것이 믿음이고 이 사랑에서 영원의 문이 열린다. 속에서 사랑이 솟구치는 사람은 절망을 모른 채 험난한 역사를 뚫고 간다. 사랑은 고난과 시련, 질병과 실패를 삶의 보물로 만든다.

천 가지 만 가지 말을 만들어 보아도 결국은 하나
(절대)밖에 없다. 하나밖에 없다는 데는 아무것도 없다.
하나를 깨닫는 것이다. 깨달으면 하나이다. 하나님의 나
가 '한 나', '하나'이다. 《다석 유영모 어록》 14쪽

▶하나는 비교할 수 없는 절대 하나이다. 다양하고 복잡한 물질 상
대세계에는 하나(절대)가 없다. 하나는 빔과 없음의 세계에 속한
다. 빔과 없음의 세계가 절대이고 전체 하나이다. 하나는 절대 자
유의 주체와 모든 것을 아우르는 전체를 함께 나타낸다.
몸과 마음이 하나로 통일되어야 '내'(주체)가 성립한다. 하나에 이
르지 못하면 자유도 주체도 없다. 하나의 전체와 '나'의 주체가 일
치한다. 그래서 다석은 하나님의 '나'가 '한 나', '하나'라고 했고 하
나님을 '한나님', '한아님'이라 했다.

　　과학의 대상이 되지 않는 점이야말로 사람의 사
람 된 점이다. 사람은 의미적 존재다. 의미는 찾아내는
것이다. 없는 데서 창조해 내는 것이다. 창조하면 있음
이다. 《뜻으로 본 한국역사》 79쪽

▶함석헌은 인간을 몸과 정신의 통일체로 보면서도 뜻, 사랑, 정신
의 관점에서 이해했다. 인간의 영혼은 "없는 데서 창조해 내는" 주
체이다. 조건이나 환경의 좋고 나쁨에 매이지 않고 절망 속에서도
희망을 만들고, 죽음 속에서도 생명을 이끌어 낸다. 뜻이 있는 곳
에 길이 있다. 뜻이 있으면 살 수 있고 또 살아야 한다.

　　주역에 군자는 천행건(天行健)해야 한다는 뜻은
줄곧 하나님께로 나아가는 뚜렷함을 가지고 살자는 것
이다. 하나님께로 뚜렷이 나아가는 이라야 맘과 몸이 성
하여 병이 없다. 하나님 아버지와 나와의 관계를 알면 아
들이 하나님 아버지를 뚜렷하게 하고 아들은 하나님 아
버지와 같이 뚜렷하게 솟아날 수 있다. 《다석 유영모 어록》 23쪽

▶천행건(天行健)은 "하늘의 운행은 건실하다"는 말이다. 이것을
다석은 "하늘로 나아가면 건실해진다"는 뜻으로 이해하였다. 주역
을 주체적으로 받아들인 것이다. 하나님께 나아가는 것이 '내'가
뚜렷해지는 것이다. 땅에서 하늘로 나아가면 뚜렷해지지 않겠는
가? 하나님께 나아가면 하나님도 뚜렷하게 드러나고 '나'도 뚜렷
하게 솟아난다. 하나님께 나아가 내가 뚜렷해지면 몸과 맘이 건강
하고 세상이 환해진다.

사람의 몸은 식도로부터 항문까지 뚫려 있다. 그 중간 어디가 막히면 몸에 이상이 생겨 신체가 제 기능을 다하지 못한다. 마찬가지로 사람의 생각도 머리에서 발 끝까지 확 뚫려 있어야 한다. 어디가 막혀 있어서는 안 된다. 그런 사람을 우리는 '꼭 막힌 사람'이라고 하지 않는가. 이렇게 속이 확 뚫린 사람은 아름다운 소리를 내는 통소 같은 사람이다. 함석헌의 강연에서

▶몸이 두루 뚫리고 통하듯이 마음과 생각도 두루 뚫리고 통해야 한다. 함석헌은 생각과 실천, 정신과 몸이 하나로 뚫리는 삶을 추구했다. 동서고금의 사상과 정신이 하나로 뚫리고 나와 너와 그가 하나로 통하며, 우리와 원수의 마음이 하나로 통하는 자리에 이르려 했다. 하나로 뚫리고 통하면 아름다운 소리가 난다.

나라는 것은 어찌 되었든 로케트와 같아 한 번 나
오면 도로 들어갈 수 없다. 이왕 나온 바에는 자꾸 나아
가게 되어 있다. 하나님 아버지가 계시는 저 위로 자꾸
올라가자는 것이다. 《다석 유영모 어록》 23쪽

▶다석 사상의 핵심은 하나님(하늘)을 향해 솟아올라 앞으로 나아
가자는 것이다. 매우 진취적이고 역동적이다. 머무름 없이 올라가
고 나아가는 것이 생명의 본성이고 선이고 옳음이다. 올라가고 나
아감으로써 생명은 실현되고 완성된다. 나를 '나'라고 한 것은 '나
아가라', '나아지라'는 뜻을 가진 게 아닐까?

역사의 시작은 동양에 있고 발달은 서양에 있다. 정신문화의 씨가 동양의 흙에 떨어지자 역사의 주역은 서양으로 갔다. 동양 사람은 그 밑에서 자유·진보의 귀한 것을 배워야 했다. 이제 오늘은 서구 문명의 폐해가 끝에 오르게 된 때이다. 이제 동양은 그 품갚음을 하여 서양을 건질 때가 되었다. 이제 당한 문제는 동서 종합을 하는 데서 한 단 높은 새 지경에 오르는 일이다. 《뜻으로 본 한국역사》 62쪽

▶오늘의 역사는 하나의 세계를 향해 나아간다. 동서 문명의 화해와 종합을 이룰 큰 사명과 책임이 우리에게 있다. 새로운 세계 문명 시대는 동서 문명을 종합하여 보다 높은 정신과 삶의 양식을 이루어 냄에서 시작된다. 자유롭고 진보적인 삶의 역동성과 깊고 넓은 정신의 품이 결합된 새 인간, 새 문화가 나와야 한다. 주체의 깊이와 전체의 생명이 통전하는 정신이 나와야 한다.

맘속에 아직 나라는 생각이 남았다면 불안을 못
면한다. 속이 없을 만큼 제 나가 없어져야 평안하다. 《다석
유영모 어록》 220쪽

▶서양 사람들은 '내'가 없다면 오히려 불안해한다. '내'가 없다는
것을 생각할 수 없기 때문이다. 숭산 스님은 서양인들에게 "나는
없다"라고 선언함으로써 충격을 주었다. 다석은 '내'가 없어야 마
음이 편안하다고 한다. 모든 잡념과 근심 걱정, 온갖 성가신 문제
는 '나'라는 생각에서 생겨난다. '나'라는 생각이 들어가면 모든
일과 사물이, 인간관계가 구부러지고 왜곡된다.

'나'라는 생각 하나가 눈동자에 박히면 세상이 온통 캄캄해진다.
'나'라는 작은 생각 하나만 떼어 내면 온 천지가 환해진다. '나'라
는 생각이 없어야 자유롭고 편하다. '나'를 버리는 것이 어렵다면
한없이 어렵지만 쉽다면 그것처럼 쉬운 일이 없다. '나'란 본래 없
는 것이기 때문이다. '나'는 그때그때 생겨나는 것이지, 고정불변하
게 있는 것이 아니다.

나는 내 할 일이 있다. 내 할 일이 곧 나다. 눈이 있는 사람에게는 한 포기 풀도 무한한 우주의 진리를 드러내는데, 하물며 이 내게 뜻이 없을까? 끓는 피를 부으며 지어오는 이 역사에 뜻이 없을 리 없다. (이 역사가) 절대적인 명령을 하는 뜻을 가진 것이라는 것쯤은 반드시 깊이 생각하지 않고도 알 수 있는 것이다. 아니다. 알기 전에 벌써 다 믿고 있다. 산 물건은 그것을 다 믿고 있다. 그 믿음이 곧 살게 하는 힘이다. 종교는 존재하는 것이요, 존재는 종교적이다. 《뜻으로 본 한국역사》 83쪽

▶ 생명(生命)은 살라는 명령이다. 권리는 2차, 3차로 주어진 것이다. 인권, 생존권, 소유권 이전에 삶이 있다. 인생은 살만해서 사는 게 아니라 이유 없이, 조건 없이 살아야 한다. 죽겠어도 살고 죽어도 살아야 한다. 생명 진화의 역사, 인류 진보의 역사는 죽음을 뚫고 죽음을 이기고 이어 온 것이다. 삶의 주체인 '나'는 '살라!'는 절대 명령을 받은 존재이고 할 일이 있는 존재이다. 내가 할 일이 있음을 믿고 그 일을 아는 사람에게는 새 역사를 짓는 힘이 주어진다.

바른 말을 할 수 있는 사람은 마음이 평안한 사람
이다. 자꾸 애써 참말만 하고 싶어 하고 거짓말하는 것
을 모르는 그 지경에 가면 참으로 평안하고 참에 들어가
는 것이다. 비뚤어진 마음처럼 불안한 것은 없다. 《다석유영
모 어록》 24~25쪽

▶탐욕과 집착, 편견이 없어야 두려움이나 조급함이 없고 마음이
평안하다. 아무 걸림도 매임도 없어야 마음이 평안하다. 빈탕한데
에 이르면 마음이 평안하고, 마음이 평안하면 거짓말할 필요가 없
고 참말만 하게 된다.

　　개인은 전체의 대표다. 전체에서 떨어진 나는 참 나일 수 없고 스스로의 안에 명령하는 전체를 발견한 나야말로 참 나다. 그것이 참 자기 발견이다. 그 전체는 종교적으로 하면 하나님이요, 세속적으로 하면 운명 공동적인 전체 사회다. 《뜻으로 본 한국역사》 87쪽

▶물질적 감각과 사회적 현상으로 보면 개체와 전체의 일치를 말할 수 없다. 그러나 속에서 정신과 뜻으로 보면 개체와 전체가 하나이다. 한 사람, 한 사람이 사람 전체를 나타낸다. 한 사람이 거짓말을 하면 '사람'이 거짓말을 한 것이다. 사람은 오랜 생명 진화의 결과 나온 것이고 사람 속에 우주 대생명의 씨알이 담겨 있다.

생명은 하늘을 품고 하늘을 향해 진화해 왔다. 하늘은 모든 것을 자유롭게 하고 하나로 되게 하는 전체다. 하나하나가 자유로운 주체를 가지면서 전체가 하나로 되는 것이 하늘의 뜻이다. 사람은 하늘의 뜻을 품고 그 뜻을 이룰 존재다. 함석헌에게는 명령하는 전체가 하나님이고 '나'의 속에서 하나님을 발견할 때 '참 나'가 된다. 전체와 하나로 된 '나'만이 역사와 사회를 새롭게 창조한다. '내'가 바뀌면 전체가 바뀌고 전체가 바뀌면 '나'도 바뀐다.

하나님 말씀으로 살기 위해서는 제나(자아)가 죽어 하나님의 얼로 눈이 뚫리고 코가 뚫리고 입이 뚫리고 마음이 뚫리고 알음알이가 뚫려야 한다. 그래야 참으로 하나님의 아들인 얼 나가 엉큼엉큼 성큼성큼 자라게 된다. 그리하여 나는 언제나 코에 숨이 통하고 귀에 말이 통하고 마음에 생각이 통하고 얼 나에 하나님의 뜻이 통하는 삶을 생명이라고 한다. 생명은 형이하의 생명이나 형이상의 생명이나 통해야 살고 막히면 죽는다. 《다석 유영모 어록》 25쪽

▶숨구멍, 위와 창자, 혈관이 막히면 죽고 잘 뚫리고 통해야 힘 있게 살듯이, 정신과 얼도 막히면 죽고 잘 뚫리고 통해야 쑥쑥 자라고 힘 있어진다. 눈, 코, 입이 뚫리고 마음과 지식과 생각이 뚫려야 정신이 산다. 숨, 말, 생각, 영(하나님의 뜻)은 생명의 여러 차원을 나타낸다. 생명의 여러 차원이 하나로 뚫리고 통해야 바르고 힘 있게 살 수 있다.

　　종교적인 전체는 하늘 위에 있는 절대적인 것이므로 처음부터 환한 것이다. 영원불변의 진리다. 그러나 세속적인 전체는 땅 위의 것이므로 시대를 따라 늘 자라왔다. 지금까지 개인의 뒤에 서서 버텨주고 명령한 것은 민족이다. 모든 개인은 다 민족의 나타난 것이다.

　　예수조차 유대민족의 사람이다. 유대가 아니고는 예수는 나지 못한다. 유대민족을 잊고 예수를 알 수 없고, 유대역사를 모르고 기독교를 알 수 없다. 민족적 배경 없이는 우주에 울리는 생명의 폭포는 떨어질 수 없다. 가족주의시대가 지나가도 집의 뜻은 여전히 있고, 민족주의를 버려도 민족의 값은 알아야 한다. 《뜻으로 본 한국역사》 87~90쪽

▶세계화 시대에 민족에 대한 논의가 분분하다. 지금 인류는 민족국가 시대에서 세계평화 시대로 나아가고 있다. 민족주의는 낡은 이념이 되고 있다. 그러나 오랜 세월 민족과 국가가 역사의 주도적 구실을 해왔다. 민족의 문화와 성격은 오랜 역사 속에서 형성된 것이므로 쉽게 처분할 수 없다. 지금도 민족감정과 정서는 뜨겁다. 함석헌은 세계평화주의를 내세우면서 민족의 가치를 충분히 인정했다. 세계평화 시대는 각 민족의 정신과 문화를 살리고 꽃피우고 열매 맺게 하는 시대여야 할 것이다.

정직한 길은 예부터 하늘에서 주어진 길로 모든 성현들이 걸어간 길이다. 이 길만이 마음 놓고 턱턱 걸어갈 수 있는 길이요 이 길만이 언제나 머리를 들고 떳떳하게 걸어갈 길이다. 모든 상대를 툭툭 털어버리고 오로지 갈 수 있는 길은 곧은길뿐이다. 이 곧은길만이 일체(一切)를 이기는 길이다. 《다석 유영모 어록》27쪽

▶ 정직과 진실은 하늘의 큰 길이다. 정직과 진실을 통해서만 하나님께 이를 수 있다. 구부러진 맘으로 하나님을 만날 수 없고 거짓말로 하나님을 속일 수 없다. 하나님은 정직하고 진실한 분이다. 정직하고 진실한 하나님을 믿으면 욕심과 두려움이 없다. 욕심과 두려움만 없으면, 누구나 곧은길로 갈 수 있다. 곧은 사람만이 상대 세계의 일체를 이기고 모든 사람과 함께 절대 영원한 생명의 길로 들어갈 수 있다.

단체와 전체는 다르다. 전체는 우주근본에 일치되
는 다시 말해서 하나님의 뜻 그대로를 반영하는 것이요,
단체는 이기적 나의 모인 것에 지나지 않는다. 사람의 이
기심은 뿌리 깊은 것이다. 그것은 하나님과 맞서서 공정
의 원을 그으려고 하는 한 끝이다. 그러므로 무엇에도 지
려하지 않는다. 그러므로 단체 뒤에 숨어서 그것을 전체
라 하고 자기주장을 내세우려 한다. 단체 중에서 가장 크
고 강한 것이 민족이요, 나라다. 그러므로 민족감정이야
말로 치우친 생각이 가장 많이 들어 있을 수 있고, 민족적
반성이야말로 가장 어려운 일이다. 《뜻으로 본 한국역사》 114쪽

▶이기심은 뿌리 깊은 것이다. 뭇 생명의 살려는 의지는 절실하면서
강력하다. 이기심은 생명의 본성과 본능에서 나온 것이다. 그러나 생
명의 목적은 '내'가 나대로 자유로우면서 전체가 하나로 살자는 것이
다. 생명은 하늘(하나님) 안에서 스스로 자유롭게 그리고 더불어 하
나로 살려는 염원을 품고 있다. 생명의 본성과 본능 속에서 이기심과
하나님이 맞서 있다. 개체의 생존의지인 이기심과 전체의 주인인 하
나님 사이에 단체가 있다. 단체는 집단적 이기주의로 흐르기 쉽다. 단
체의 이익을 앞세우고 타자를 배척하면서도 명분과 이념을 내세운
다. 명분과 이념은 흔히 왜곡되고 굴절된 것이지만 속 내용으로는 전
체이신 하나님을 가리킨다. 이기심에 휘둘리는 단체는 전체의 자리
에서 근본적인 반성을 하지 않으면 잘못되기 마련이다. 민족이야말
로 집단적 이기심이 가장 뻔뻔하게 발휘될 수 있는 공간이다. 민족을
넘어서 세계 전체의 자리에 설 때 민족 문제는 극복될 수 있다.

하나님의 말씀은 맨 꼭대기[元]이다. 말씀에 우주가 달려 있다. 그래서 태극(太極)으로 나아가는 이것이 진리이다[太極之是理]고 했다. 세상을 사랑하면 멸망이지만 진리를 좇으면 영생이다. 《다석 유영모 어록》 27~28쪽

▶ 태극은 우주의 궁극적인 실재요 원리다. 달리 말하면 태극은 우주의 맨 꼭대기다. 우주는 꼭대기인 태극에 매달려 존재한다. 다석은 하나님의 말씀이 태극이요, 우주의 꼭대기라고 하였다. 말씀과 정신이 우주를 지탱하고 생명이 물질세계를 살린다. 우주만물은 생성소멸하고 역사와 사회는 늘 변하지만 말씀은 늘 그대로다. 말씀에서 떨어지면 우주만물은 소멸하고 세상은 망한다. 말씀은 영원한 삶에로 들어가는 길이고 문이다.

이기심을 이기는 것이야말로 하나님뿐이다. 하나님은 곧 우주적인 무한한 전체다. 이기심이 꼭 나쁜 것은 아니다. 이기심이 강한 민족일수록 크게 될 수 있다. 다만 그것이 하나님의 마음으로 더불어 켕겨 일직선을 이룰 필요가 있다. 《뜻으로 본 한국역사》 114~115쪽

▶인간의 이기심은 몸을 가진 개체의 생명이 스스로 힘 있게 살려는 욕구다. 그러나 물질세계는 생성소멸하고 몸 생명은 죽기 마련이다. 물질의 제약과 몸의 죽음을 넘어서 힘 있게 살려면 무한한 전체인 하나님께 가야 한다. 개체의 생존 욕구인 이기심이 자기를 극복하고 승화하지 않으면 전체인 하나님께 갈 수 없다.
생명 속에서 이기심과 하나님이 맞서 있다. 이기심이 자기를 넘어서 무한한 전체인 하나님과 만날 때만 생명의 참된 목적이 실현될 수 있다. 이기심을 진정으로 충족시킬 수 있는 것도, 이기심을 극복하고 승화시킬 수 있는 것도 하나님뿐이다. 이기심과 하나님이 맞서면서 일치할 때 생명의지가 제대로 실현된다.

하나님의 생각과 일치되는 생각이 꽉 차서 절로 나오는 감동이 찬송이 되어야 하고 그 말이 기도가 되어야 할 것이다. 참된 생각이 여물어져 하나님과 일치되는 생각을 하게끔 되어야 찬송과 기도가 필요한 것이지 그 밖에는 거짓된 것이라 필요가 없다. 기도와 찬송이 우리가 인사치레하는 것같이 하고 있으니 그것은 본래의 의미를 상실하고 무의미하다고 할 수밖에 없다. 《다석 유영모 어록》 28쪽

▶하나님이 내 속에 계시고 내가 하나님 안에 있어서 하나님을 분명히 느끼고 하나님께 드리는 기도와 찬송이 참된 기도요 찬송이다. 하나님이 있는지 없는지 확신이 없고 몸과 마음으로 하나님의 존재를 느끼지도 경험하지도 못하는데 참된 기도와 찬송이 나올 리 없다. 기도와 찬송이 그저 자기 자신에게 하는 속삭임이요 다른 사람에게 들으라고 하는 소리라면 기도, 찬송이라고 할 수 없다.

   '인(仁)'은 사람의 사람된 바탈이다. 사람의 본 바탈이면 곧 우주의 바탈이요, 하나님의 바탈이다. 그러므로 그 사람이 착하다면 사람다운 사람, 참 사람, 제 바탈대로 사는 사람, 우주 공도(公道)에 합한 사람, 하나님의 뜻대로 사는 사람이란 말이다. <뜻으로 본 한국역사> 118쪽

▶'바탈'은 본성(本性), 근본을 나타내는 우리말이다. '어짊'[仁]은 사람과 우주의 본성이다. 어짊, 착함과 사랑이 개인과 우주 전체를 하나로 이끄는 길이며 법이다. 착한 사람은 저답게 사는 이요, 우주의 법도에 맞게 사는 이요, 삶의 수준과 인간의 품격을 높이는 이다. 손해를 보더라도 착함을 잃지 않는 이가 큰 사람이요, 유혹을 당해도 착함을 버리지 않는 이가 참 사람이다. 착한 사람은 어리석어 보인다. 그러나 아무도 착한 사람을 이기지는 못한다.

오늘의 급선무는 지금 이 나라 씨울들의 가장 아픈 곳을 분명하게 말하는 데 있다. 지금 씨울들의 아픈 곳을 말해야 할 사람은 종교인이다. 그러나 대부분이 밥에 매달려 있기 때문에 씨울의 아픈 곳을 시원하게 말하지 못하고 있다. <u>《다석 유영모 어록》 29~30쪽</u>

▶언제나 나라의 급선무는 씨울의 가장 아픈 곳을 찾아서 치유하는 데 있다. 사랑과 양심을 가지고 씨울의 아픈 곳을 말할 사람은 종교인이다. 그러나 오늘의 종교인들은 돈과 권력을 너무 좋아해서 씨울의 아픈 곳을 보려고 하지 않는다. 정치인들이 '국민을 섬기는 정치'를 내세우는데 국민을 섬기려면 국민의 아픈 심정과 처지를 알아야 한다. 그런데 돈과 권력에 둘러싸인 대통령, 장관, 국회의원은 국민의 아픈 심정과 처지를 알기 어렵다.

우리나라 사람들이 즐겨 쓰는 이름자를 보면 모두 착한 성질의 것이다. 인의예지신순순화덕명양숙(仁義禮智信順淳和德明良淑) 모두 이런 자들이다. 이름은 가장 소중한 것이요, 가장 높은 이상을 포함시키는 것인데, 거기 쓴 글자가 모두 그런 것을 보면 그 이상으로 삼는 것이 무엇임을 알 수 있다. 이것을 옆의 일본이나 중국과 비교해 보면 그 이상으로 삼는 것이 무엇임을 알 수 있다. 일본 사람 이름에는 흔히 쓰는 것이 준웅수영무(俊雄秀英武) 이런 것들이다. 착한 사람 다시 말해서 평화의 민족이란 말이다. 《뜻으로 본 한국역사》 119쪽

▶6·25전쟁 때 피난 열차에서 사람들이 먹을 것을 혼자 먹지 않고 나누어 먹는 것을 보고 함석헌은 우리 겨레는 착함으로 세계에 큰 기여를 할 것이라고 했다. 보통 때는 그저 그렇게 지내다가 재난이 닥치면 모두 팔 걷고 나서서 서로 돕고 살리는 일에 앞장선다. 경제가 파탄 났다니까 집안에 있던 금반지들을 내다 바치고 서해안에 기름이 흘렀다니까 구름 떼처럼 몰려들어 기름을 닦아 내어 세계를 놀라게 한다. 착함이 큰 힘이 되는 시대가 오고 있다.

　　우리는 어디서 와서 어디로 가는가? '제계'에서
와서 '제계'로 간다. 저기 하나님이 계시는 곳이 '제계'이
다. '계'를 내가 사랑하면 '계'도 나를 사랑한다. '계'는
하나님 아버지 계신 데, 곧 하늘나라요 하나님이시다.
'계'는 절대라 상대의 모든 것이 그 절대 속에 들어 있다.
상대는 절대를 벗어나서 있을 수 없다. 그리하여 '계'는
내재인지 초월인지 모르는 그 둘이 합한 것이다. 《다석 유영
모 어록》 30쪽

▶다석은 하나님이 계시는 곳, 하늘나라, 하나님 자신을 '계'라고
했다. '제계'는 '저기'와 '계'를 붙여 쓴 말이다. '계'는 하나님이 계
신 자리와 하나님의 인격을 함께 나타낸다. '계'는 상대를 초월하
면서 상대를 아우르는 절대, 내재이면서 초월인 절대이다. 다석은
상대와 절대, 몸과 영을 단순하게 대립시키는 이원론자가 아니었
다. 절대 속에서 상대를 보고 상대 속에서 절대를 보는 깊고 묘한
자리에서 살았다.

한국 사람은 심각성이 부족하다. 현상 뒤에 실재를 붙잡으려고, 무상 밑에 영원을 찾으려고, 잡다 사이에 하나인 뜻을 붙잡으려고 들이파는, 생각하는 얼이 부족하다. 그래 시 없는 민족이요, 철학 없는 국민이요, 종교 없는 민중이다. 《뜻으로 본 한국역사》 126쪽

▶ 깊이 파는 생각이 부족한 것이 한국인의 결점이다. 한민족은 춤추고 노래하고 집단적인 감정에 빠지는 낙천적인 기질을 가졌는데 깊은 철학과 종교를 지니지 못했다. 역사의 고난과 시련이 클수록, 정신의 어둠이 짙을수록, '나' 자신의 속을 깊이 파고들어야 살 길이 열린다. 생각이 깊지 못하면 정치와 경제, 사회와 문화가 바로 될 수 없다. 새 인류, 새 문명의 시대로 들어가려면 깊이 파는 생각으로 정신과 삶이 깊고 새롭게 되어야 한다.

예수만이 말씀(로고스)으로 된 게 아니다. 개똥조차도 말씀으로 되었다. 예수도 이르기를 "말씀은 맨 처음 천지가 창조되기 전부터 하나님과 함께 계셨다. 모든 것은 말씀을 통하여 생겨났고 이 말씀 없이 생겨난 것은 하나도 없다"(요한 1:2~3)고 했다. 예수교인의 생리는 참으로 이상하다고 생각한다. 예수만 말씀으로 되었고 우리는 딴 데서 왔다고 생각한다. 이게 겸양인지 뭔지 모르겠다. <u>《다석 유영모 어록》 31쪽</u>

▶요한복음에 따르면 천지만물이 말씀으로 창조되었다. 그래서 다석은 예수만 말씀으로 된 것이 아니라 개똥조차 말씀으로 되었다고 하였다. 예수만 말씀으로 되었다고 보고 우리 인간은 다 죄인이라고 하는 기독교인들의 생각은 성경의 진리를 왜곡할 수 있다. 사람은 누구나 생각하는 존재요 얼을 지닌 존재다. 생각과 얼의 근원은 말씀이다. 다른 사람도 예수와 마찬가지로 말씀으로 지어진 존재다. 다만 예수는 남보다 말씀에 충실하여 말씀이 되신 이이고 예수 안에서 말씀이 가장 뚜렷이 드러나고 실현되었다고 성경은 말하고 있다.

　　이 사람들은 사람은 좋은데 자기를 깊이 들여다보고 팔 줄을 모른다. 자기를 파지 않기 때문에 자존심이 없다. 천하를 갖고도 내 나라는 못 바꾸며 우주를 가지고도 내 인격은 누를 수 없다고 생각하여야 자존이다.

《뜻으로 본 한국역사》 127~128쪽

▶'나'를 깊이 파면 '나'의 뿌리가 하늘에 닿아 있음을 알 수 있다. 천하도 우주도 댈 수 없는 꼭대기에, 하나님 앞에 내가 있음을 알면 흔들림 없는 자존심이 생겨난다. 자기를 깊이 파서 하늘과 통한 사람은 하늘을 품고 하늘과 사귀며 산다. 하늘을 품고 하늘과 사귀는 사람은 하늘처럼 자유롭고 넉넉하다.

2월 25일　자존심

무수한 은하우주를 안고 있는 무한허공이 하나
님이라 하나님 아닌 것이 없다. 하나님 아닌 것이 없는 것
을 아는 데 이르러야 한다. 모든 것을 하나님이 주관하고
다스린다. 내가 본 것이라고는 빈탕한데밖에 없다. 참으
로 홀가분하다. 《다석 유영모 어록》 67~68쪽

▶얼이신 하나님은 물질이 아니시니 하늘의 무한허공이라고 할 수
밖에 없다. 우주도 99.999퍼센트가 빈 것이고 물질 원자들의 미시
세계도 99.999퍼센트가 비었다니 허공이 깃들지 않은 곳이 없다.
무한 허공이 하나님이라면 허공이 없는 곳이 없으니 하나님 아닌
것이 없다. 허공 속에 하나님이 계시므로 허공은 죽은 허공이 아
니라 생명과 얼이 가득한 허공이다. 허공 속에 없는 것같이 계시는
하나님이 모든 것을 주관하고 다스린다. 그러므로 빈탕한데의 허
공에 맡겨 놓고 홀가분하게 인생길을 갈 수 있다.

실패는 곧 또 한 번 살아보라는 명령이요, 또 이김의 약속이다. 잘하고 이긴 자는 미래가 도리어 없을는지 몰라도 잘못하고 진 자야말로 미래의 주인이다. 진 자야말로 하나님의 아끼는 자요, 잘못된 일에야말로 진리가 들어 있다. 《뜻으로 본 한국역사》181쪽

▶함석헌은 절망을 모르는 이다. 한민족의 고난의 역사에서 그가 배운 것은 고난과 시련, 절망과 좌절을 딛고 일어서야 한다는 것이다. 그의 글에서 성공과 실패, 승리와 패배를 넘어서서 힘차게 살았던 절대긍정의 삶, 실패와 패배 속에서 미래와 진리를 보았던 불굴의 정신을 느낀다.

십자가의 죽음이 부활의 발판이듯이, 역사 속에서 고난과 실패, 시련과 패배는 이김을 위한 발판이다. 고난과 실패 속에 성공과 승리의 씨앗이 들어 있다. 절망하고 좌절하는 것은 게으름뱅이나 하는 짓이다. 살아서 숨을 쉬는 한 삶의 희망이 있고 살아야 할 의무가 있고 사는 보람이 있다.

우리 눈앞에 영원한 생명줄이 아버지 하나님 계시는 위로부터 끊어지지 않고 드리워져 있다. 영원한 그리스도란 한 숨이요, 얼 숨이다. 한 말씀 줄(sutra)이다. 얼 생명이란 불연속의 연속이다. 생명은 끊어지면서 줄곧 이어가는 것이다. 오래 살려면 말씀 줄을 자꾸 물려주어야 한다. 《다석 유영모 어록》 36쪽

▶다석은 하나님으로부터 주어지는 말씀이 생명줄이라고 보았다. 언젠가 나의 목숨은 끊어질 때가 있으나 말씀 줄은 개인의 삶을 넘어서 시대를 넘어서 이어갈 수 있다. 시대를 넘어서 살려면 말씀 줄을 혼자 붙잡고만 있지 말고 자꾸 물려주어야 한다.

나 하나를 잃어버리면 모든 귀한 이, 어진 이의 말
도 거짓이 될 뿐이다. 천하에 거짓으로 나라가 될 리 없
다. 고려의 실패만 아니라, 통히 우리 고난의 역사의 근본
원인은 나를 깊이 파지 않은 데 있다. 《뜻으로 본 한국역사》 185쪽

▶함석헌과 유영모처럼 '나'에게 생각을 집중한 사상가는 없다.
'나'를 깊이 파는 것이 철학이고 종교라고 보았다. 한국 역사가 고
난의 역사로 된 것은 '나'를 잃어버렸기 때문이라는 것이 함석헌의
결론이다. 우리 민족의 사명은 '나'를 깊이 파서 참된 종교와 철학
을 낳는 데 있다고 하였다. '나'를 깊이 파야 고난의 역사에서 벗어
나고, 더불어 사는 세상이 온다. 나를 깊이 파지 않으면 역사는 제
자리 걸음을 면치 못한다.

영원한 하나님 나라로 가는 것이 인생의 목적이
요 사명이다. 제나에서 얼나로 솟나는 것이 하나님 나라
로 가는 것이다. 그래서 예수가 하나님 나라는 들이치는
자가 들어간다고 했다. 들이쳐야 깨닫는다는 말이다. 형
이상의 얼나를 들이치는 길은 깨닫는 것이다. 하나님 나
라는 침략해도 좋다고 언제나 열려 있다. 우리는 앞장서
서 하나님 나라로 쳐들어가야(깨달아야) 한다. 《다석 유영모 어
록》 70쪽

▶사람은 하늘로 솟아오를 존재다. 그래서 머리를 하늘에 두고 하
늘의 님을 그리워하고 부른다. 하늘나라가 하나님 나라요 정의와
사랑이 이루어지는 영원한 나라다. 어떻게 하늘로 솟아오르는가?
몸에서 맘이 솟고 맘에서 얼이 솟아올라야 한다. 얼이 하늘로 솟
아오르는 것이 깨닫는 것이다. 하늘은 한없이 높고 커서 아무리 들
이치고 올라가도 좁지 않고 아무리 많은 사람이 쳐들어가도 끝이
없다. 다른 일은 몰라도 이 일만은 아무리 경쟁해도 다툼이 일어
나지 않는다.

　　역사의 갈 길을 결정하는 것은 감정이냐? 실제 살림이냐? 민중은 나중에는 실 살림의 요구에 복종하고 마는 것이다. 이해관계가 일을 결정하고 만다. 민중은 이해에 따라 움직이지만, 또 그런 것만은 아니다. 당장 보면 그런 것 같지만, 정말 민중의 길을 결정하는 것은 뜻이다. 역사의 어려움은 민중의 이해와 감정이 일치하지 못하는 데서 나온다. 그것에 맞추어, 반대되는 두 다리가 앞으로 나아가듯, 민중으로 하여금 전진을 하게 하는 것은 뜻의 제시다. 그것을 해주는 것이 참 지도자요, 참 영웅이다.

《뜻으로 본 한국역사》 188쪽

▶민중은 냉엄한 현실을 몸으로 부대끼며 살기 때문에 이념이나 감정보다는 현실적 이해관계를 중시한다. 공허한 말보다는 경제적 실리를 중하게 여긴다. 현실이 쉽게 바뀌지 않는 것을 알기 때문이다. 그러나 현실의 불의와 잔혹함을 몸으로 겪기 때문에 누구보다 절실하게 사랑과 정의를 갈구한다. 누가 진실하게 사랑과 정의의 높은 뜻을 드러내기만 하면 민중은 몸과 마음을 바칠 태세가 되어 있다. 돈과 권력에 매인 사람에게는 물질적 환경과 조건이 중요하지만 가진 것 없는 민중에게는 뜻이 중요하다. 많이 가진 사람은 현실에 머무르려 하지만 가진 게 적은 사람은 새날을 기다린다.

마치 초목(草木)이 태양에서 왔기 때문에 언제나 태양이 그리워 태양을 머리에 이고 태양을 찾아 하늘 높이 곧이 곧장 뻗어가며 높이 서 있듯이, 사람은 하나님으로부터 왔기 때문에 언제나 우(하늘)로 머리를 두고 언제나 하나님을 사모하며 곧이 곧장 일어서서 하나님을 그리워하는 것이다. 사람이 하나님을 찾아가는 궁신(窮神)은 식물의 향일성과 같이 사람의 가장 깊은 곳에 숨겨져 있는 사람의 본성이라고 생각된다. <u>《다석 유영모 어록》 39쪽</u>

▶다석은 사람의 가장 깊은 곳에 하나님을 찾는 본성이 있다고 하였다. 사람은 누구나 속의 속에 참과 영원에 대한 사무친 그리움이 있다. 아우구스티누스는 번뇌와 고민 속에서 헤매다가 하나님 안에서 비로소 마음의 평안을 찾았다. 하나님이라는 말이 귀에 거슬리면 하나, 전체, 절대, 초월이라는 말을 생각해도 좋다. 그러나 마음속에서 간절히 갈구하고 찾는 대상은 인격적인 존재로 나타나기 마련이다. 하나님은 관념이나 이론의 대상이 아니라 인격적 체험의 대상이다.

오늘 하나님처럼 모독과 멸시를 당하는 존재가 없다. 물욕과 겉모습에 온통 마음을 빼앗기고 돈과 출세만을 생각하면서 내세우기는 하나님을 내세우니 이것은 하나님을 두려워하기는커녕 조롱하는 것이다. 오늘의 교회나 사회는 하나님을 찾는 본성을 잃었고, 하나님은 없거나 죽었다.

　　역사의 흐름에 맑은 물, 흐린 물 따로 없다. 역사의
음악에 높은 악기, 낮은 악기의 구별이 없다. 있는 것은
다만 오직 하나, "살아라! 뜻을 드러내라!" 하는 절대명
령이 있을 뿐이다. 《뜻으로 본 한국역사》 219쪽

▶우리의 도덕관념이나 감정에는 깨끗하고 더럽고, 좋고 나쁘고,
높고 낮고의 구별이 있지만 흐르는 역사의 강물에는 그런 구별이
없다. 전체로 보면 인류는 역사의 강물을 이루며 함께 흘러가는 존
재다. 잘난 사람, 못난 사람, 좋은 사람, 못된 사람이 다 공동운명
체이고 한통속이다. 네가 나의 운명이고 내가 너의 운명이다. 함께
묶인 목숨이고 함께 가도록 운명 지워진 존재다. 남을 탓하고 남에
게 책임을 돌리는 것은 어리석고 게으른 짓이다. 오직 솟아올라 앞
으로 나갈 뿐이다. 오직 힘껏 살고 삶의 뜻을 드러냄으로써 우리
시대의 더럽고 추한 것을 깨끗하고 아름답게 할 수 있다.

궁신(窮神)하려는 본성 때문에 사람은 풀이 땅을
뚫고 돋아나듯이 만물을 초월하여 무한한 발전을 가능
케 할 수 있으며 나무가 높이 자라 땅을 덮듯이 사람
은 만물을 이기고 다스리며 살아갈 수 있다. 《다석 유영모 어
록》 39~40쪽

▶하나님을 찾는 사람은 자기와 만물을 이길 수 있고, 움직일 수 있
다. 스님, 신부, 목사만 아니라 대통령이나 장관, 국회의원은 반드
시 자기와 만물을 넘어서는 사람이 되어야 한다. 자기와 물건에 대
해서 자유롭지 않은 사람이 세상을 이끌고 다스린다고 나서니 세
상이 자꾸 우습게 되는 것이다.

집을 잊은 날은 집을 빼앗기던 날보다 더 슬프고 아픈 날이다. 빼앗길 때는 집이 밖에 없는 대신 속 깊이 들어왔지만, 잊은 날에는 마음의 집마저 없어지지 않았느냐? 빼앗길 때는 집이 없어졌거니와 잊은 날에는 자아가 없어지지 않았느냐? 집이 없으면 천지로 집을 삼을 수 있어도 자아가 없어진 다음에는 지옥에도 갈 자리가 없지 않느냐? 《뜻으로 본 한국역사》 231쪽

▶물질, 환경, 집보다 중요한 것은 '자아'다. 돈과 권력을 잃고 환경과 조건이 바뀌고 집을 빼앗겨도 자아가 살았으면 다시 찾을 수 있다. 그러나 그 모든 것을 풍족하게 갖추었다 해도 자아가 없으면 없는 것만 못하다. 자아가 살았으면 돈도 환경도 집도 산 것이고, 자아가 죽었으면 다 죽은 것이다. 자아가 죽지 않고 사는 길이 무엇인가? 자아는 물건처럼 있는 것이 아니다. 물건이 아니기 때문에 늘 새롭게 태어나고 살아나야 한다. '자아'는 자기를 비우고 죽음으로써 다시 태어나는 것이요, 자기초월을 통해서 새롭게 살아나는 것이다.

　　　하나님의 참 빛과 거룩한 사랑을 드러내기 위해서 하나님을 더욱 빛나고 뚜렷하게 하기 위해서 하나님을 우리 머리 위에 받들고 이기 위해서 우리가 이 세상에 나온 것이다. 그리하여 우리가 이 세상을 이기는 것이다. 《다석 유영모 어록》 40쪽

▶생명진화의 오랜 역사 끝에 사람이 나온 까닭이 무엇인가? 하나님을 뚜렷이 드러내기 위해서다. 왜 사람은 하늘을 향해 머리를 들고 일어섰는가? 하나님을 머리에 이고 뚜렷이 드러내기 위한 것이다. 이 진리를 가르치고 알리기 위해서 예수가 살았고 또 십자가에 달려 죽었다. 교회는 이 진리를 밝히고 실행하기 위해 세워진 것이다.

교회와 세속사회 사이에 차이가 없다. 교회의 삶과 실천으로 하나님을 뚜렷이 드러나게 못하기 때문이다. 하나님을 머리에 받들어 일 생각은 않고 제 욕심껏 하나님을 부려먹을 생각만 한다. 세상 욕심을 따르는 교회가 세상을 이길 수 없다.

역사는 언제나 "자기 목숨을 아끼는 놈은 장차 잃을 것이요, 나를 위하여 목숨을 잃는 놈은 장차 얻으리라" 하지 않던가? 생명은 곧 '죽음으로 삶' 아닌가? 그것이 '아가페'다. '인'(仁)이다. 모험하는 놈, 비약하는 놈만이 생명의 나라에 들어간다. 《뜻으로 본 한국역사》 231쪽

▶살고 싶어서 제 육신의 생명에만 달라붙으면 말라 죽고 만다. 죽음을 무릅쓰고 삶의 모험을 할 때 비로소 생명의 나라가 펼쳐진다. 죽음을 넘어 생명의 모험을 하는 것이 아가페(사랑)이고 인(仁)이다. 함석헌은 하나님의 사랑이 우주와 역사를 창조하는 힘이라고 말하였다. 사랑은 자기를 넘어서는 모험이요 비약이다. 사랑의 모험과 비약을 하는 사람만이 새 생명의 역사를 지을 수 있다.

사람이 머리를 하늘로 두고 산다는 이 사실을 알기 때문에 또 사람의 마음이 하나(절대)를 그린다는 이 사실을 알기 때문에 나는 하나님을 믿는다. 내 몸에 선천적인 본능인 육욕(肉慾)이 있는 것이 이성(異性)이 있다는 증거이듯이 내 맘에 하나(절대)를 그리는 성욕(性慾)이 있는 것은 하나님이 계시기 때문이다. 우리들이 바라고 그리는 전체의 님을 나는 하나님이라고 한다. 《다석 유영모 어록》 38쪽

▶왜 사람은 하늘을 향해 머리를 들고 일어섰나? 왜 사람의 마음은 하나(절대)를 그리워하나? 하나님이 계시기 때문이다. 다른 것은 다 없어도 하나님만은 꼭 있어야 한다. 그래야 생명과 정신과 영혼이 중심과 목적을 가지고 살 수 있다. 정신과 영혼이 깊이 또 높이 들어갈수록 전체(하나)에 이르고 전체(하나)에 힘입어 사는 것을 알게 된다. 많은 물건들에 묶이고, 세상에 대한 집착에 빠지면 전체 '하나'는 뵈지도 느껴지지도 않는다. 그러나 욕심과 집착만 놓아 버리면 전체 '하나'가 드러난다.

　　우리나라 역사에서는 이 자아를 잃어버렸다는 일, 자기를 찾으려 하지 않았다는 이 일이 백 가지 병, 백 가지 폐해의 근본원인이 된다. 나를 잊었기 때문에 이상이 없고 자유가 없다. 민족적 큰 이상이 없기 때문에 대동단결이 안 된다. 《뜻으로 본 한국역사》 297쪽

▶사회와 역사에서 벌어지는 온갖 문제와 병폐의 근본원인은 '나'를 잃은 것이다. '나'를 잃고도 찾을 생각도 하지 않는 데 역사와 사회의 근본 문제가 있다. '나' 없이 어떻게 살고 '나' 없이 무슨 일을 하겠는가? '나'는 삶과 행위의 주체이면서 전체와 통하는 것이다. '내'가 없기 때문에 전체에 대한 이상이 없고 전체에 대한 이상이 없기 때문에 대동단결이 안 된다. 자기주장이 강하고 고집이 세서 단결이 되지 않는다고 하지만, 흔히 단결을 해치는 자기주장과 고집은 참된 '나', 진정한 자존심이 없을 때 나오는 것이다. 참 나는 전체가 하나로 되는 큰 꿈을 꾸고 그 꿈을 이루기 위해 자신을 불태운다. 참된 나가 있으면 서로 크게 하나로 될 수 있다.

사랑은 다만 화산이 터져서 용암이 나오듯이 흘러나오는 것이다. 하나님의 사랑에서 터져 나온 것이 하늘과 땅이다. 말할 수 없는 하나님의 사랑이 밑에 깔려서 이 우주가 생겨났다. 그러나 세상을 사랑하는 사람은 하나님을 모른다. 세상을 미워하는 사람에게만 하나님이 다가오신다. 《다석 유영모 어록》 41쪽

▶하나님의 사랑은 부드럽고 달콤한 것도 아니고, 누구에게나 받아들여지는 것도 아니다. 그 사랑은 속의 속에서 흘러나오는 것이며, 하늘과 땅을 창조하는 힘을 가진 것이고, 우주가 생겨난 토대이다. 십자가의 고통 속에서 드러나는 하나님의 사랑은 견디기 어려운 것이다. 인생의 무게가 한없이 무거운 것처럼 사랑도 무겁고 힘든 것이다. 사랑이 무겁고 힘든 줄 알아야 사람도 보이고 하나님도 만날 수 있을 것이다.

당쟁은 노예근성에서 나온 것이다. 망국민일수록 싸움이 많다. 그러나 나라를 찾으려면 죽기로써 서로 양보하고 한 이상을 세워 싸움을 그치지 않고는 안 될 것이다. 《뜻으로 본 한국역사》 297쪽

▶한민족의 고질병은 당파싸움과 패거리의식이다. 당쟁은 자아를 잃은 노예근성에서 나온다. '큰 나'를 가지고 전체의 마음으로 사는 사람은 개인의 사사로운 일이나 집단의 당파적인 일로 다투려 하지 않는다. 어른이 어린이와 싸우지 않고 어버이가 자식과 다투지 않는 것과 같다. 전체를 바로 세우려면 개인과 집단의 이기적인 자아를 죽여야 한다. 언제나 남의 잘못은 커 보이고 제 잘못은 작아 보이며, 남이 한 일은 작아 뵈고 제가 한 일은 크게 보인다. 나를 미워하고 대적하는 사람과 함께 일하려면, 적당히 양보해서는 일이 되지 않는다. 나라를 살리려는 사람들이 서로 싸울 경우에는 죽기로써 서로 양보해야 한다. 서로 하나가 될 수 있는 이상을 세우고, 전체의 마음으로 죽기로써 양보하면 모든 일이 바로 될 것이다.

등잔 밑이 어두운 것은 알지만 해 아래가 어두운 것을 잘 모른다. 해 때문에 해 없는 밤에 보이는 별들이 안 보인다. 태양은 큰 등잔에 지나지 않는다. 해 아래는 어둡다는 것을, 해조차 어두운 것을 모르는 사람의 지혜는 혼미(昏迷)하니까 쌀만 먹고 사는지도 모른다. 하나님의 말씀으로 사는 참 나를 깨달아야 한다. 《다석 유영모 어록》 202쪽

▶해 아래 있으면 하늘의 별들과 달을 못 보니, 해 아래는 어두운 것이다. 물질의 빛인 해는 물질 아닌 영의 세계를 가린다. 해는 물질이니 영의 빛에서 보면 어둠이다. 몸은 햇빛과 햇빛으로 된 곡식에 의지해서 산다. 햇빛으로 빚은 쌀[米]만 먹고 살면 정신이 혼미(昏迷)해진다. 해의 빛과 따뜻함만을 좋아하고 숭배하는 사람은 몸이 죽을 때 함께 죽는다.

부국강병을 추구한 국가문명 시대는 언제나 해를 숭상했다. 해는 생산력과 권력을 상징했다. 이제 인류는 국가문명 시대에서 세계평화문명 시대로 옮겨가고 있다. 세계평화 시대는 지구를 배로 삼아 우주를 항해하는 시대다. 이제 해만 바라보지 말고 해를 넘어 우주를 바라보아야 한다. 그러면 해에 가렸던 우주의 깊고 큰 세계가 열리고 생명과 정신의 빛이 드러날 것이다.

역사의 수레바퀴에 찍히어 넘어가는 자의 주검이 묻힌 곳에서 새 역사의 살찐 이삭이 팬다. 자기에게서 나간 배설물도 이용하여 새로 자라는 재료를 만들듯, 분명히 가장 큰 죄악에서도 가장 큰 선을 뽑아내고야 마는 것이 역사다. <u>《뜻으로 본 한국역사》 342쪽</u>

▶역사는 의로운 사람들의 피를 먹고 자라는 나무와 같다. 희생당한 사람들의 의로운 목숨이 거름 되어 새로운 생명의 싹이 트고 꽃이 피고 열매가 맺는다. 잔혹한 폭력과 탐욕스런 불의가 행해지는 곳에서, 가장 깨끗하고 의로운 목숨이 희생당한 곳에서 새 역사의 힘찬 고동이 울린다. 예수가 달려 죽은 십자가에서, 전태일이 제 몸을 불살라 죽은 자리에서 새 역사가 힘차게 시작되지 않던가! 역사는 생명의 역사다. 패배와 죽음에서 새 역사가 창조되고 가장 큰 죄악에서 가장 큰 선을 이끌어 낸다. 역사를 사는 사람은 절망하거나 좌절할 겨를이 없다.

우리는 모든 현상 속에서 산 우주가 지니고 있는 생명의 율동을 느껴야 한다. 하늘로 머리를 두고 있는 인간은 하늘을 쳐다보며 우주에서 생명의 고동을 느끼면서 살라는 것이다. 모든 상(像)에는 생명과 율동이 있다. 하늘과 땅이 모두 상이요 우주가 상이다. 악기에서 음률이 나오는 모양으로 우리는 삼라만상 속에서 생명의 고동을 느낀다. 따라서 상(像) 그것만으로는 만족하지 못한다. 우리는 상 위의 무엇인가를 알려고 한다. 상의 핵심 속에 들어가서 그 주인을 만나보고 싶어 한다. 마음속에 좇아 들어가 신격(神格)이신 하나님의 정신을 알려고 한다. <u>《다석 유영모 어록》 202~203쪽</u>

▶우주는 살아 있는 하나의 생명체다. 그러나 땅바닥을 기는 짐승은 우주 전체의 생명을 느낄 수 없다. 물체나 사물을 우주 전체 속에서 보지 못하기 때문이다. 머리를 하늘로 두고 사는 인간은 우주 전체 생명의 율동을 자신의 몸에서 그리고 삼라만상에서 느낄 수 있다. 하늘의 깊이와 높이를 본받아 사람의 몸과 마음이 생명의 깊이와 높이에 이르렀기 때문이다.

사람이 자연만물과 인생에서 보고 느끼는 이미지와 형상은 사람의 생명과 우주 생명의 만남과 교감에서 생겨난 것이다. 사람이 작은 풀꽃에서 곧고 깨끗한 아름다움을 느끼고 큰 산과 넓은 바다와 무한한 우주에서 장엄한 아름다움을 느끼는 것은 이 모든 것들의 속에 곧고 깨끗하고 장엄한 아름다움을 지닌 우주 대생명이 있고 사람의 몸과 마음이 그것을 보고 느낄 만큼 진화되었기 때문이다.
사람은 작은 물체나 보잘 것 없는 사물에서 이미지나 형상을 보고
우주 전체의 생명을 느낄 수 있다. 그리고 형상과 이미지를 넘어서
우주 전체의 주체이신 하나님을 본다.

　　　한민족의 본 바탈인 '인, 용, 지'를 정말 바로 키워 그 아름다움을 드러내려면 반드시 (나를 깊이 팔 줄 모르는) 이 큰 잘못을 고치지 않고는 안 될 것이다. 무엇보다 먼저 네 종교를 가져라! 《뜻으로 본 한국역사》 129~130쪽

▶함석헌은 한겨레의 심성 속에 어질고 용감하고 슬기로운 품성이 있다고 하였다. 이 좋은 품성을 아름답게 닦아 내려면 '나'를 깊이 파야 하고, '나'를 깊이 파려면 '내'가 직접 체험하고 깨닫는 종교가 필요하다. 오늘 한국에는 많은 기독교인과 불교인이 있으나 정말 자신의 삶을 새롭게 하는 사람은 찾아보기 어렵다. 나를 바로 세우지 못하는 종교, 나를 새롭게 하지 못하는 종교는 남의 종교지 내 종교가 아니다. 함석헌은 죽음을 앞두고 "바울이 쪽박 차고 전도한 기독교가 왜 이렇게 되었나!" 하며 눈물을 흘렸다.

　　　예수는 이 우주혁명 우주해방을 하러 오신 이다. 지금 기독교인들은 아들임을 가르쳐 주었는데 종노릇을 하고 있다. 성령이란 다른 게 아니다. 정직하게 살도록 하는 힘이다. 《다석 유영모 어록》 206~207쪽

▶예수는 자신이 하나님의 아들임을 깨닫고 다른 사람들도 하나님의 아들임을 일러 주었다. 하나님의 아들임을 알고 아들 노릇을 하는 것이 우주혁명이고 우주해방이다. 사람은 우주의 일부이면서 자신 속에 우주를 품고 있다. 사람의 정신과 영혼은 우주 속에서 우주를 넘어선 것이요, 우주 안에서 우주가 해방된 것이다.
사람의 정신과 영혼이 우주 물질세계의 종노릇을 하면, 우주는 허무와 무의미의 구렁에 빠지고 숙명의 쇠사슬에 매여서 신음한다. 그러나 우주의 일부인 사람이 하나님의 아들이 되어 아들 노릇을 하면 우주는 혁명이 되고 해방이 된다. 사람이 아들 노릇을 못하고 종노릇을 한다. 아들은 물질을 물질로, 정신을 정신으로, 하나님을 하나님으로 정직하게 대하는데, 종은 스스로 속고 서로 속여서 거짓 속에서 산다. 성령은 아들로서 정직하게 살도록 힘을 준다.

맹꽁이의 음악 너 못 들었구나. 구데기의 춤 너 못 보았구나. 살무사와 악수 너 못 해보았구나. 파리에게는 똥이 향기롭고 박테리아에게는 햇빛이 무서운 거다.

도둑놈의 도둑질처럼 참 행동이 어디 있느냐? 거짓말쟁이의 거짓말처럼 속임 없는 말이 어디 있느냐? 거지의 빌어먹음처럼 점잖은 것이 어디 있느냐?

그것은 정치가의 정의보다 훨씬 더 높은 것이고, 군인의 애국보다 한층 더 믿을 만한 것이고 종교가의 설교보다 비길 수 없이 거룩한 것이다. 《함석헌 전집 6: 수평선 너머》 6쪽

▶삶의 진실과 역설에 대한 통찰이다. 삶 전체의 자리에서 그리고 삶의 속에서 보면 삶의 꿈틀거림과 몸부림은 진실하고 아름다운 것이다. 살기 위해서 도둑질하고 거짓말하고 빌어먹는 일은 그것대로 진실하고 떳떳한 것이다. 삶은 아무리 추하다 해도 삶에서 떠난 정치, 전쟁, 종교보다 고귀하고 거룩한 것이다.

이 무한 우주의 테두리가 이 내 속에 있는 한 점 (얼)과 같다. 이 무한 우주의 중심이 내 속에 있는 한 점이다. 남의 것이 아니라 바로 내 것이다. 이 한 점이 바로 된 데가 본 내 자리다. 《다석 유영모 어록》 210쪽

▶ '없음'과 '빔'이 무한한 우주의 테두리인데 내 마음속에 '없음'과 '빔'이 있다. 내 속의 '없음'과 '빔'에 있는 얼이 무한 우주의 테두리이며 중심이다. 이것이 바로 '나'이고 내 자리다.

　　　낙천적이고 인후하며 그리고 심각성이 없는 평화의 민족을 따스한 중용적 지리의 반도 안에 그냥 두면 썩어서 사람 노릇을 못할 것은 정한 이치이다. 그렇기 때문에 고난으로 짐을 지워 생각을 하게 한 것이다. <뜻으로 본 한국역사> 130쪽

▶우리 겨레는 낙천적이고 심각성이 부족하다. 그래서 생각이 부족하고 자아의 뿌리가 깊지 못했다. 역사를 깊이 뚫어 보지 못하고 자아가 확립되지 못했기 때문에 고난의 역사를 살게 되었다. 그런데 사람은 고난을 겪게 되면 생각하게 되고 생각하면 자아가 확립된다. 역사의 고난에서 나오는 생각은 단순히 이론적이고 논리적인 생각과는 다르다. 삶과 정신을 깊게 하고 새롭게 한다. 고난에 짓눌려 근심걱정으로 살면 나라가 썩어 버리고, 생각으로 고난을 다듬으면 고난의 삶이 금강석과 진주가 된다. 한민족의 역사가 고난의 역사로 된 것은 깊이 생각하여 깊은 종교와 철학을 가진 민족이 되기 위한 것이다. 깊은 종교와 철학을 가진 민족은 성격이 확립되고, 성격이 확립된 민족은 온갖 도전과 시련을 이겨 낼 수 있다.

참이란 허공밖에 없다. 없어야 참이고 있는 것은 거짓이다. 마음과 허공은 하나라고 본다. 저 허공이 내 마음이요, 내 마음이 저 허공이다. 여기 사는 것에 맛을 붙여 좀 더 살겠다는 그따위 생각은 하지 말아야 한다. 마음하고 빈탕이 하나라고 아는 게 참이다. 《다석 유영모 어록》 219쪽

▶참이란 변함없이 성실하고 진실한 것인데, 있는 것은 변하고 매이기 마련이다. 변함없고 매임 없는 허공과 없음만이 참이다. 허공과 없음을 마음에 품은 사람이 자유롭고 진실할 수 있다. 내 마음이 비어서 진실하고 자유로울 때 물질세계도 제대로 뵈고 제대로 된다.

　　　　예나 이제나 나라의 주인은 민중이다. 고구려가 위대한 것은 고구려 민중이 위대하였기 때문이다. 위대한 것이 다른 것이 아니다. 민중이 어떤 이상에 열중하는 일이다. 산속의 졸본, 일 년 두루 일을 하여도 먹을 것도 못 버는 졸본도 국민이 한번 한 마음이 되어 가슴이 부풀어 오른즉 만주와 반도에 걸치는 큰 나라를 만들 수 있었다. 그들을 그렇게 만든 것은 도리어 그들의 좋지 못한 환경이었다. 땅이 파리하여 먹을 것도 잘 내주지 않고, 옆에 강한 나라가 있어서 밤낮 그 시달림을 받기 때문에 그들은 반발한 것이었다. 《뜻으로 본 한국역사》 160~161쪽

▶우리 시대에 국민의 마음을 크게 부풀어 오르게 할 이상은 무엇일까? 누구나 사람으로서 사람답게 자유롭고 떳떳하게 사는 것이 아닐까? 왕조시대, 식민지 시대, 굶주림의 보릿고개, 남북분단과 전쟁, 군사독재 시대를 거치며 온갖 시련과 억압을 겪어 온 민족이기에 사람답게 살지를 못했다. 그래서 우리 겨레는 한번 사람답게 자유롭고 힘차고 떳떳하게 살고 싶은 열망이 사무쳐 있다. 우리 겨레의 몸과 마음에는 대지를 박차고 일어나서 세계를 향해 우뚝 서고, 높은 하늘로 날아오르고 싶은 열망으로 가득 차 있다. 한번 크게 일어나서 새 역사를 일으키려는 의지와 힘이 솟구치고 있다. 그러나 우리나라는 여전히 많은 문제를 안고 있다. 남북은 분단되고 인맥, 학벌, 지역으로 갈라져 있다. 사회의 양극화는 갈수록 심화되고 비정규직 노동자와 실업자는 더욱 늘고 있다. 우리나라가

한마음이 되어 새 역사를 크게 일으키려면 어떻게 해야 할까? 먼저 국민을 사람으로 존중하는 정치, 경제, 사회, 문화, 종교가 되어야 한다. 국민을 바보로 아는 정치, 국민을 짐승 취급하는 경제, 사람을 기계로 여기는 사회, 사람을 노예로 삼는 종교가 국민의 마음을 부풀어 오르게 할 리가 없다. 국민을 굶주리고 부끄럽고 주눅 들게 하는 모든 정치, 사회, 종교는 가라! 국민은 나라의 주인이고 역사의 주체다. 국민을 나라의 주인으로 모시고 역사의 주체로 받드는 정치, 사회, 문화, 종교는 오라!

지금 우리가 사는 시대는 민족국가 시대를 넘어서 세계평화 시대로 나아가고 있다. 남북분단을 넘어서 동아시아를 넘어서 상생과 평화의 길을 우리가 앞장서서 열어 간다면 5천 년 민족사의 꿈과 사명을 우리가 이루는 것이다. 5천 년 동안 역사의 거센 비바람과 거친 물결 속에서도 꺼뜨리지 않고 지켜온 민족정신의 횃불이 크게 타오를 때가 왔다.

그 후에 내가 내 영을 만민에게 부어 주리니 너희 자녀들이 장래 일을 말할 것이며

너희 늙은이는 꿈을 꾸며 너희 젊은이는 이상을 볼 것이며(욜 2:28)

　　몸을 지닌 이는 누구나 빚진 것, 꾸어 온 것(몸)으로 사는 것이다. 시간·공간에 빚진 것을 마지막 때 털어버리는 것은 송장되어 드러눕는 것이다. 시간·공간에 빚진 속박에서 벗어나는 것이다. 우리가 이 세상에 나왔다는 것은 몬[物]에 갇혔다는 말이다. 이 세상에 나온 것은 참 못난 것이다. 물질에 갇혀 있음은 참 못난 짓이다. 이 틀(몸) 쓴 것을 벗어버리기 전에는 못난 거다. 《다석 유영모 어록》 219~220쪽

▶우주만물은 이어져 있고 서로 의존한다. 서로 빚지고 의지해서 살고 존재한다. 몸을 가지고 세상에 나왔다는 것은 서로 얽혀 있는 물질세계에 갇혔다는 말이다. 인간의 정신과 영혼은 물질에 매임 없이 초월하는 것이다. 정신과 영혼이 물질에서 벗어나야 물질의 주인 노릇을 하고, 물질도 인간의 탐욕과 집착에서 해방되고 물성과 이치에 따라 스스로 실현된다.

우리가 지금은 거울로 보는 것 같이 희미하나 그 때에는 얼굴과 얼굴을 대하여 볼 것이요 지금은 내가 부분적으로 아나 그 때에는 내가 주께서 나를 아신 것 같이 내가 온전히 알리라(고전 13:12)

정신은 반발하는 것이다. 버티고 나서는 것, 운명에 대해 대드는 것이 정신이다. 뜻을 찾는 것이 정신이다. 그저 나도 살겠다는 것만으로는 부족하다. 내세우는 뜻이 있어야 한다. 내가 뜻을 이루는 것이 아니라 뜻을 찾으면 뜻이 나를 살려 주고 나를 위대하게 한다. 《뜻으로 본 한국역사》 160~161쪽

▶정신은 물질이 아니다. 정신은 정신을 지배하려는 물질적 힘과 조건에 맞서는 것이다. 뜻을 가진 정신이 있으면 운명은 없다. 어떤 한계상황이나 조건이 주어져도 뜻을 품은 정신은 포기하거나 절망하지 않고 제 길을 가고 제 일을 한다. 떳떳이 함께 갈 수 있는 뜻을 세우면 그 뜻이 나를 살리고 힘 있게 하고 위대하게 한다.

내가 하늘에서 내려온 것은 내 뜻을 행하려 함이 아니요 나를 보내신 이의 뜻을 행하려 함이니라. 나를 보내신 이의 뜻은 내게 주신 자 중에 내가 하나도 잃어버리지 아니하고 마지막 날에 다시 살리는 이것이니라(요 6:38-39)

　　　꽃은 하늘의 태양이요, 태양은 풀의 꽃이다. 꽃이 꽃을 보고 태양이 태양을 보는 것이 내가 나로 되는 것이다. 내가 나가 된다는 것은 얼이신 하나님 아버지가 주신 얼로 하나님 아버지와 같은 얼나가 된다는 말이다.

《다석 유영모 어록》 60쪽

▶하늘의 햇빛을 받아 꽃이 피어났다. 그러므로 풀의 꽃 속에 태양이 들어 있다. 태양이 꽃이고 꽃이 태양이다. 사람은 하나님의 얼을 받아 '얼 나'가 되었다. 얼 나가 되어 하나님의 얼과 소통하는 것은 풀꽃이 하늘의 꽃인 태양을 보고 하늘의 태양이 풀꽃 속의 태양을 보는 것과 같다.

이것이 바로 내가 나로 되는 것, 참 주체가 되는 것이다. 하나님은 모세에게 "나는 나다"(출 3:14)라고 하신 이다. 하나님은 참되고 영원한 '나'이신 이다. 하나님과 소통하고 사귀는 것은 내가 나로 되는 것이다. 내가 나인 것 그것이 참 나다. 내가 나가 아닐 때가 얼마나 많은가?

　　　역사를 지나간 일의 결과라고 누가 그러나? 아니
다. 역사는 장차 올 것 때문에 있는 것이다. 시(始)가 종
(終)을 낳는 것이 아니라 종이야말로 처음부터 있어 시
를 결정하느니라. 고구려가 망하는 것은 오늘날 너와 나
에게 달렸다. 우리가 버리면 동명도 단군도 개죽음이 되
는 것이고, 우리가 살리면 세계의 주인으로 살아날 수
있다. 《뜻으로 본 한국역사》 162쪽

▶물질의 세계에서 보면 시작이 끝을 지배하고 원인이 결과를 낳는
다. 그러나 정신의 세계에서 보면 끝이 시작을 지배하고 목적이 동
기를 낳는다. 시작이 반이라지만 누가 일을 시작하는가? 뜻과 목
적을 가진 사람이 일을 시작한다.

정신과 생명의 관점에서 역사를 보는 사람은 역사를 과거로 보지
않고 미래에 비추어 그리고 오늘의 자리에서 본다. 과거는 지나간
것이고 지금은 없는 것이다. 있는 것은 오늘 여기의 너와 나가 있을
뿐이고, 앞으로 다가올 미래가 있다. 죽은 물고기는 강물에 떠밀
려 내려가지만 산 물고기는 강물을 거슬러 올라간다. 죽은 정신은
역사의 물결에 떠밀려 과거 속에 묻혀 버리지만, 살아 있는 정신은
역사의 물결을 거슬러 새로운 미래를 창조한다. 우리의 정신이 살
면 과거도 현재도 미래 속에 살아나지만, 우리의 정신이 죽으면 현
재도 과거와 함께 죽어 버린다. 과거에 매인 사람은 과거와 함께 묻
히고, 현재에 머무는 사람은 현재와 함께 흘러가 버린다. 그러나 다
가오는 세계를 위하여 살면 과거도 현재도 영원히 산다.

믿음은 바라는 것들의 실상이요 보이지 않는 것들의 증거니(히 11:1)

　　　다시 없이 크면 없는 데 들어간다. 없는 것은 내가
되는 것이다. 없는 데 가면 없는 게 없다. 무일물무진장
(無一物無盡藏)이다. 아무것도 가지지 않으면 일체(一切)를
가지는 것이다. 서양 사람은 없[無]을 모른다. 있[有]만 가
지고 제법 효과를 보지만 원대(遠大)한 것을 모른다. 그
래서 서양문명은 벽돌담 안에서 한 일이라 갑갑하기만
하다. <u>《다석 유영모 어록》 220쪽</u>

▶모든 물질과 사물의 세계를 넘어서면 없는 데 이른다. 아무 걸림
이나 거리낌이 없어야 '나', 주체이다. 없음에 이르면 모든 것의 자
유로운 주인이 되므로 모든 것을 가진다. '내'가 없는 사람이야말
로 모든 사람을 이끌 수 있다. '내'가 없으면 시원하여 다 뚫려 있
다. 다석은 하늘의 허공을 빈탕한데라 하고 하나님을 없는 것과 있
는 것을 서로 통하게 하는[有無相通]이라고 했다.
서양철학은 그리스의 도시국가(Polis)에서 시작되고 발전되었다.
도시국가는 성벽으로 둘러싸여서 자연과 농민으로부터 격리되었
다. 성벽 안에서 이루어진 철학이라 없음을 모르고 있음만 생각한
다. 그래서 파르메니데스는 "없는 것은 없는 것이고 있는 것은 있
는 것"이라 했고 "있는 것만이 있다"고 했다. 도시국가의 성벽 안에
서 이루어진 철학은 국가가 저지르는 전쟁과 학살, 노예제에 대한
반성이 없다. 서양철학은 빈탕한데의 원대함을 모르는 철학이다.

기록된 바 내가 너를 많은 민족의 조상으로 세웠다 하심과 같으니 그가 믿은 바 하
나님은 죽은 자를 살리시며 없는 것을 있는 것으로 부르시는 이시니라(롬 4:17)

민족 안에서는 너와 나의 다름이 없다. 시대의 차이도 없다. 왕조의 구별도 없다. 그러므로 한 사람이 잘못한 것을 모든 사람이 물어야 하고 한 시대의 실패를 다음 시대가 회복할 책임을 지는 것이다. 그러므로 역사다. 생이란 곧 지금까지의 모든 시대와 개인이 진 빚을 '대신 맡으마' 하는 약속 밑에 받은 선물이다. 《뜻으로 본 한국역사》 276쪽

▶함석헌은 민족 전체의 자리에서 그리고 주체의 자리에서 역사와 인생을 보았다. 전체의 자리에 서면 전체의 주인이므로 남을 탓하지 않고, 모든 것이 공동책임이고 나의 책임이다. 주체의 자리에서 보면 '나'는 모든 것을 물려받은 주인이면서 모든 부채를 짊어진 빚쟁이다. '나'는 무한한 자유를 누리면서 무한책임을 지는 존재다.

형제들아 너희가 자유를 위하여 부르심을 입었으나 그러나 그 자유로 육체의 기회를 삼지 말고 오직 사랑으로 서로 종 노릇 하라(갈 5:13)
헬라인이나 야만인이나 지혜 있는 자나 어리석은 자에게 다 내가 빚진 자라
(롬 1:14)
내가 모든 사람에게서 자유로우나 스스로 모든 사람에게 종이 된 것은 더 많은 사람을 얻고자 함이라(고전 9:19)

아침저녁으로 반성할 것은 "내가 남을 이용하려는가? 내가 남을 섬기려는가?"이다. 내가 집사람을 더 부리려 하는가? 아니면 더 도우려 하는가? 반성해 볼 필요가 있다. 몸이거나 집이거나 나라거나 남을 이용하려는 것은 잘못이다. 무조건하고 봉사하자는 것이 예수의 정신이다. 《다석 유영모 어록》 253~254쪽

▶아주 쉬우면서 근본적인 물음이다. 남을 이용하려는가, 섬기려는가? '저'를 위해 사는가, 하나님, 전체를 위해 사는가? 남을 섬기는 것이 자신을 섬기는 것이고, 하나님을 위하는 것이 저를 위해 사는 것임을 아는 사람은 삶의 진실을 깨달은 사람이고 믿음에 이른 사람이다. 다석은 무조건 봉사하자는 것이 예수의 정신이라고 하였다.

인자가 온 것은 섬김을 받으려 함이 아니라 도리어 섬기려 하고 자기 목숨을 많은 사람의 대속물로 주려 함이니라(막 10:45)

우리 일이 온통 분이요, 온통 원수인데 어찌 이루다 갚으며, 풀어서 풀리느냐? 그것은 어리석은 일이다. 갚지 않고 풀지 않고, 단번에 다 풀고 갚는 일이 있다. 그것이 무엇인가? 그것은 그 뜻을 생각하여 깨닫는 일이다. 그러면 수양도 한낱 마른 똥덩이요, 정인지·신숙주도 한 개 시든 풀잎이다. 그리하여 그것으로 하여금 저 망망한 바다로 가서 그 절대 맑음 속에 한통치게 하면 그렇게 시원한 일이 어디 있겠느냐? 그 마음을 가지고야 한번 새 역사를 지을 수 있지 않겠느냐? 《뜻으로 본 한국역사》 264~265쪽

▶분노와 원한에 사로잡혀 있는 한, 새 역사를 지을 수 없다. 분노와 원한은 너와 나, 우리와 그들이 부딪치는 역사의 평면에서 생긴 것이다. 역사의 평면에서 보면 서로 잘잘못을 따질 수 있고 못된 사람 못난 사람을 탓할 수 있다. 그러나 역사를 입체로 보고 그 깊이와 높이를 보면 역사를 전체로 볼 수 있다. 역사를 전체로 보면 역사의 뜻을 알 수 있다. 뜻은 역사를 하나로 꿰고 통하게 한다. 하나로 뚫린 역사를 가지고, 노여움과 원한이 없는 바다 같이 크고 넓은 마음으로 새 역사를 지어 가자.

또 네 이웃을 사랑하고 네 원수를 미워하라 하였다는 것을 너희가 들었으나 나는 너희에게 이르노니 너희 원수를 사랑하며 너희를 박해하는 자를 위하여 기도하라 이같이 한즉 하늘에 계신 너희 아버지의 아들이 되리니 이는 하나님이 그 해를 악인과 선인에게 비추시며 비를 의로운 자와 불의한 자에게 내려 주심이라(마 5:43-45)

　　사랑이라는 것은 영원한 것이다. 성경에 하나님의 형상대로 사람을 만들었다고 했는데 하나님께서 무슨 꼴이 있을 리 없다. 그 꼴(image)이란 사랑[仁]인 것이다. 《다석 유영모 어록》 254쪽

▶다 부서지고 무너져도 사랑은 부서짐이나 무너짐이 없다. 하나님에게 꼴이 있다면 그것은 사랑이다. 세상에서 하나님을 보여 주는 길은 사랑하는 것이고, 사랑에서 하나님의 모습을 보게 된다. 조건이나 이유 없이, 의도나 목적 없이 사랑하면 하나님을 만날 수 있다.

　　참말을 한 뒤에야 인격이 생기지 거짓말을 하면서 무슨 인격이겠는가? 개인도 그렇거든 나라야 말해 무엇하랴? 나라가 참말을 해야 나라가 서지 거짓말을 하는 나라가 무슨 나라인가? 《다석 유영모 어록》 22쪽

▶거짓말을 쉽게 하고, 그른 말을 아무렇지 않게 하는 뻔뻔한 사회가 되어가고 있다. 이런 사회에서 인격이 어디 있고 진실이 어디 있나? 정치인들은 필요와 목적에 따라 말을 쉽게 바꾸고 만들어 낸다. 나라를 맡은 이들이 국익을 위한다면서 거짓말을 잘한다. 나라들이 국익에 관계없이 참 말을 할 때 세계평화가 올 것이다.

내 눈이 이 땅의 충성된 자를 살펴 나와 함께 살게 하리니 완전한 길에 행하는 자가 나를 따르리로다 거짓을 행하는 자는 내 집 안에 거주하지 못하며 거짓말하는 자는 내 목전에 서지 못하리로다(시 101:6-7)

완전한 결론이란 없다. 톨스토이의 사상도 도중에 미결된 것이지 완결한 것은 아니다. 이같이 모든 것이 미정이라면 어떻게 해야 하는가? 한 가지 뚜렷한 것이 있다. 그것은 모든 기존 이론에 묶이거나 매달리지 말고 내 생각을 맘대로 하는 것이다. 맘에 따라서 미정고(未定稿)를 이어받아 완결을 짓도록 노력을 하는 것이다.

《다석 유영모 어록》 267쪽

▶삶은 늘 변하고 새로워지는 것이다. 시간은 쉼 없이 지나가는 것이다. 우주는 끊임없이 돌면서 앞으로 나아가는 것이다. 이렇게 달려 나가는 우주 속에 사는 인생에서 완전한 결론이 있을 수 없다. 미리 정해진 것도 없고 결정된 틀이나 방식도 없다. 인간의 생명 자체가, 우주의 생명 자체가 완성을 향해 달려갈 뿐이다. 우주생명의 중심과 끄트머리인 인간에게 우주생명의 운명이 맡겨져 있다. 무한한 과거와 위대한 미래가 오늘 여기 나의 손에 달려 있다. 여기 이 순간의 삶은 오직 내게 주어진 것이다. 남이 대신 살 수 없고 내가 살아야 삶이다. 나는 나의 삶을 어떻게 살아야 할까? 완성을 향해 맘대로 생각하고 힘껏 나아갈 뿐이다.

내가 이미 얻었다 함도 아니요 온전히 이루었다 함도 아니라 오직 내가 그리스도 예수께 잡힌 바 된 그것을 잡으려고 달려가노라. 형제들아 나는 아직 내가 잡은 줄로 여기지 아니하고 오직 한 일 즉 뒤에 있는 것은 잊어버리고 앞에 있는 것을 잡으려고 푯대를 향하여 그리스도 예수 안에서 하나님이 위에서 부르신 부름의 상을 위하여 달려가노라(빌 3:12-14)

하루가 천 년 같고 천 년이 하루 같은 절대의 자리에서는 개인이 있으면서도 또 전 민족 전 인류가 한 사람이다. 개인 속에서 전체를 보고 전체 속에서 개인을 보는 것이 참의 눈이다. 참에는 하나도 여럿도 없다. 나도 너도 없다. 과거도 현재도 미래도 없다. 없지만 또 다 있다. 《뜻으로 본 한국역사》 289쪽

▶개체와 전체의 관계는 생명과 정신이 발달할수록 더 깊고 오묘해진다. 물질과 기계의 단계에서는 개체가 전체의 부품에 지나지 않고 개미나 벌의 경우에는 개체와 전체가 본능적이고 기계적으로 결합되어 있다. 사람의 경우에는 개인의 정신과 생명이 깊어져서 개체 속에 전체가 들어오고 개체는 전체를 나타내기에 이른다. 전체는 개체를 통해 표현되고 개체는 전체를 위해 존재한다.
인간은 자유로운 주체이기 때문에 '자아'와 '남'을 넘어서 '전체 하나'의 자리에 이를 수 있다. 전체 하나의 자리가 참의 자리이고 절대 초월의 자리이며 영원한 생명의 자리다. 전체 하나에 이르면 삶이 새로워지고 역사가 바뀐다.

사랑하는 자들아 주께는 하루가 천 년 같고 천 년이 하루 같다는 이 한 가지를 잊지 말라(벧후 3:8)
그러므로 모든 육체는 풀과 같고 그 모든 영광은 풀의 꽃과 같으니 풀은 마르고 꽃은 떨어지되 오직 주의 말씀은 세세토록 있도다 하였으니 너희에게 전한 복음이 곧 이 말씀이니라(벧전 1:24-25)

4월 3일   개인 속에서 전체를 보고
전체 속에서 개인을 보라

　　숨으면 숨을수록 더 기쁨이 충만하게 된다. 그것은 더 높이 올라갈 수가 있기 때문이다. 오르려는 사람은 깊이 숨어야 한다. 숨는다는 것은 더 깊이 준비하고 훈련한다는 것이다. 훈련에 훈련을 통하여 사람은 도(道)에 이르는 것이다. 《다석 유영모 어록》 272쪽

▶요즈음은 모두 자신을 드러내고 표현하고 알린다. 자신이 알려지지 않는 것을 견디지 못한다. 어떻게 하든 뜨고 싶고 튀고 싶어 한다. 성형수술이 유행하고 자신을 과대포장하고 실력을 과장한다. 그래야 돈도 벌고 출세도 한다. 그러나 진실은 사라지고 삶과 정신은 깊이를 잃는다.

다석은 숨을수록 기쁘고 더 높이 올라갈 수 있다고 한다. 숨는 것은 자기를 단련하고 다듬는 것이다. 자신을 깊이 파고들수록 참되고 영원한 삶의 길에 들어간다. 숨어서도 기쁠 수 있다면 도인(道人) 아닌가?

너는 구제할 때에 오른손이 하는 것을 왼손이 모르게 하여 네 구제함을 은밀하게 하라 은밀한 중에 보시는 너의 아버지께서 갚으시리라 (중략) 너는 기도할 때에 네 골방에 들어가 문을 닫고 은밀한 중에 계신 네 아버지께 기도하라 은밀한 중에 보시는 네 아버지께서 갚으시리라 (마 6:3-4, 6)

어떻게 재변물괴(災變物怪)는 하늘이 우리를 사랑하는 까닭이라고 하는가? "하늘이 미워하는 것이 곧 사랑하는 것이라"는 이 한 마디는 얼마나 무거운 역사적 의미를 가지는 말인가? (임경업은) 온전히 이 신앙, 이 회개 하나를 위해 났던 사람임에 틀림없음을 확신한다. 그는 민족을 위해 대신 신앙 고백을 한 것이다. 환난을 이기는 것은 그것을 하나님의 사랑으로 아는 것밖에 없기 때문이다. 이제 눌린 자의 입에서 이 화해의 뉘우침과 절대 신뢰, 절대 긍정의 말이 나왔고 역사 위에 뚜렷이 그것이 남게 되었다. 무너진 터 위에서 올라오는 한 새싹이다. 〈뜻으로 본 한국역사〉 390~340쪽

▶재난과 환난을 당할 때, 실패하고 거꾸러졌을 때 살길은 하나밖에 없다. 자기를 돌아보고 이웃과 화해한 다음에 하늘에 감사하고 일어나서 꿋꿋하게 사는 것이다. 자기와 남을 원망하고 낙심하여 쓰러지면 망하고 썩는 길밖에 없다. 환난과 실패를 겪을수록 하나님이 '나'를 사랑해서 내가 바른 길로 가도록 내게 시련을 주시는 것이라고 생각하고 힘 있게 일어나야 한다. 그런 사람은 져도 지지 않고 죽어도 죽지 않는 사람, 영원한 승리의 길을 가는 사람이다. 내가 환난을 당해 상처 받고 쓰러져 죽으면서도 희망과 용기를 가지고 감사하며 인생을 마친다면 내 뒤에 오는 사람들도 환난을 이기고 영원한 삶의 길을 갈 수 있다.

그는 실로 우리의 질고를 지고 우리의 슬픔을 당하였거늘 우리는 생각하기를 그는 징벌을 받아 하나님께 맞으며 고난을 당한다 하였노라 그가 찔림은 우리의 허물 때문이요 그가 상함은 우리의 죄악 때문이라 그가 징계를 받음으로 우리는 평화를 누리고 그가 채찍에 맞으므로 우리는 나음을 받았도다(사 53:4-5)

이 세상에는 붙어도 안 되고 떨어져도 안 된다.
붙었다 떨어졌다 붙었다 하는 것이 생명의 본질이다. 마음이 빈 사람은 굴러가는 수레바퀴처럼 붙지도 않고 떨어지지도 않는다. 사물에 집착하여 화를 잘 내는 사람은 몸에 병을 가져온다. 마음이 빈 사람은 병이 오지 않는다. <u>《다석 유영모 어록》 273쪽</u>

▶몸을 가지고 사는 한 이 세상을 벗어날 수는 없다. 그러나 정신과 영으로 살려면 세상에 대한 집착과 매임에서 벗어나야 한다. 그러므로 사람은 세상에 붙어도 안 되고 떨어져도 안 된다. 영혼이 살아 있는 사람은 굴러가는 수레바퀴처럼 붙지도 않고 떨어지지도 않으면서 움직여 나간다. 세상에 발을 딛고 살되 세상에 매이거나 머물지 않는다. 사물에 매이거나 집착하는 사람은 화를 내기 마련이고 화를 잘 내면 몸에 병이 난다. 집착이 없어 마음이 빈 사람은 화를 내지 않고 화를 내더라도 마음에 담아 두지 않는다. 그러므로 병이 오지 않는다.

<u>나는 비천에 처할 줄도 알고 풍부에 처할 줄도 알아 모든 일 곧 배부름과 배고픔과 풍부와 궁핍에도 처할 줄 아는 일체의 비결을 배웠노라(빌 4:12)</u>

싸움은 이겨서 이기는 것이 아니라, 져도 졌다 하지 않음으로 이긴다. 죽음을 죽음으로 알지 않음으로 정신이 된다. 믿음이 정신이요, 믿음이 불사신이다. 그것을 내버리므로, 혼이 스스로 죽음으로 갇혀 버렸다. 갇혀 버린 혼, 그것이 곧 운명이다. 그러므로 운명은 자기를 잊은 자에게는 언제나 있는 것이요, 스스로 하는 자에게는 없다. 《뜻으로 본 한국역사》 305쪽

▶백 번 싸워 백 번 이기고도 스스로 풀어져 넘어지면 이겼다고 할 수 없고, 백 번 싸워 백 번 지고도 오뚝이처럼 다시 일어나면 이긴 사람이 된다. 믿음은 혼이 살아 있음이고 혼이 살아 있으면 스스로 자유롭게 살 수 있다. 스스로 자유롭게 사는 사람에게는 운명이란 없는 것이다.

우리가 사방으로 우겨쌈을 당하여도 싸이지 아니하며 답답한 일을 당하여도 낙심하지 아니하며 박해를 받아도 버린 바 되지 아니하며 거꾸러뜨림을 당하여도 망하지 아니하고 우리가 항상 예수의 죽음을 몸에 짊어짐은 예수의 생명이 또한 우리 몸에 나타나게 하려 함이라(고후 4:8-10)

　　지식을 취하려 대학에 가는 것은 편해 보자, 대우 받자는 생각에서다. 이는 관존민비의 양반사상인 것이다. 그런 생각을 가지고 대통령이나 총리가 되면 무엇 하나? 그런 사람이 무슨 나라를 생각하고 백성을 생각하겠는가? <u>《다석 유영모 어록》 283쪽</u>

▶오늘 대학의 교육이념과 정신이 무엇인가? 대학에 가는 것은 좋은 직장을 얻어 편하게 살기 위해서다. 진리를 탐구하고 깨달음을 얻기 위해 대학에 가는 사람은 매우 드물다. 남을 섬기는 것보다는 남에게 군림하여 남을 부리는 사람이 되려고 대학에 간다.
정말 대학이라면 진리와 사랑을 익혀서 사람이 참 사람이 되는 것을 가르치는 곳이어야 한다. 서로 위하며 더불어 살지 않으면 망할 수밖에 없다는 사실이 진리이고 서로 위하며 더불어 사는 것이 사랑이다. 자기를 버리고 비워서 공적인 자리에 설 줄 모르는 사람은 지도자가 될 수 없다.

<u>이방인의 집권자들이 그들을 임의로 주관하고 그 고관들이 그들에게 권세를 부리는 줄을 너희가 알거니와 너희 중에는 그렇지 않아야 하나니 너희 중에 누구든지 크고자 하는 자는 너희를 섬기는 자가 되고 너희 중에 누구든지 으뜸이 되고자 하는 자는 너희의 종이 되어야 하리라(마 20:25-27)</u>

　　자기의 참 모습을 보려는 사람은 하나님이 천지를 창조하시려 할 때에 그 영이 캄캄한 깊음 위에 맹렬히 운동하고 계셨듯이, 신비의 새벽공기 속에서 생명의 바다 깊은 곳에 생각의 낚시를 넣어야 한다. 턱 가라앉은 마음으로 모든 잡념을 물리치고 정신을 온전히 모아 하나님께만 바쳐야 한다.

　　그리고 기다려야 한다. 잠잠히 움직이지도 않고 있노라면 어디선지 모르게 느끼어져 오는 것이 있어 알려지는 것이 있다. 그 때 그 생각의 줄을 쳐들어 보면, 놀랍게도 어둑한 첫 광선에 펄떡펄떡 뛰는 고기[聖魚]가 달려 올라온 것을 볼 것이다. 그것이 곧 나의 참 모습이다. 내가 나를 얻은 것이다. 그러면 기쁘다. 《함석헌 전집 5: 서풍의 노래 5》 104쪽

▶ '내'가 '나'를 낚는다. 무엇으로 낚는가? 생각으로 낚는다. 내 마음속에 생명의 바다가 있다. 생명의 바다 밑에는 수억 년 동안 길러 온 생명과 정신이 살아 숨 쉬고 있다. 잡념을 물리치고 고요히 잠잠히 마음의 바다에 생각의 낚시를 넣고 기다리다 보면, 펄떡펄떡 뛰는 고기와 같이 싱싱한 '내'가 잡힌다. 나는 늘 있는 존재가 아니다. 나는 생명의 바다에서 끊임없이 새롭게 솟아오르고 새롭게 태어난다. 내 마음속에 생명의 바닷속에서 참된 나를 낚으면 참되게 살 수 있다.

나를 따라오라 내가 너희를 사람을 낚는 어부가 되게 하리라(마 4:19)

잠자는 어린이는 영원과 짝해 있는 듯 평안히 잔다. 우주라는 것도 마치 잠든 채 자라는 아기와 같다. 우리를 우주의 세포로 본다면 우리에게서 우주생명의 율동을 느낄 수밖에 없을 것이다. 《다석 유영모 어록》 272쪽

▶유영모는 잠자는 어린이에게서 영원한 우주의 생명을 느꼈다. 어린이, 우주 그리고 '내'가 한 생명의 율동 속에 있다. 어린이도 우주도 나도 자라는 생명이다. 전체 하나이면서 끊임없이 자라는 생명의 율동을 느끼는 것이 건강하고 참되게 사는 것이다. 생명은 사랑의 감동 속에서 늘어나고 깊어지고 높아지는 것이다.

　　믿음엔 겨냥이 둘이 있어야 한다. 어떤 사람도 머리가 있고 또 발이 있다. 머리는 하늘을 곧추 향해야 하는 것이요 발은 땅을 꽉 디디어야 하는 것이다. 하늘에만 있고 땅을 모르는 것은 날개 돋은 천사요, 땅에만 있고 하늘을 모르는 것은 배로 기어 다니는 뱀이다. 사람은 뱀도 아니요 천사도 아니다. 발로는 뱀의 대강이를 밟고 머리는 하늘을 향하는 것이 사람이다. 그리고 이 두 겨냥은 한 지팡이의 두 끝처럼 한 곧은 선을 이루어야 한다. 그 꼿꼿한 선이 믿음이다. 《함석헌 전집 5: 서풍의 노래》 313쪽

▶ 생명의 오랜 진화과정 끝에 사람은 머리를 하늘로 곧게 세우고 두 발로 서게 되었다. 사람이 하늘과 땅 사이에 곧게 선 것은 하나님이 창조한 인간의 본성과 사명을 드러낸다. 하늘을 향해 일어선 사람이 물질적 욕망과 본능을 상징하는 뱀의 대강이를 밟아 버리고 하늘로 솟아오름으로써 사람은 사람다운 사람이 되고 생명의 진화는 완성되고 하나님의 뜻은 이루어진다.

여호와 하나님이 뱀에게 이르시되 네가 이렇게 하였으니 네가 모든 가축과 들의 모든 짐승보다 더욱 저주를 받아 배로 다니고 살아 있는 동안 흙을 먹을지니라 내가 너로 여자와 원수가 되게 하고 네 후손도 여자의 후손과 원수가 되게 하리니 여자의 후손은 네 머리를 상하게 할 것이요 너는 그의 발꿈치를 상하게 할 것이니라 (창 3:14-15)

빈 마음은 곧 거기 하나님 아버지 계신 데 간 것
이다. 거기와 여기는 떨어진 게 아니다. 극락(極樂)이란 마
음이 빈 지경이다. 마음이 빈 지경에서 손바닥을 한번 치
면 이 시바세계가 곧 극락세계로 변한다고 화엄경에 적
혀 있다. 《다석 유영모 어록》283쪽

▶수행을 깊이 한 사람들은 깨달음과 깨닫지 못함 사이의 거리는
한 걸음일 뿐이라고 말한다. 행복과 불행 사이가 한 걸음이고, 천
국과 지옥 사이가 한 걸음이다. 사랑과 미움, 정의와 불의, 일등과
꼴찌 사이도 한 걸음이다. 마음만 비우면 지옥도 천국이 될 수 있
다. 지옥과 천국 사이가 한 걸음, 종이 한 장 차이다. 마음을 비우고
손바닥을 한번 쳐보자.

믿음은 상식적이어야 한다. 상식은 곧 세상을 앎이요 세상을 앎은 이웃을 사랑함이다. 상식에 어그러진 믿음은 사랑 없는 믿음, 그것은 뿌리 없는 나무다. 믿음은 제 힘으로 땅의 진액을 빨아올리고 햇빛과 비바람을 받아 졸자라야 하는 것이다. 욕심으로 기도하여 하룻밤 동안에 감정으로 기른 믿음은 콩나물 믿음, 그것은 햇빛만 만나면 말라버린다. <u>《함석헌 전집 5: 서풍의 노래》 314쪽</u>

▶오늘 한국의 많은 기독교인들이 상식 없는 믿음을 자랑한다. 그래서 '개독교'라는 모욕적인 대접을 받고 기독교를 싫어하고 미워하는 사람들이 늘고 있다. 함석헌은 상식적인 믿음을 내세운다. 상식은 세상 사람이 아는 지식이다. 세상 사람이 아는 지식을 안다는 것은 세상 사람의 마음과 형편을 헤아리는 것이다. 다른 사람의 심정과 처지를 헤아리는 것이 그 사람을 사랑하는 것이다. 세상도 모르고 사랑도 없는 믿음이 세상에서 모욕을 당하는 것은 당연하다. 상식적인 믿음은 세상 사람들의 아픔을 헤아리고 함께 아파하면서 스스로 생각하고 스스로 힘써서 견실하게 조금씩 자란다. 종교적 욕심과 감정으로 기른 믿음은 콩나물 같은 믿음이라 세상에서 햇빛만 비쳐도 말라 버린다.

몸은 자기 얼을 담는 그릇이다. 얼의 그릇을 다치면 그 얼도 온전하지 않게 된다. 성하게 받은 몸을 성하게 가지고 가야 한다. 몸성히 가는 것이 그리스도 정신이라고 본다. 《다석 유영모 어록》 306쪽

▶유영모의 영성은 몸을 성하게 하는 데서 시작한다. 몸은 얼의 그릇이다. 몸의 목적은 그 자체에 있지 않고, 얼을 간직하고 지키는 데 있다. 증자는 몸을 온전히 보전하려고 애쓰고, 예수는 몸의 병을 고치는 데 힘썼다. 그러나 삶이 끝나고 죽을 때 몸은 흙 속에 두고 얼은 하늘로 올라가야 한다.

너희 몸은 너희가 하나님께로부터 받은 바 너희 가운데 계신 성령의 전인 줄을 알지 못하느냐 너희는 너희 자신의 것이 아니라. 값으로 산 것이 되었으니 그런즉 너희 몸으로 하나님께 영광을 돌리라(고전 6:19-20)

　　　낙원은 에덴에서 벌써 없어졌고 이 세상은 낙원
은 아니다. 싸움터다. 이 세상에서 낙원을 회복한다는 것
은 간교한 뱀의 꾀는 소리다. 세상엔 낙원 절대로 아니
온다. <u>《함석헌 전집 5: 서풍의 노래 5》 314쪽</u>

▶참된 자유와 정의, 영적 해방과 평화를 추구하는 사람은 세상에
낙원이 있을 수 없다는 것을 안다. 몸과 마음, 사람과 사람, 국가와
국가 사이에 모순과 갈등이 얼마나 깊고 큰가를 절감하기 때문에,
우리가 사는 세상이 비바람 불고 폭풍이 몰아치는 세상임을 날마
다 경험하기 때문에, 세상에서 시련과 고통이 없는 낙원을 기다리
는 것이 망상임을 안다.

머물러서 누릴 수 있는 낙원은 없다. 지구가 얼마나 빨리 달리는
가. 태양계와 은하계와 온 우주가 얼마나 빨리 돌면서 달려 나가는
가. 시간이 얼마나 빨리 달려가는가. 사람이 사람으로 되려면, 정
의와 평화의 세계에 이르려면, 앞을 향해 달리고 또 달려야 하고
위를 향해 오르고 또 올라가야 한다. 이렇게 달리고 올라가는 가
운데 절대 평화와 기쁨을 누릴 수 있다.

<u>나는 이제 너희를 위하여 받는 괴로움을 기뻐하고 그리스도의 남은 고난을 그의
몸된 교회를 위하여 내 육체에 채우노라(골 1:24)</u>

남을 이기는 것은 나와 남을 죽이는 일이요 나
를 이기는 것은 승리요 생명이다. 참을 찾아 올라가는
길이 나를 이기는 승리의 길이다. 남을 비웃고 사는 것
을 자꾸 익히고, 남 위에 서기를 자꾸 익히고 있다. 위로
(한아님께로) 올라가는 옳은 일은 버리고, 웃을 것만 가지
고 익히는 그러한 씨올들이 뭉친 나라, 그러한 나라는 불
행한 나라이다. 이 나라가 그러한 나라가 되어가고 있다.

《씨올의 메아리》 18쪽

▶누구나 남보다 낫게 여겨지기를 바란다. 우월감을 느낄 때 행복
하고 힘이 난다. 열등감을 느낄 때 불행하고 쪼그라든다. 남을 밟
고 올라서야 우월감을 느끼고 행복하다면 짓밟힌 사람은 열등감
을 느끼고 불행해진다. 남의 불행이 나의 행복이고 나의 불행이
남의 행복이 된다. 이것은 어리석은 삶이다. 남 위에 올라서서 남
을 비웃고 사는 것을 좋아하는 사람들이 사는 나라는 불행한 나
라다. 위로 한아님께 올라가는 일이 옳은 일이고 모두 함께 행복
한 삶이다.

산을 움직이는 믿음은 사실 나를 움직이는 믿음이다. 산보다도 더 무거운 것은 내 몸이다. 그런데 내 믿음을 믿으면 산보다 더 무겁고 험하던 내 몸이 언젠지 모르게 움직여진단 말이다. 내 몸을 내 마음대로 잘 부리는 사람은 하루 동안에 열 스물의 산봉우리를 내 발밑으로 지나가게 할 수 있으나 내 몸을 잘 부리지 못하는 사람은 머리 앞의 책도 일 년을 가도 못 읽고 만다. 《함석헌 전집 5: 서풍의 노래》 317쪽

▶모든 일은 나를 움직이는 데서 시작된다. 나를 움직이지 못하고 누구를 움직이겠는가? 나를 움직이는 것은 마음을 움직이는 것이고 마음을 움직이는 것은 몸을 움직이는 것이다. 내 마음과 몸을 움직이는 사람만이 남의 마음과 몸을 움직일 수 있다. 함석헌은 몸이 산보다 더 무겁다고 했다. 정의와 진리를 위해 몸을 움직이기가 그렇게 어렵다. 함석헌은 70대에 〈씨울의 소리〉를 발행하고 민주화투쟁을 하느라고 힘들고 지칠 때가 많았다. 답답하고 힘들어 주저앉아 있다가도 "내가 이러면 안 되지. 사람 되어야지." 하면서 벌떡 일어났다.

머리를 하늘에 두고 사는 사람이 하늘을 머리에 이고[崇天] 있는 것이다. 하늘을 머리에 이고 어깨에 지는 것이 옳다. 하늘을 머리에 이는 것을 죽기보다 싫어하고 무슨 일을 받들어 나가는 일을 하지 않는다. 그러나 남을 짓이기는 일은 살 일 난 듯 잘 한다. 남을 짓이기려는 사람은 개인이나 나라나 다 망한다. 일제(日帝)도 망했고 조선(朝鮮)도 망했다. 《씨올의 메아리》 19쪽

▶사람은 하늘을 머리에 이고 산다. 땅바닥을 네 발로 기며 살다가 두 발로 서서 하늘을 본 사람에게 하늘은 얼마나 장엄하고 아름다웠을까? 하늘은 종교와 철학의 근원이고 목적이다. 사람은 하늘을 보면서 사람이 되고 하늘을 머리에 이고 그리워하면서 정신과 얼이 되었다. 네 발로 땅을 기던 때의 생활습성에서 벗어나지 못하여 남을 잡아먹고 짓이기는 일에 몰두한다. 남을 짓이기는 짐승의 낡은 습성에 빠진 개인이나 나라는 다 망한다. 역사가 이것을 환히 보여 준다.

오늘은 스스로 하는 민의 종합행동이 정치다. 지금은 생각하는 것도 민중 자신이요, 이론을 세우는 것도 방안을 꾸미는 것도 행동하는 것도 감독하는 것도 비판하는 것도 민중 곧 전체의 대중 그 자체이다. 《함석헌 전집 2: 인간혁명의 철학》 73쪽

▶동학운동에서 3·1독립운동과 4·19혁명을 거쳐 70~80년대의 민주화운동에 이르기까지 줄기차게 타올랐던 민주화운동의 불길이 오늘날에는 대규모 촛불시위, 인터넷 누리꾼들의 활발한 정치 참여로 발전하고 협동조합운동과 지역생활자치로 성숙되고 있다. 자발적으로 수만, 수십만 명이 모여서 정치의 전면에 나서서 정치를 이끌어 가는 한국 민중의 정치적 활력은 민주주의 교과서를 새로 쓰게 하는 놀라운 것이다.

함석헌은 1950년대 말부터 끊임없이 길거리의 씨올들이 정치의 주체임을 강조했다. 1960년대 초에 쓴 위의 글을 보면 마치 함석헌이 오늘 민중의 생활정치를 구상하고 제안한 것처럼 느껴진다. 함석헌이 평생 비폭력 평화주의를 내세운 것도 생활자치의 기본원칙과 방향을 제시한 것이다. 1950년대 후반부터 함석헌이 줄기차게 외쳤던 민주정신과 사상의 씨올이 오늘 싹을 트고 있는 것만 같다.

세상을 바로잡기 위해 불의를 불사르고자 한 애
기가 경전으로 되어 나온 것이라고 볼 수 있다. 과거의 철
학과 종교가 다 무엇인가? 의분의 발로 그것이 아닌가?

《다석 유영모 어록》 281~282쪽

▶모든 철학과 종교의 동기와 목적은 삶을 옳게 살자는 것이다. 의
분은 더불어 살려는 생명의 깊은 의지에서 나온 것이다. 불의한 세
상을 보고 의분을 느끼지 않는 사람은 철학과 종교가 없는 사람
이다. 의분이 없는 철학은 철학이 아니고 의분이 없는 종교는 종교
가 아니다.

천당도 지옥도 문제가 되지 않는 높은 자리에서는 남이 타락이라거나 구원이라거나 상관이 없다. 남을 천당에 올리고 지옥에 떨어뜨리는 것이 내 일이 아니라, 나는 내 믿음을 가지고 생(生)의 대행렬(大行列)에 참여할 뿐이다. 혼자서 안락하기보다는 다 같이 고난을 받는 것이 좋다. 천국이 만일 있다면 다 같이 가는 데 아니겠나? 《뜻으로 본 한국역사》 19~20쪽

▶이 짧은 글에 함석헌의 사상과 실천이 압축되어 있다. 이 글에는 나와 너, 천당과 지옥을 아우르는 일원적 생명사상이 들어 있다. 일원적 생명사상은 전체 우주 생명의 주인이고 중심이신 하나님의 존재와 사랑에 대한 체험적 깨달음에서 나왔다.

이 글에는 전체 생명의 자리에서 남을 살리고 남과 함께 살려는 상생평화의 사상이 담겨 있다. 함께 구원받는 길을 가기 위해 안락을 버리고 기꺼이 고난을 감수하겠다는 함석헌의 말에서 세상의 구원을 위해 십자가의 길을 갔던 예수의 냄새가 난다. 나만 구원받으면 된다는 종교적 이기주의와 교리적 배타주의가 지배하는 한국 교회에서는 예수의 냄새를 맡기 어렵다.

우리가 역사를 보면 임금이라는 것이 있어서 세상 사람들을 깔고 앉아 충성을 바라고 있었는데 지금 생각하여 보면 우스운 일이 아닌가. 그 뒤로 민주정치가 발달되어 지금은 밝아진 세상이다. 사람 위에 사람이 없어졌다. 임금이 없어진 세상에 민주정치가 시행되는 이 땅에 우스운 사람이 아직도 있는 것을 무어라 말할 수 없다. 세상에서 높은 분은 한아님 한 분밖에 안 계신다. 이것을 모르고 아직도 우스운 짓을 하고 있는 민족이야말로 마지막에 달한 우스운 민족이다. 《씨올의 메아리》 19쪽

▶임금은 저만이 하늘의 아들[天子]이라고 하면서 사람들과 하늘 사이에 끼어든 존재다. 임금이 사람 위에 군림하는 한, 사람들은 하늘을 머리에 이고 사는 사람 노릇을 하지 못한다. 하늘땅 사이에 곧게 서서 하늘을 우러르며 살게 된 인생인데 누가 감히 인생과 하늘 사이를 가로막는단 말인가? 그동안 임금이나 성직자가 사람과 하늘 사이를 가로막는 구실을 하였다.

민주시대는 사람 위에 사람이 없는 시대다. 지금도 사람 위에 올라가서 하늘을 가리려는 망령된 인간이 있다. 사람의 머리를 밟고 하늘을 가리려는 망측하고 흉측한 인간들이 있다는 것은 우스운 일이다. 사람 위에 계신 분은 한아님 한 분밖에 없다. 절대 하나의 하늘이신 한아님만이 사람의 머리 위를 차지할 자격이 있다.

물건은 버려야 내 것이다. 버릴 수 없는 것은 내 것이 아니다. 버리는 자만이 소유권을 가진 자다. 버리지 못하는 것은 내가 그것을 소유하지 못한 증거다. 세계를 버릴 수 있는 자가 세계를 가진 자요, 인생을 버릴 수 있는 자가 사람이다. 《함석헌 전집 5: 서풍의 노래》 329쪽

▶가질 수만 있고 버릴 수 없는 것이라면 내가 그것의 주인이 될 수 없다. 내가 그것을 버리고는 살 수 없는 것이 있다면, 그것이 나의 주인이고 지배자다. 사실은 버릴 수 없는 것은 가질 수도 없다. 가질 수 있는 것만 버릴 수 있고 버릴 수 있는 것만 가질 수 있다. 버릴 수 없는 것, 버리면 내가 살 수 없고 존재할 수 없는 것은 목숨이다. 그러나 목숨을 버려도 정신과 영혼은 살 수 있다. 나의 정신과 영혼을 놓아 버려도 하나님은 살아 있다. 그러므로 버릴 수 없는 것이 있다면 그것은 하나님뿐이다. 다른 것은 다 버릴 수 있고 놓을 수 있다.

너희를 위하여 보물을 땅에 쌓아두지 말라 거기는 좀과 동록이 해하며 도둑이 구멍을 뚫고 도둑질하느니라 오직 너희를 위하여 보물을 하늘에 쌓아두라 거기는 좀이나 동록이 해하지 못하며 도둑이 구멍을 뚫지도 못하고 도둑질도 못하느니라(마 6:19~20)

하나님은 잡신(雜神)노릇은 하지 않는다. 잠깐 보이는 이적(異蹟) 기사(奇事) 같은 것을 하고자 영원한 하나님이 한 곳 사람들 보는 앞에서 신통변화(神通變化)를 부릴 까닭이 없다. 참이신 하나님은 없이 계신다. 하나님은 무한한 시간과 무한한 공간이라 큰 늘이요, 한 늘이다.
《다석 유영모 어록》 68~69쪽

▶영원한 하나님이 무엇이 아쉬워서 특정한 사람들 앞에 신통변화의 재주를 부리겠는가. 사람들의 욕심을 채워 주고 사람들을 지배하고 움직이는 것은 잡신이다. 잡신은 결국 사람을 해치고 만다. 영원한 하나님은 무한한 시간과 무한한 공간의 님이다. 누구나 깃들어 쉴 수 있는 큰 그늘이고, 우리의 삶과 영혼을 믿고 맡길 수 있는 한결같은 하늘이다.

하나님은 큰 그늘의 님이요, 한결같은 하늘의 님이다. 기적이나 신통변화를 부릴 필요가 없다. 큰 그늘에 쉬며 한결같은 하늘을 믿고 따르는 우리에게도 기적이나 신통변화가 필요 없다. 그런 것은 생명과 정신의 원칙에 어긋난다. 생명과 정신은 또박또박 생각하고 애씀으로 닦아지고 깊어지고 힘 있어지는 것이다.

종교와 진리를 바꾸지 않는 사람이 종교를 가진 사람이요, 진리와 생명을 바꾸지 않는 사람이 진리를 아는 사람이요, 생명과 하나님을 바꾸지 않는 사람이 생명을 가진 사람이다. 그것은 종교가 아무리 소중해도 진리 위한 종교요, 진리가 아무리 귀해도 생명 위한 진리요, 생명이 아무리 커도 하나님이 있고서야 있는 생명이기 때문이다. 《함석헌 전집 5: 서풍의 노래》329쪽

▶종교보다 진리가 크고 진리보다 생명이 크고 생명보다 하나님이 크다. 종교는 진리 위해 있고 진리는 생명 위해 있고 생명은 하나님을 위해 있다. 그러므로 진리를 거스르는 종교는 떠나야 하고, 생명을 해치는 진리는 버려야 하며, 하나님을 거스르는 생명은 놓아야 한다. 종교가 하나님을 독점한 것처럼 독선을 부리지만 하나님과 종교 사이에는 큰 간격이 있다.

우리에게 욕심이 없을 때 마음은 안심되고 마음
이 안심되어야 우리의 생명이 힘차게 일어선다. 몸의 고
픔(욕망)을 놓아야 안심이 되고 얼을 이고 설 때 입명(立
命)이 된다. 《다석 유영모 어록》 348쪽

▶욕심은 마음속에 들어온 외물(外物)이다. 마음은 물질의 인과관
계와 그 법칙에서 벗어나야 자유롭다. 마음이 비면 물질의 인과관
계와 법칙에서 벗어날 수 있다. 욕심이 없으면 마음이 편안하고 마
음이 편안하면 생명의 본성이 실현되고 완성된다. 편안한 마음으
로 하늘의 얼을 이고 설 때 인생의 사명과 목적이 뚜렷해진다.

파릇파릇 얼굴 드는 연한 잎새를
산나물 맛 향기롭다 칼로 우겨다
끓는 가마 속에 톡 털어 넣을 때
바스스 손발 오그리며 울면서 하는 말
나도 인생이야, 우리도 인승기 타고난 거야!

《함석헌 전집 6: 시집 수평선 너머》 57쪽

▶파릇파릇 돋아나는 연한 싹을 사람들은 향기로운 산나물이라며 칼로 잘라서 끓는 가마 속에 털어 넣는다. 나물도 스스로 살려는 생명체다. 나물도 생각이 있고 감정이 있다면 어떻게 생각하고 어떻게 느낄까? 한번 산나물의 자리에서 산나물의 심정으로 생각해 보자는 것이다. 만일 나물이 나라면 얼마나 억울할까?

나물을 먹을 때는 나물에게 고맙고 미안한 마음을 전해야 할 것이다. 인디언들은 나물에게 나물 뜯는 목적을 알리고 동의를 구한 다음에야 나물을 뜯는다고 한다. "네가 내 속에 들어와 내가 되게 하려고 너를 뜯어 먹는다." 내가 나물이 되고 나물이 나로 되는 마음의 경지에 이를 때 나물을 먹을 자격이 있는 게 아닐까? 나물의 심정을 모르고는 푸른 풀과 나무와 더불어 살 수 없다.

흙이 우리의 오 척 몸뚱이를 일으켜 세웠다. 대기(大氣)의 산소가 사람 노릇 하라고 자꾸 내 호흡을 시켜 준다. 그러한 가운데 마음은 만고(萬古)의 옳은 뜻에 가서 젖으면 이 목숨이라는 것에 영원한 얼이 일어난다.
《다석 유영모 어록》 351쪽

▶몸은 흙에서 난 것을 먹고 자란 것이다. 하늘의 기운이 몸으로 숨을 쉬게 하여 생명이 되게 한다. 하늘이 그리워 숨을 쉬는 생명에는 마음이 있다. 옳은 뜻은 전체의 마음이다. 개체는 죽지만 전체는 영원하다. 얼은 전체에 산다. 마음에 옳은 뜻이 깃들면 얼이 생겨난다. 그래서 목숨에 영원한 얼이 있게 된다.

　　목숨을 단단히 붙잡은 자가 아니고는 목숨을 버
릴 수 없다. 세계를 인식하고 인생을 구경하고 목숨을 생
각 없이 가지고 있는 자는 세계고 인생이고 목숨이고 무
엇에 대해서 손가락 하나를 움직일 아무 자격이 없는
자다. 〈함석헌 전집 5: 서풍의 노래〉 330쪽

▶자살은 제 목숨의 무게에 눌려서, 목숨을 값없이 여겨 포기하는
것이다. 사랑과 정의를 위해서 목숨을 버리는 사람은 자살하는 것
이 아니다. 사랑과 정의는 전체의 목숨을 지탱하는 조건이다. 사랑
과 정의를 위해서 목숨을 버리는 사람은 전체의 목숨을 너무나 사
랑하기 때문에 전체의 목숨을 지키기 의해 제 육신의 목숨을 버리
는 것이다. 그런 사람은 자기를 넘어서 사는 참되고 영원한 목숨을
붙잡았기 때문에 육신의 목숨을 버릴 수 있다.
참된 목숨을 붙잡고 썩어질 육신의 목숨을 버릴 수 있는 사람만이
자유롭고 힘 있게 세상을 이끌 수 있다. 제 삶의 무게에 눌려 자살하
는 사람은 남을 이끌 자격이 없다. 세상을 알아보기만 하고 인생을
구경하듯이 살면서 생각 없이 하루하루 사는 사람은 저 자신도 사
랑하지 않고 남도 사랑하지 않는다. 그런 인간은 사랑과 정의 안에
서 실현될 새 세상을 위해 손가락 하나도 움직일 자격이 없다. 사랑
과 정의로 이루어진 참 생명을 위해 목숨을 버릴 수 있는 사람만이
세상에서 남을 이끌 수 있다.

참이신 하나님께서 우리 속에 참의 긋(얼의 나)을 주셨다. 그러나 우리의 소견(小見)은 그 참이신 하나님을 잘 알려고 하지 않는다. 참이신 하나님은 말이 없기 때문에 우리가 참이신 하나님을 알려면 여간한 정신 가지고는 안 된다. 세상에는 참이 없다는 어리석은 사람도 있다. 이는 '우주가 참으로 있는가?'라고 하는 것과 같으니 이따위 어리석은 생각이 없다. 참이신 하나님을 잘 인식할 때 내가 그리고 세상이 바로 된다. 《다석 유영모 어록》 41~42쪽

▶하나님이 참이고 사람의 영혼 속에 참의 끄트머리가 있다. 내 속에도 우주에도 참의 끄트머리가 들어 있다. 따라서 참을 부정하는 것은 나와 우주를 함께 부정하는 것이니 어리석은 일이다. 참이 있다면 하나님도 있다. 참은 물질세계에 나타나면서도 물질세계를 넘어서 있는 것이고 물질세계를 넘어서 있으면서도 단순히 '공'(空)이나 '무'(無)가 아니기 때문이다. 공과 무 속에 있는 그 무엇은 이름을 하나님이라고 할 수밖에 없다.

무슨 일이나 오늘 내가 해야만 할 일이면, 그 일이 참 큰일이요, 참 귀한 일로 아는 것이 옳다. 한 학과를 익힘이나 한 이랑 김을 맬지라도 크도다 나여! 귀하도다 오늘이여! 거룩하도다 일이여! 신성하도다 오늘 내게 일로 살게 됨이여! <제소리> 392쪽

▶하늘과 땅 사이에 '오늘', '나'보다 존귀한 게 없다. 또 오늘 내가 하는 일보다 소중한 게 없다. 천지만물의 조화 속에서, 역사와 사회의 수많은 인연이 만나서 오늘 내가 내 일을 하는 것이다. 나의 일에는 내 몸과 맘과 얼이 참여하고, 숨과 뜻과 정성이 배어 있다. 길거리에서 휴지 하나를 줍고, 시든 나무에 물을 주고, 낙심한 이웃의 손을 잡는 일도 세상을 밝히고 생명과 정신을 높이는 거룩한 일이다.

언제나 마음속 욕심을 버리고 하나님의 신비를 찾는 궁신지화(窮神知化)하는 학문이 과학(철학)이다. 참 과학은 생활의 편리화를 추구하는 것이 아니라 하나님을 찾아 궁신지화하는 것이다. 지금 사람들이 연구하는 것이 앞으로 백 년 뒤만 되어도 더욱 밝아질 것이다. 우주의 비밀이 밝아지고 하나님이 더 밝아지고 하나님의 영광이 더욱 밝아질 것이다. 이런 뜻에서 모든 학문이 신학(神學)이라고 할 수 있다. 학문에는 깊이 파고들수록 언제나 알지 못하는 신비의 세계가 남아 있다. 어떻게 하면 하나님에 대하여 더 알 수 있을까가 나의 문제요 인류의 문제이다. 《다석 유영모 어록》 42쪽

▶인간과 우주의 신비를 탐구하면 결국 하나님에게 이른다. 인간과 우주의 신비를 탐구하는 모든 과학과 철학은 결국 인간과 우주의 근원인 하나님의 신비를 탐구하는 것이다. 이성으로 인간과 우주의 신비를 다 밝혀 낼 수 없고, 하나님의 존재와 신비를 다 드러낼 수 없다. 그러나 진리에 대한 이성의 진지하고 열린 탐구는 참이신 하나님에 대한 탐구로 이어지고, 하나님에 대한 탐구는 인간과 우주의 본성과 신비를 드러낸다.

무시한 땅의 나라가 내가 하늘가는 길을 막는 장해가 되고, 업신여긴 자아가 내가 남을 사랑하려 할 때 내 손에서 선물을 강탈해가는 도적이 되고, 냉대한 이웃사람이 내가 하나님을 사랑하려 할 때에 둘 사이에 서서 나를 고발하는 대적이 된다. 《함석헌 전집 5: 서풍의 노래》 331쪽

▶생명은 서로 다름 속에서 하나 됨을 느끼는 것이고 정신은 서로 다름을 넘어 하나 됨을 추구하는 것이다. 생명과 정신 속에서 보면 땅과 하늘, 나와 남, 사람과 하나님이 뗄 수 없이 결합되어 있다. 땅 속에 하늘이 있고, 하늘 속에 땅이 있으며, 내 속에 남이 있고, 남 속에 내가 있다. 사람 속에 하나님이 있고, 하나님 속에 사람이 있다.

함석헌은 이원론과 일원론을 넘어서, 서로 다름을 아우르는 전체 하나의 자리에서 생각하고 말한다. 전체 하나의 자리에서 보면 땅과 하늘, 나와 남, 사람과 하나님을 갈라놓을 수 없다. 땅을 무시하고 하늘로 갈 수 없고, 나를 업신여기고 남을 사랑할 수 없으며, 이웃을 냉대하고 하나님을 사랑할 수 없다.

물을 부리는 것은 불이다. 그런데 불을 다스리는 것은 물이다. 물과 불은 서로 작용한다. 사람은 물·불 없이 살 수 없다. 우리 마음속에 평화를 이루려면 푸른 것이 있어야 한다. 물·불(태양)로 자란 푸른 열매(벼. 禾)가 입에 들어가야 평화(平和)롭다. 《다석 유영모 어록》15쪽

▶물과 불 사이에 서로 이기고[相剋] 서로 살리는[相生] 신비한 작용이 있어서 푸른 열매가 나왔고 이 푸른 열매인 벼(밥)가 평화를 가져온다. 물과 불은 서로 맞서고 서로 이긴다. 물은 불을 끄고 불은 물을 말려 버린다. 서로 맞서고 서로 이기는 물과 불이 만나서 평화의 열매인 푸른 풀의 벼를 만들어 낸다. 하늘의 햇빛과 땅의 물이 만나서 푸른 풀이 되고 열매가 된다. 풀의 푸름이 사람을 평화와 구원에로 이끈다.

푸른 열매인 벼[禾]가 사람의 입[口]에 들어가야 평화(和)를 이룬다. 서로 맞서고 싸우면서 상생평화의 길을 가는 자연생명의 지혜에서 평화의 길을 배우라는 가르침이다. 원수가 서로 만나 평화를 지어 낼 수 있다는 것을 잊지 말라. 배고픈 입에는 밥이 들어가야 평화롭다는 것을 알아라.

하나님은 없이 계시는 이다. 하나님은 없으면서 계신다. 사람은 있으면서 없다. 있긴 있는데 업신여긴다. 그래서 우리는 이게 슬퍼서 어떻게 우리 아버지처럼 없이 있어 볼까 하고 힘쓰는 것이다. 《다석 유영모 어록》 75쪽

▶하나님은 물질적으로는 없는데 영적으로는 있다. 흔히 사람은 몸으로는 있는데 영으로는 없는 것과 같다. 사람은 있기는 있는데 서로 없는 것처럼 여기고 살지 않는가? '없'이 여기는 것은 업신여기는 것이다. 말로는 존중한다고 아첨하지만 실제로는 업신여기며 산다. 다석은 서로 업신여기며 사는 게 슬퍼서 몸이나 물질, 돈이나 권력으로는 없이 살면서 얼로는 '있어' 보려고 힘쓰며 살았다. 가난 속에서 부유하고 낮음 속에서 높고 없음 속에서 충만하려고 했다.

하나님 아버지를 생각하는 것이 참 사는 것이다.
하나님 아버지는 내가 생각한다. 그러나 나만이 생각하
는 것이 아니다. 하나님께서도 생각하신다. 그리하여 나
도 하나님 아버지를 생각하게 된 것이다. 순간이라도 하
나님을 잊으면 그 틈으로 다른 생각이 들어온다. 우리
는 하나님을 잊지 않으려고 하나님을 찾아 늘 기도를
올린다. 《다석 유영모 어록》45쪽

▶하나님을 어버이로 생각하는 것이 사람의 본성과 특징이고 더없
는 영광이다. 덧없는 짧은 시간을 사는 지극히 작은 인간이 하늘
의 아버지를 생각한다는 것이 얼마나 갸룩하고 위대한 일인가? 하
나님과 내가 서로 생각한다니 얼마나 놀라운 사상인가? 하나님을
잊지 않고 생각하기 위해서 늘 기도를 올린다. 유영모는 하나님을
아버지로 모시고 늘 기도하면서 어린 아들처럼 기쁘게 살았다.

버리면서 가지고, 가지면서 버리고, 가짐으로 버리고, 버림으로 가져야 가진 것이요 버린 것이다. 《함석헌 전집 5: 서풍의 노래》 331쪽

▶ 창고에 쌓아 두는 것이 정말 가진 것일까? 가진 것을 모셔 두기만 하면 가진 것의 종이다. 가진 것에 매이면 가진 것이 가진 사람을 지배하고 움직이고 소유한다. 가진 것에 매이지 않는 사람은 가진 것을 언제든 버릴 수 있다. 가진 것을 버릴 수 있을 때 참으로 가진 자가 된다. 가진 것의 주인이 되어 가진 것을 잘 쓰는 것이 정말 가진 것이다. 가진 것의 주인 노릇을 잘 해야 참으로 가진 사람이 된다. 가진 것을 쓰임새에 따라 가치 있고 보람 있게 잘 쓰는 이가 가진 것의 주인이다.

물질세계에 사는 한, 가진 것 없이 살 수는 없다. 가진 것이 없는 사람은 버릴 것도 없다. 몸을 가지고 옷을 가지고 밥을 가지고 집을 가진다. 공기와 물, 흙과 햇빛을 가지고 돈과 지식, 직업과 친구를 가진다. 그러나 이 모든 것들은 생명 자체가 아니고 정신은 더욱 아니다. 생명이 스스로 힘차게 살고 정신이 자유로우려면 가진 것들을 가지면서 그것들에 매이지 말아야 한다. 가진 것 없이는 살 수 없으므로 가져야 하지만 가진 것에 매여서는 제대로 살 수 없다. 그러므로 가질 수도 있고 버릴 수도 있어야 한다. 가짐으로 버리고 버림으로 가져야 참으로 가진 것이고 참으로 버린 것이다.

　　부모를 사랑하는 사람은 사람을 미워하지 않고
부모를 존경하는 사람은 사람을 업신여기지 않는다. 부
모님에게 애경을 다 한 뒤에야 천명(天命)을 알게 된다.
《다석 유영모 어록》 273쪽

▶부모를 사랑하는 것은 자기 생명의 뿌리를 사랑하는 것이다. 생
명의 깊이와 근본을 잃은 시대에 부모를 사랑하는 사람을 보기 어
렵다. 갈수록 부모와 같이 사는 사람이 줄고 있지 않은가. 부모를
사랑하는 사람은 생명의 근본을 사랑하는 것이고 자기를 사랑하
는 것이고 모든 사람, 모든 생명을 사랑하는 것이다. 부모를 학대
하는 사람이 어떻게 남을 사랑하고, 바른 인생길을 간다고 할 수
있겠는가?

지식인들, 우리는 겨레에서 빠진 사람입니다. 겨레가 우리를 버린 것이 아닙니다. 우리가 겨레를 잊었지. 무릇 지식은 미치게 하는 것입니다. 우리가 지식과 겨레를 바꾼 것입니다. 이 핏줄에 났으면 이 겨레인 것 아닙니다. 겨레는 피가 아닙니다. 얼의 얽힌 것이 겨레입니다.

이제라도 남의 생각에 중독이 되어 우리 속에 있는 얼을 깨워 일으켜야 합니다. 그러면 저절로 슬기가 솟고 힘이 터져 나옵니다. 우리 할아버지들이 부르던 노래 '얼씨구 절씨구' '얼럴럴 상사디야'의 뜻을 모르셔? 그리고 댄스만 알고 발레만 알고 시나리오만 알지? 글을 배워도 헛배웠고 예술을 해도 헛했구나. 《함석헌 전집 1: 뜻으로 본 한국 역사》 348쪽

▶민족의 본질은 피가 아니라 얼이다. 얼은 주체적인 것이면서 보편적이고 초월적인 것이므로 민족 속에 있으면서 민족을 초월한다. 얼을 민족의 본질로 보았던 함석헌은 누구보다 절절한 민족애를 지니면서도 민족으로부터 한없이 자유로울 수 있었다. 얼을 깨우면 슬기가 솟고 힘이 나온다. 얼빠진 학문, 얼빠진 예술은 죽은 것이다. 얼이 살아야 학문도 예술도 살아난다.

아들(얼의 나)이 아버지(하나님)를 밤낮으로 그려보아야 제 얼굴을 그리는 것이다. 아버지는 참고 곧잘 기다린다. 아들은 찾고 아버지는 기다리고 그리하여 마침내 아버지와 아들의 만남이 인(仁)이다. 부자유친(父子有親)이 인(仁)이다. <u>《다석 유영모 어록》 43쪽</u>

▶성경은 하나님이 자신의 모습대로 사람을 지었다고 한다. 그러므로 사람은 하나님의 아들(딸)이다. 아들인 사람이 아버지인 하나님을 그리워한다. 하나님의 본성과 모습이 사랑이므로 사람의 본성과 모습도 사랑이고 사람과 하나님의 만남과 관계도 사랑으로 이루어진다. 사랑 안에서 사람이 하나님의 얼굴을 그리워한다. 하나님의 얼굴을 그리워함으로써 사람은 자신의 얼굴을 그린다. 제 얼굴을 제가 그린다.

<u>하나님이 이르시되 우리의 형상을 따라 우리의 모양대로 우리가 사람을 만들고 그들로 바다의 물고기와 하늘의 새와 가축과 온 땅과 땅에 기는 모든 것을 다스리게 하자 하시고 하나님이 자기 형상 곧 하나님의 형상대로 사람을 창조하시되 남자와 여자를 창조하시고(창 1:26-27)</u>

우리가 힘없기는 하나 되지 못하기 때문이요, 하나 못 되는 것은 뜻 모르기 때문입니다. 살기를 이 땅에서 살고 먹고 마시기를 같이 이 땅의 물, 이 땅의 바람으로 하는데, 서로 사고 서로 팔며 서로 시집 장가들며 서로 주고받으며 사는데, 왜 하나가 못되오? 모자라는 것은 다만 뜻입니다. 뜻 속에 하나가 되어야 합니다. 환한 뜻, 번듯한 뜻, 우뚝한 뜻, 네 속에서 내 속에서 찾아서 저기 하늘가에 내세워 놓으면 그날부터 참 삶이 있고, 참 글월이 있을 것입니다. 《함석헌 전집 1: 뜻으로 본 한국역사》 348~349쪽

▶모든 살아 있는 것은 살려는 의지를 가졌고 살려는 의지는 삶의 보람과 뜻을 찾는다. 인간은 물체처럼 그저 있는 것으로 만족하지 않고 보람과 뜻으로 산다. 땅의 물질세계에 묻혀 살면 물질세계와 함께 썩고 만다. 인간의 정신과 영혼은 뜻으로 살고 죽는다. 같은 뜻을 품으면 하나가 되고 하나가 되면 큰 힘을 낼 수 있다. 하늘의 높은 뜻을 품은 사람은 참 삶을 살고 참 글을 쓴다. 하늘로 우뚝 솟은 삶이 참 삶이고 하늘로 우뚝 솟게 하는 글이 참 글이다.

요새 신비한 것, 이상한 것을 찾는 사람들이 많은데 그것은 학문의 적(敵)이다. 신앙은 학문 이상이지만 신앙의 결과로 학문을 낳아야 한다. 궁신(窮神)하면서 동시에 지화(知化)가 되어야 한다. 하나님은 고마워하며 그리워하고[報本追遠] 높이면서 멀리해야 한다[敬而遠之]. 하나님을 가까이 붙잡겠다면 안 된다. 하나님은 멀리서 찾아야 하며 그것이 학문이 되어야 한다. 하나님은 부분이 아닌 전체이며 여럿이 아닌 하나[絕對]이기 때문이다. 《다석 유영모 어록》 43쪽

▶서구정신사는 종교와 철학의 분리(그리스철학)로 시작하여 분리(근대철학)로 끝났다. 신약성경이 하나님의 말씀(사랑)을 로고스(이성)로 번역했을 때 서구문명의 사명은 영성(신앙)과 이성(학문)의 종합에 있었다. 그 사명은 실패했다. 유영모는 하나님을 찾는 신앙과 학문의 통합을 말하였다. 신앙 속에 학문이 있고 학문 속에 신앙이 있다. 보다 깊고 높은 자리에 서지 않으면 이성과 신앙이 만날 수 없다. 자기 속을 깊이 파고, 높이 솟아올라 앞으로 나아갔던 유영모의 삶과 정신 속에서는 이성과 신앙이 만날 수 있었다.

지(志)는 사심(士心) 곧 선비의 맘이라 했는데, 사
(士) 곧 선비는 또 풀어서 열에서 하나를 보고 하나에서
열을 보는 맘이라 했습니다. 다른 말로 하면 그것은 하나
함[統一]입니다. 그러므로 뜻이 있으면 모든 하나로 살아
나는 것이고 뜻이 없으면 죽습니다. 《함석헌 전집 1: 뜻으로 본 한국
역사》 354쪽

▶뜻을 품는 것을 지(志)라고 하는데 '志'를 풀이하면 선비의 마음
[士心]이 된다. 또 선비를 나타내는 사(士)는 열[十]과 하나[一]로
이루어져 있다. 뜻을 품은 사람이 선비다. 뜻을 품으면 전체를 하
나로 보게 된다. 뜻을 품은 사람은 '여러 가지'(열)가 하나로 이어
진 것을 보고 '낱개'(하나)에 '여러 가지'(열)가 연결되어 있음을 본
다. 선비는 하나를 품고 하나를 추구한다.

학문을 낳지 못하는 신앙은 미신이다. 하나님 아버지의 신비를 찾는 일은 그것이 학문을 낳는 데 있다. 하나님 아버지를 깨달은 이는 연구에 연구를 계속하여 학문이 그대로 기도가 되어야 한다. 기도는 보편적이고 심오한 추리가 되어 우리의 정신생명이 최고의 활동을 해야 한다. 추리가 영감이 되어 진리를 깨닫고 법열(法悅)을 체험할 때 우리의 건강한 육체의 맥박이 하나님을 찬미하는 반주가 될 것이다. 《다석 유영모 어록》43쪽

▶이성의 학문으로 신앙을 모두 해명할 수 없지만 학문을 배제한 신앙은 참된 신앙이 아니다. 유영모는 생명과 정신의 깊은 자리로 들어갔기 때문에 몸과 이성과 영성이 하나로 만나는 경지에 이르렀다. 학문은 기도가 되고 기도는 추리가 될 때 진리를 깨닫고 법열을 체험하며, 건강한 육체의 맥박은 하나님을 찬미하는 반주가 된다. 유영모뿐 아니라 누구나 몸과 이성과 영성이 하나로 뚫리고 통하는 신통하고 도통한 지경에 가야 구원을 얻는다.

의(意)는 하늘 뜻[天意, 神意]이고 지(志)는 씨울의 뜻[民志]입니다. 우리 역사가 참혹해진 것은 이 머리 위와 가슴 속의 크고 작은 두 뜻을 다 잃어버렸기 때문입니다. 두 뜻이라 하지만 사실은 하나입니다. 그러므로 불레이크가 받아가지고 난 실마리를 감으면 영원문에 간다 하는 것입니다. 하늘 뜻 찾는 맘이 있으면 하늘 길이 스스로 나타나는 것이고, 하늘 뜻 알아보면 내 뜻 자연히 밝아지는 것입니다. 《함석헌 전집 1: 뜻으로 본 한국역사》 354쪽

▶북극성처럼 인생길을 비추어 주고 이끌어 주는 것이 하늘 뜻이고, 하늘 뜻을 따라 살려는 의지가 씨울의 뜻이다. 하늘 뜻은 뭇 생명을 살리는 사랑이고, 서로 다른 사람들을 하나 되게 하는 정의다. 하늘 뜻이 뚜렷하고 하늘 뜻을 따라 살려는 의지가 우리 가슴에 단단히 박혀 있다면 삶은 밝아지고 힘 있어질 것이다. 하늘 뜻과 내 속의 뜻이 하나로 이어져 있으면 죽어도 죽지 않는 삶을 살게 될 것이다.

하나님께로 가는 길은 제 마음속으로 들어가는
길밖에 없다. 맘속으로 들어가는 길은 세상을 부정하고
자아를 초월하고 지성(至誠)을 다하여 깊이 생각하는 것
이다. 그리하여 제 속알[德]이 밝아져 하나님의 얼 나를
깨달으면 아무리 캄캄한 밤중 같은 세상을 걸어갈지라
도 길을 잃어버리는 일은 없을 것이다. 《다석 유영모 어록》 43쪽

▶우주의 가장 깊은 곳이 사람의 마음이고 사람의 마음속에 우주
의 중심이 있다. 이 우주 안에서 하나님에게 가장 가까운 자리가
사람의 마음속이다. 마음속에서 지성을 다해 하나님을 생각하면
마음의 불이 켜진다. 마음속의 속이 밝아져 하나님의 얼을 깨달으
면 하나님을 향한 인생의 길이 밝아진다.

정치 잘하는 것은 백성으로 하여금 스스로 생각하도록 하는 것입니다. 그것이 이상 가진 국민입니다. 그런데 우리나라 정치하는 사람들은 될수록 백성을 눌러 생각을 하지 못하게 하고 자기네도 중국생활을 빌어다가 손쉽게 해먹으려고만 했습니다. 《함석헌 전집 1: 뜻으로 본 한국역사》 354~355쪽

▶함석헌은 "생각하는 백성이라야 산다"면서, 철학하는 민족이 되자고 했다. 정치와 경제의 바탕은 문화이고 문화의 바탕은 정신과 사상이다. 모두 제정신을 가지고 스스로 생각하면서 살아야 문화도 발달하고 정치와 경제도 발달한다.

그동안 정치인들과 지식인들이 중국, 일본, 미국의 생활과 정신을 흉내 내기에 바쁘고, 민중을 억누르고 무시했을 뿐, 우리의 정신과 삶을 밝히는 데 힘쓰지 않았다. 오늘 이 나라의 철학과 사상은 우리의 삶과 역사에서 자라난 것이 아니다. 남의 철학과 사상을 꺾어다 지식인들의 책상 위에 꽂아 놓은 것뿐이다.

삶과 철학, 역사와 사상이 분리됨으로써 우리 역사와 사회는 갈피를 못 잡고 헤매고 있다. 역사와 사회의 주체인 민중 씨올이 스스로 생각함으로써 삶과 정신의 주체가 될 때 나라가 바로 서게 된다. 씨올이 스스로 생각하려면 어떻게 해야 할까? 씨올의 삶과 역사에서 사상과 철학이 나와야 한다. 민생철학, 씨올철학이 나와야 씨올이 스스로 생각하고 스스로 삶과 역사를 지어갈 수 있다.

하나님을 향하여 무엇을 바라며 믿는 것은 하나님을 섬기는 것이 안 된다. 나를 살리고 죽이고는 하나님께서 하실 일이고 나는 죽든지 살든지 간에 하나님의 뜻을 따라가는 것이 하늘에 머리를 두고 사는 사람의 할 일이다. 《다석 유영모 어록》 44쪽

▶바라는 마음 없이 믿어야 한다. 하나님을 믿고 따르는 것 자체가 가장 중요하고 보람된 일이기 때문이다. 하나님을 믿고 하나님의 뜻을 따라 살 때 인간의 본성과 사명이 실현되고 완성되며, 우주 생명진화의 목적이 실현된다. 이것 외에 다른 것을 바라는 것은 믿음에서 벗어나는 것이고 하나님의 뜻을 저버리는 것이다. 바라는 것 없이 믿고 따를 때, 비로소 참 믿음이 되고 참 삶에 이른다.

그러므로 염려하여 이르기를 무엇을 먹을까 무엇을 마실까 무엇을 입을까 하지 말라 이는 다 이방인들이 구하는 것이라 너희 하늘 아버지께서 이 모든 것이 너희에게 있어야 할 줄을 아시느니라 그런즉 너희는 먼저 그의 나라와 그의 의를 구하라 그리하면 이 모든 것을 너희에게 더하시리라 (마 6:31-33)

눈을 들어 보십시오. 장백산맥, 묘향산맥, 태백산맥, 소백산맥이 열십자로 어긋막히는 그 위에 한 형상이 못 박혀 있지 않나? 중공이 그 바른 팔 잡고, 소련이 그 왼팔 잡고, 미국이 그 두 다리를 잡고 영국·프랑스·인도가 증인 노릇하고 있는 가운데 한 처녀가 못 박히지 않았나?

이 십자가 위에선 "나의 하나님이여, 나의 하나님이여, 어찌 나를 버리시나이까." 하는 부르짖음이 있고, 그 밑엔 동해·서해의 쌍쌍이 우는 통곡소리가 있는데, 이 자식들아, 너희 가슴은 그대로 있단 말이냐? 《함석헌 전집 1: 뜻으로 본 한국역사》 356쪽

▶강대국들에게 짓밟히고 식민지가 되고 남북이 갈라져 전쟁을 치른 한국 역사는 고난의 역사다. 한민족이 못나고 힘이 없어서 이 고난을 겪었다. 불의한 강대국들의 정치적 탐욕과 폭력 때문에 고난을 겪을 수밖에 없었다. 함석헌은 한반도의 모습에서, 고난 받는 한민족에게서 십자가에 달린 예수의 형상을 보았다.

인류 전체의 죄악과 불의 때문에 예수는 희생양이 되어 십자가에 달려 죽었다. 희생양이 제단에서 죽을 때 비명을 지르듯이, 예수는 십자가에서 "나의 하나님, 나의 하나님, 어찌하여 나를 버리십니까?" 하고 부르짖었다. 이 부르짖음을 듣고 하나님의 마음이 움직이고 인류의 양심이 깨어나면 새 역사가 시작된다.

세계사의 큰 길목에서 십자가에 달린 한민족이 부르짖는 소리를

함석헌은 들었다. 민족의 고통 속에서 역사의 희생양인 그리스도의 절규를 들었다. 희생양의 절규를 듣고 마음이 움직이고 죽은 양심이 깨어나면 새 나라가 시작된다. 하늘과 땅에, 산과 들에, 강물과 바다에 희생자들의 한 맺힌 울음소리가 사무쳐 있다. 함석헌 자신이 그리스도의 절규가 되어 우리 가슴을 두드린다.

하늘이란 무한한 허공에 무수한 별들이 가득 차 있다. 이 천지 자연이 모두 하나님이 우리에게 보내주신 글월[文章, 편지]이다. 옛날의 석가와 예수, 가까이 에머슨과 간디는 이 글월을 바로 읽었다. 하나님의 글월을 바로 읽으면 이승에서 익힌 먹고 싸는 짐승 버릇을 끊게 된다. 《다석 유영모 어록》 44쪽

▶ 하늘의 별들과 천지만물이 하나님의 뜻을 알리는 편지다. 모든 물체의 깊이는 우주의 신비에 닿아 있다. 물체의 껍데기에만 홀리지 않고 그 신령한 깊이를 보고 느끼는 사람은 본능과 욕망에 휘둘리지 않고 살 수 있다.

지금까지의 진화에서는 이 인류가 가장 앞선 것이요, 그들의 특징은 생각하는 데 있는데, 이제 그것이 또 무슨 새로운 진화를 할는지도 모를 것입니다. 이 생각이란 것은 이상해서 제 스스로가 생각해서 진화의 나가는 길에 손을 대게 되는 데가 전과 매우 다른 것입니다. 그렇게 생각하고 보면 세계대전이니 우주선이니 따위 정도만이 아니라 미리 알 수 없는 무엇이 뛰쳐나올지 알 수 없습니다. 어떻게 변할지는 몰라도 변할 줄을 알고 있었던 것만이 그때에 가서 그날을 맞을 수 있을 것입니다.

《함석헌 전집 1: 뜻으로 본 한국역사》 358쪽

▶생명진화의 역사는 인간에게서 끝나지 않고 새 인류, 초인류로 진화할 것이다. 하늘을 향해 직립한 존재로서 인간의 생물학적 진화는 완성되었다고 한다. 그렇다면 인간의 진화는 정신과 영의 차원에서 이루어질 것이다. 하늘을 향해 곧게 선 인간의 본분과 사명은 하늘로 솟아올라 앞으로 나아감에 있다.

빈탕한데[虛空]인 하늘로 솟아오른다는 것은 정신과 영의 성장을 뜻한다. 물질성장과 경제성장은 이쯤 하고 정신성장에 힘쓸 때가 오지 않았는가? 이제 전쟁이나 싸움질은 그만하고 한없이 사랑하고 서로 돌보고 아껴 주는 인간, 우주 자연만물의 신비에 대한 탐구와 인간 영혼의 내면에 대한 탐구, 아름다움을 향한 예술적 탐구의 열정만이 사무치는 인간이 나올 수 있을까?

하나님을 믿는 것이 아니라 하나님에게 통해야 한다. 이것이 바른 과학이요 신앙이다. 과학도 신통하고 수학도 신통하고 모든 학문이 신통하다. 원인과 결과만 알면 신비는 없는 것 같지만 원인도 끝이 없고 결과도 끝이 없다. 일체가 신비인 것이다. 《다석 유영모 어록》 42쪽

▶하나님을 믿는 것은 하나님과 통하는 것이다. 유영모는 과학도 신앙도 모든 진리와 존재의 근거인 하나님과 통하는 것으로 보았다. 원인과 결과만 밝히는 것은 현상에 대한 하나의 설명일 뿐, 사물의 본성과 깊이를 밝히는 것은 아니다. 원인도 결과도 끝없는 존재의 깊이를 가리킬 뿐이다. 일체가 신비하고 모든 학문이 신통(神通)하다.

새 철학을 한번 못 내 봐요? 이날까지 모든 철학이 아직 사람을 둘로 찢어 놨지 하나로 살린 것이 없습니다. 이원이니 일원이니 하지만 몸은 몸이고 맘은 맘이고 얼은 얼이고 살은 살대로 있으며 이 때문에, 이 인격의 찢어진 것 때문에 인간의 고민인데 그것을 누가 한번 합창을 못 시켜요? 그 정신적으로 피 빠지는 것 때문에 사람이 생각은 있으면서 참 힘을 못내는데 누가 그것을 아물게 못해? 그리스도의 찔린 옆구리는 영원히 아물지 못하는 것일까요? 학문발달은 거기를 가야 할 것 아닐까요? 《함석헌 전집 1: 뜻으로 본 한국역사》 363쪽

▶본래 학문은 삶에서 유리되지 않았고, 깨달음과 영성을 배제하지 않았다. 동양에서 학문은 '가르침을 받아서 깨달은 것을 전하는 것'[受敎傳覺悟]이다. 소크라테스도 다이몬(신)의 소리를 들었다. 그런데 서구정신사에서 다이몬은 귀신이 되고 철학은 삶과 영성에서 멀어지게 되었다. 몸과 맘, 물질과 정신, 살과 영, 자연과 역사의 통합을 이루는 철학이 나와야 생태계와 공동체와 영성의 파괴로 치닫는 산업기술문명을 구원할 수 있을 것이다.

유영모와 함석헌의 씨올사상은 몸과 맘을 통일하는 새 철학을 담고 있다. 씨올은 껍질과 알맹이가 통합되어 있다. 껍질은 몸 생명이고 알맹이는 얼 생명이다. 씨올의 껍질과 알맹이를 분리하면 씨올은 죽고 만다. 그러나 껍질이 깨지고 죽음으로써 씨올의 생명활동이 일어난다. 껍질인 몸과 알맹이인 정신(얼)이 서로 긴밀히 결합되어 있으면서도 몸은 정신을 위해 존재한다. 몸 생명을 불태워 정신 생명을 살려야 한다.

하나님을 사랑하는 정신이 나와야 참으로 진리의 불꽃 말씀의 불꽃이 살리어 나온다. 값어치 있는 것은 생각의 불꽃밖에 없다. 나를 생각의 불꽃으로 태울 때 하나님이 나에게 생각을 살리어 준다. 《다석 유영모 어록》 46쪽

▶하나님을 사랑하고 그리워할 때 생각의 불꽃, 말씀과 진리의 불꽃이 피어오른다. 이 불꽃이 나를 불사를 때 가장 보람 있고 기쁘다. '나'를 불사르는 사람만이 사랑과 정의의 대동세계(大同世界)를 위해 헌신할 수 있다.

　　우리나라의 자연은 그 변화가 많은 데 특색이 있습니다. 지질도 가지가지의 바위로 되어 있고 산과 골짜기도 많습니다. 어디를 보아도 묘한 봉우리를 볼 수 있고 어디 가 들어도 시냇물의 음악소리를 들을 수 있습니다. 거기다가 식물, 동물의 종류 많은 것이 또한 특징입니다. 하늘은 언제나 맑고 바람은 언제나 대체로 잔잔하고 어디 가서 물을 마셔도 다 달고 시원하고 한마디로 이 나라는 아름다움의 나라입니다. 시의 나라요, 그림의 나라요, 음악의 나라가 될 것이지 정치의 나라, 군사의 나라 될 곳이 아닙니다. 여기는 슬기가 있을 나라지 힘을 주장할 나라는 아닙니다. 《함석헌 전집 1: 뜻으로 본 한국역사》 365쪽

▶우리나라에는 아름다운 산과 골짜기가 많고, 강과 들이 잘 어우러져 있다. 삼면이 푸른 바다로 둘러싸여서 높은 산과 넓은 바다가 짝을 이룬다. 식물과 동물의 종류가 많고 땅에서 솟는 물이 맑고 깨끗하다. 물에 석회가 녹아 있어서 마실 물을 얻기가 어려운 나라들이 많은데 우리나라는 어디서나 달고 시원한 물을 마실 수 있다. 삼천리 반도 금수강산이라는 말이 빈말이 아니다.

아름다운 우리 강산, 어디를 가나 산과 냇물과 들이 사람 사는 마을을 그림처럼 품고 있다. 아름다운 강산에서 오랜 세월 살아온 한 민족의 삶에서 아름답고 깊은 예술과 문화가 피어나지 않을까? 새 천년의 시대는 정치와 경제가 주도하는 시대가 아니라 예술과 문화가 주도하는 시대일 것이다. 아름다움이 우리의 삶과 정신을 맑고 깊게 하여 상생평화의 세계로 이끌 것이다.

정의가 최후의 승리를 한다는 것은 똑바른 것이
맨 마지막에 이긴다는 말이다. 궁극적인 최후의 승리는
하나님이 하는 것이다. 하나님이 곧 정의이다. 하나님이
인정할 때 그때가 진정 정의의 편이다. 다른 것은 다 어
떻든지 하나님을 따르고 하나님을 생각하면 그것이 참
정의에 살려고 애쓰는 것이다. 그냥 무슨 주의(主義)나
무슨 신앙보다는 분명한 모름(하나님)을 속의 속인 빈 맘
[空心]으로 찾아가겠다는 사람이 실제로 하나님의 편이
된다. 하나님의 편이 될 때 참으로 바르고 옳은 것이다.

《다석 유영모 어록》 47쪽

▶하나님이 정의다. 무슨 이념이나 주의, 신앙과 결합된 정의는 참
정의가 아니다. 정의는 이념이나 주의가 아니라 하나님에 대한 사
랑과 헌신 속에서 실현되는 것이다. 하나님은 이념이나 지식을 넘
어선 모름의 차원에 있고 욕심이나 주장을 버린 빈 맘으로만 만날
수 있다. 하나님을 찾아가는 과정 속에서만 사랑과 정의는 실현된
다. 편견과 욕심에서 자유로운 인간만이 하나님의 편에서 사랑과
정의를 말할 수 있다.

여기는 생각할 곳이지 바삐 떠들 곳이 아닙니다.
예로부터 현실계를 떠나 영원 무한에 접해 보려는 신선
사상이 있었고 중국 사람이 삼신산(三神山)이 여기 있고
죽지 않는 약이 여기 있다고 찾은 것은 무리가 아닙니다.
이능화(李能和) 님의 도교사상은 우리나라에서 시작되어
중국으로 간 것일 것이라는 말이 노상 맹랑한 말이 아닙
니다. 단군을 선인(仙人)이라 했고 평양을 선인의 집이라
하며, 아직도 을밀선(乙密仙)의 이름이 남아 있고, 동해가
에 가면 거의 바위마다 골짜기마다 신선의 자취가 있습
니다. 이것이 이 땅에서 난 문화의 꼭지입니다. 후에 유교
가 온 다음 그것을 배우는 사람을 선비라 했는데 선비는
본래 우리나라의 처음부터 있는 종교의 사람을 가리키
는 것이었습니다. 《함석헌 전집 1: 뜻으로 본 한국역사》 365쪽

▶한국사람의 마음속에는 자연과 하나로 되어 신선처럼 초연한 삶
을 살려는 열망이 숨겨 있다. 우리나라 산천의 아름다움과 묘함에
끌려서인지 자연과 하나로 되려는 삶의 지향이 문화와 예술 속에
배어 있다. 집과 자연환경의 조화, 도자기의 자연스럽고 소박한 풍
취, 사람과 자연이 하나로 녹아든 그림, 자연스러운 음률이 모두
자연과 인간의 조화와 합일을 추구한다. 땅 위의 현실에서 밝고 따
뜻한 삶을 이루려는 간절한 열망과 땅의 현실을 초월하여 신선이
되려는 열망이 한국인의 심성 속에 공존한다.
자연과 하나로 되려는 마음에는 번잡하고 고달픈 세속의 삶에서

벗어나려는 열망이 담겨 있고, 모든 사람과 더불어 하나로 살려는 어질고 평화로운 정신이 깃들어 있다. 오랜 고난을 겪으며 유교 불교 도교와 기독교를 깊이 끌어안은 나라에서, 삶에 대한 뜨거운 열정을 가지면서 자연과 하나로 되는 신선의 삶을 열망하는 사람들에게서 세계를 하나로 이끄는 새 종교와 철학이 나와야 하지 않을까?

하나님의 성령과 통해야 바로 옳게 발달이 된다. 자주 하나님과 통해야 일이 된다. 성경에서도 자연에 성령이 충만하다고 이른 데가 있다. 동양에서는 기상천외(奇想天外)라는 말이 있다. 참으로 발전시킨다는 것은 하나님이 일러준 것을 안다는 말이다. 《다석 유영모 어록》 47쪽

▶사람의 생각과 계획만으로는 일이 잘 되지 않는다. 마음이 뚫려 꼭지가 열리고 하나님과 통해서 신통한 경지에 갈 때, 일이 잘 될 수 있다. 조건만 따지고 계산만 해서는 일을 할 수 없다. 열정에 사무쳐서 머리가 열릴 만큼 되어야 일이 되기 시작한다. 주어진 습관과 틀에 매여서는 새 일을 할 수 없다. 새로운 엉뚱한 생각이 나와야 새 일을 하고 새 역사가 열린다.

낡은 역사책을 모두 불살라 버려라. 새 역사를 쓰자. 그것 내놓고 사료가 어디 있느냐? 걱정마라. 말하는 3천만 산 역사가 있지 않나? 이 나라의 지도자라 하고 다스린다는 놈들이 돈에 팔리고 권세에 팔려 역사를 삐뚤어지게 쓰고 있는 동안 무식한 민중은 무식하기 때문에 붓과 먹으로 쓰지 않고 피와 땀으로 쓴 역사를 석실(石室) 아닌 육실(肉室)에, 골실에, 그래 탑의 지성소(至聖所)에 감추어 지켜왔다. 문헌의 역사에서는 독립이 없어졌어도 여기는 독립한 민족이 있다. 돌에 아로새겼던 문화는 망가졌어도 여기는 유전 속에 깊이 묻혀 있어 캐내는 날을 기다리는 산 문화가 있다. 이 자리에 서서, 막막 우주에 여기밖에 없는 이 자리에 서서 새 역사를 쓰고 짓자. 생명이 말씀에 있으니 거기서는 역사해석이 곧 역사요, 역사지음이 곧 뜻이다. <u>《함석헌 전집 1: 뜻으로 본 한국역사》 373~374쪽</u>

▶예전의 역사책은 대부분 승리한 지배자가 쓴 것이다. 모든 역사책은 과거에 대한 기록이다. 새 역사를 지으려는 민중에게는 낡은 역사책이 족쇄가 된다. 역사의 바닥에 살면서 역사의 무게를 온몸으로 짊어지고 살아온 민중의 몸과 맘에는 역사의 진실이 새겨져 있다. 참된 역사는 민중의 삶 속에, 살과 뼈와 머릿속에, 혼 속에 새겨져 있다.

참된 역사가 민중의 몸과 삶에 새겨져 있으므로 민중이 역사의 실체다. 민중이 없으면 역사는 지탱될 수도 없고 계승될 수도 없다.

민중이 역사를 이끌어 가고 만들어 가는 주체다. 민중을 배제한 역사의 진보는 허구다. 민중과 무관한 자유와 평등이 어디 있고, 민중을 외면한 사랑과 정의와 평화가 어디 있는가? 자유와 평등, 사랑과 정의와 평화는 민중을 통해서만 역사 속에서 실현될 수 있다.

역사는 민중을 통해서 민중과 관련해서만 진전되고 변혁될 수 있다. 민중이 누구인가? ‘나’다. 내가 역사변혁의 주체와 자리다. 나의 몸과 삶 속에 역사의 축적된 힘과 지혜가 담겨 있다. 여기서 나의 몸과 삶 속에서, 나의 머릿속에서 역사가 새롭게 해석되고 형성되고 뜻을 찾게 된다.

산다는 것은 자꾸 늘려나가는 것이다. 세상의 모
든 것은 머무름 없이 줄곧 가는 것이다. 《다석강의》 294~295쪽

5월 30일   산다는 것은

▶무엇을 늘려 나가는가? 생명과 정신, 생각과 뜻, 사랑과 정의를
늘려 나가는 것이다. 세상의 모든 것은 머무름 없이 지나가는 것
이다. 따라서 있다가 없어질 것, 점차 줄어들고 사라질 것이다. 머
무름 없이 지나가는 것들 속에서 생명과 정신을 늘려 나가는 사람
은 사라지거나 소멸되지 않는 영원한 생명의 '늘'에 이를 것이요,
'늘'에 이르면 '늘늘'하고 '늘늘이야'(닐니리야) 신이 난다.

너 위에 서라. 거기가 우주의 중심이요, 거기가 과거와 미래가 다 내다뵈는 점이요, 거기가 시(時)·공(空)이 한데 맞닿는 원추의 정점이요, 거기가 하나님이 계신 곳이다. 거기서 창조가 나오고 심판이 이루어진다. 나는 하나님 안에 있고 하나님은 내 안에 있다. 하나님 없이 나 없지만, 나 없이 하나님도 없다. <u>《함석헌 전집 1: 뜻으로 본 한국역사》</u>

373~374쪽

▶사람은 생각하는 존재다. 생각한다는 것은 자신과 만물을 대상화하는 것이다. 생각하는 인간은 생각하는 대상을 이해하고 바꿀 수 있다. 생각함으로써 인간은 자신과 자연만물을 이해하고 새롭게 할 수 있다. 생각한다는 것은 이해할 뿐 아니라 새롭게 하고 창조하는 것이다. 생각하는 인간은 창조자 하나님과 함께 자연과 역사의 창조에 참여할 수 있다.

생각하는 사람의 머릿속에 우주의 중심이 있고 사람의 마음속에 하나님이 있다. 사람 속에 역사의 중심이 있고, 생명진화의 정점이 있다. 사람 속에 하나님과 만나는 자리가 있고 그 자리에서 역사의 창조와 심판이 이루어진다. 참되게 생각하면 새 삶이 이루어지고 새 사건이 일어나며, 새 역사가 시작된다. 다석 유영모는 "내가 생각하는 곳에 하나님이 계시다"고 했다. 하나님이 계신 곳에서는 언제나 새 사건이 일어나고 새 역사가 시작된다.

　　　참 말씀을 알고 참 말씀을 자꾸 많이 하고 싶어
하는 사람은 가슴에 불꽃이 피어오르는 사람이다. 산다
는 것은 불을 일으키는 것이다. 사람은 직접 호흡을 통해
산화작용을 한다. 몸으로 하는 사람노릇이란 산화작용
을 하는 생명이다. 《다석강의》 289쪽

▶숨은 산화작용을 일으키는 불이다. 숨 쉬는 것도 피가 돌아가는
것도 목숨의 불을 피우는 것이다. 목숨 불을 넘어서 말씀의 불, 생
각의 불꽃도 있다. 사람의 몸에서 목숨 불이 잘 타올라야 몸이 건
강하고, 사람의 가슴속에서 생각의 불이 꺼지지 않고 타올라야
마음과 정신이 건강하다.

살아가는 길은 결국 스스로 하는 믿음이다. 기적은 따지면 제 힘은 아니고 살아 보자는 심리지만 제 힘 아니고 사는 법은 없다. 스스로 하는 것이 정신이다. 믿는 것은 내가 힘이 되어 살기 위한 것이지, 물건처럼 안락 세계에 가져다 놓아지기를 바라는 것은 아니다. 하나님은 내 안에 계시지 내 밖에 계시지 않는다. 내 밖에 계셔서 나의 자유하는 인격과는 상관없이 하는 하나님을 믿어서 복을 그저 얻자는 것이 미신이요, 믿음으로 인해 내 속에 있는 나를 살려 자주하는 인격이 되게 하는 하나님이 정말 하나님이다. 《함석헌 전집 1: 뜻으로 본 한국역사》 377쪽

▶미신은 종교의 종살이에 빠지게 하고, 참 믿음은 자유하는 인격에 이르게 한다. 믿으면 살 힘이 생긴다. 힘없이 기적이나 바라는 것은 미신이다. 하나님을 믿을수록 힘이 나고, 자유로운 인격으로 솟아오를 수 있어야 한다. 적막한 우주와 삭막한 사회 속에서 하나님을 부를 수 있고 가까이 느낄 수 있다는 것은 얼마나 놀랍고 위대한 일인가! 하나님이 내 속에 내 삶에 계시다는 것은 얼마나 벅찬 일인가!

　　본래 하나님께서 내어주신 분깃이 여물도록 노
력하는 생명은 반드시 사랑이라는 말에 이른다. <다석강의>
289쪽

▶하나님이 나의 생명 속에 넣어 주신 분깃, 내 삶과 존재의 씨올맹
이를 옹글게 여물도록 하는 것은 사랑뿐이다. 사랑이 없으면 생명
과 정신이 자랄 수 없다. 생명과 정신의 목적은 하나 됨이다. 사랑
이 없으면 하나 됨에 이를 수 없고, 하나 됨에 이르지 못하면 생명
과 정신이 완성될 수 없다.

믿음은 결국 자신(自信)이다. 그 속에 있는 참 나는 하나님의 모습을 가졌다는 나, 하나님의 씨인 나다. 하나님을 믿는다는 것은 다시 말하면 내가 하나님의 씨임을 믿는 것이요, 하나님과 하나 될 것을 믿음이다. 믿음도 내가 하나님을 믿을 뿐만 아니라 하나님이 나를 믿어 주게 되어야 참 믿음이다. 《함석헌 전집 1: 뜻으로 본 한국역사》 377쪽

▶ 사람의 속에 하나님의 씨, 모습, 생명, 얼이 있다. 하나님의 씨, 모습, 생명, 얼은 사랑과 의(義)로 나타난다. 이기적이고 거짓된 나를 부정하지 않으면, 욕심을 비우고 편견을 깨트리지 않으면 하나님의 씨와 얼이 사람의 속에서 드러나지 않는다. 유영모의 말대로 사람의 속이 '줄곧 뚫려야' 하나님의 얼과 통하게 된다. 그래야 함석헌의 말대로 하나님이 나를 믿고 내 속에 거하게 된다. 예수가 말했듯이 하나님이 내 안에 있고 내가 하나님 안에 있게 된다.

아버지여, 아버지께서 내 안에, 내가 아버지 안에 있는 것 같이 그들도 다 하나가 되어 우리 안에 있게 하사 세상으로 아버지께서 나를 보내신 것을 믿게 하옵소서(요 17:21)

제대로 위로 올라가겠다는 생각의 불꽃을 피우면, 생명에 해로운 게 있을 리 만무하다. 생각을 자꾸 하는 것이 불을 살리는 것이다. 정신을 높이는 것이 그 불을 살려갈 것이다. 그러면 거룩한 사랑이 끓어오르는 생각이 자꾸 떠오르게 된다. 《다석강의》 290쪽

▶사람의 느끼는 감성과 생각하는 이성은 어디서 비롯되었을까? 부모와 자식의 관계가 없는 파충류에게서는 감성과 이성이 생겨날 수 없었을 것이다. 몸에 밴 새끼와 살과 피를 나누고 새끼를 낳아 기르는 모성애를 지닌 포유류에게서 인간의 감성과 이성이 싹텄을 것이다. 생명을 느끼는 깊은 감성과 남을 헤아리는 생각은 포유류의 사랑에서 비롯된 것이다. 누구인가를 깊이 사랑할 때 사람은 생각하게 된다. 생각은 생명의 사랑에서 타오르는 것이다.

사람은 생각하는 존재다. 생각함으로써 인간은 존재한다. 생각은 생명과 정신이 자신을 불태우는 행위다. 생각은 자신을 불태우는 불꽃이며 '나'를 낳는 행위다. 생각이 불타오르면 나의 정신이 하나님을 향해 솟아올라 간다. 생각의 불꽃 속에서 하나님에 대한 거룩한 사랑이 끓어오른다.

　　글은 말의 닦이운 것이요, 말은 생각의 엉킨 것이
요, 생각은 살림의 피어난 것 아니냐? 《함석헌 전집 2: 인간혁명의
철학》 17쪽

▶오늘 철학과 학문의 근본 문제는 삶과 단절된 채 논리와 이론, 추
리와 분석에 갇혀 있다는 것이다. 오늘의 학자들에게 생각은 관념
적인 사변과 추리일 뿐이다. 유영모에 따르면 생각은 몸에서 캐내
는 생명의 행위이고 신과 소통하는 영의 행위다. 생각은 생명의 자
각[生覺]이다. 함석헌에 의하면 생각은 살림의 피어난 것이며, 추
리(하는 생각)와 영감(나는 생각)이 통합된 것이다. 함석헌은 생각
하면 살고 생각하지 않으면 죽는다고 하였다.

함석헌에게는 글과 말과 생각과 살림이 하나로 통해 있다. 나무의
뿌리와 줄기와 가지, 꽃과 열매와 잎이 하나로 통해 있는 것과 같
다. 씨올의 삶에서는 살림과 생각과 행실이 따로 있지 않다. 살림에
서 우러난 생각과 말과 글은 진실하다. 삶에서 우러난 진실한 생각
과 말과 글이 존중될 때 세상은 바로 될 것이다. 삶이 담긴 생각을
하고 삶이 담긴 말을 하고 삶이 담긴 글을 쓰면 마음이 밝아지고
세상이 환해질 것이다.

말씀을 사뢰는 중심이 '사룸'이다. '사룸'이라는 말에 불꽃이 있다고 생각되면 지금 있다는 모든 것은 죄다 없다. 있다가 없다. 참으로 오늘 지금 우리는 (말씀을 사뢰는 불꽃 속에서) 하나이다. 《다석강의》291쪽

▶유영모는 사람을 '사룸'으로 표기하고, '말씀을 사뢰는 중심'이라고 하였다. '말씀을 사뢴다'는 말에는 '말씀을 불사른다', '말씀을 아뢴다'는 두 가지 뜻이 있다. 사람은 하나님께 말씀을 아뢰는 존재요 말씀을 불사르는 존재다.

사람 속에서 말씀의 불꽃이 타오르면 참으로 있는 것은 말씀의 불꽃뿐이다. 말씀의 불꽃으로 불타는 '나'뿐이다. 다른 것은 있다가 없어질 것이고 참으로 있는 것이 아니다. 지금 내가 체험하고 지금 내게 있는 것은 말씀으로 불타는 '나'다. 우리 각자의 마음속에서 말씀으로 '내'가 불타면 우리는 하나가 된다.

내 죄, 네 죄란 것이 어디 있느냐? 죄가 네 죄 따로 내 죄 따로라면, 살림이 네 살림, 내 살림이게. 네 살림 따로, 내 살림 따로라면 너와 나와 상관이 없게. 그러면 살림이랄 거 없게. 삶이 아니게? 짓긴 내가 한 짓이어도, 지긴 다 같이 지는 짐이요, 나기는 너 나로 났어도, 살기는 한 나로 사는 살림이다. 《함석헌 전집 2: 인간혁명의 철학》 18쪽

▶삶은 본래 전체와 이어져 있다. 함석헌은 늘 전체와 이어진 삶의 자리에서 생각한다. 전체의 자리에서 보면, 네 살림 따로 내 살림 따로 갈라놓을 수 없다. 남의 살림이야 어찌 됐든 내 살림만 챙긴다면 전체의 삶은 깨지고 만다. 한 사람의 몸에서 머리와 손과 발이 따로 놀 수 없듯이, 나라 전체의 삶에서 내 살림과 네 살림은 뗄 수 없이 얽혀 있다. 혼자서 많이 차지하면 다른 사람들의 살림이 어렵게 된다.

이와 마찬가지로 죄도 네 죄, 내 죄를 엄격히 가를 수 없다. 어떤 흉악한 범죄도 내가 저지를 수 없는 죄는 아니다. 내 마음속에 깊이 박혀 있는 탐욕과 분노는 연쇄살인범의 탐욕과 분노와 크게 다르지 않다. 불의와 부정이 지배하는 사회에 몸담고 사는 한, 사회에서 저질러지는 죄악들에 대해서 모두가 공범이다. 내가 검소하게 살지 않았기 때문에 저이가 도둑이 된 것이다.

　　생각의 불꽃을 피우면 내가 영원한 미래와 과거
와 접촉하고 있음을 느낄 수 있다. (영원과 접촉하는 사람
은) 이제 여기서 머물지 않는 삶을 산다. 이제 여기의 순
간을 가온찍기하고 나간다. '나'라는 것이 원(原)이다.
《다석강의》 293~294쪽

▶하나님에 대한 사랑으로 생각의 불꽃이 타오르면 영원과 맞닿아
있음을 느낀다. 그러면 지금 여기에 머물지 않고, 영원한 생명을 향
해 나아간다. 어떻게 영원한 생명을 향해 나가는가? 이제 여기 이
순간의 가운데를 한 점으로 찍고 영원한 생명의 님인 하나님께로,
영원한 생명이 있는 하늘나라로 나아간다. 하나님과 하늘나라가
어디 있는가? 생각의 불꽃이 타오르는 '나'의 속의 속에서 하나님
을 만나고 하늘나라에 이른다.

천재 시대는 이미 지나갔습니다. 영웅시대도 지나 갔습니다. 이제 민중이 천재에게 배우는 것 아니라 전체 민중에 겸손히 배우는 사람이야말로 착하고 지혜롭고 용맹 있는 사람입니다. 그러므로 이제 혁명은 전체의 협 동으로서만 될 수 있습니다. 《함석헌 전집 2: 인간혁명의 철학》 30쪽

▶인류역사는 세 단계로 발전해 왔다. 첫 단계는 개인이 집단 사회 속에 묻혀 있는 시대다. 인간이 본래 생각하는 존재지만 오랜 세월 개인의 주체의식과 개성은 발달하지 못했다. 둘째 단계는 2,500년 경 전부터 고등종교가 나오면서 시작되었다. 고등종교와 함께 개 인의 신앙과 영성이 발달하기 시작했다. 300년경 전부터 과학과 산업이 발달하면서 이성과 개성, 인권과 소유권이 강조되는 개인 주의 시대가 열렸다. 집단 사회 시대와 개인주의 시대는 영웅과 천 재의 시대였다.

셋째 단계는 씨올 민중의 시대다. 천재와 영웅의 시대는 지나가고 씨올의 시대가 왔다. 씨올은 스스로 하는 주체이면서 전체로서 산 다. 전체 민중에게 배우는 사람이 착하고 지혜롭고 용맹스럽다. 전 체가 움직이고 협동할 때 세상의 변화는 이루어진다. 민중의 걸음 이 아무리 더디고 민중이 가는 길이 잘못된 것처럼 보여도 민중을 제쳐 놓고 새 시대를 시작할 수는 없다.

참 과학은 철학이다. 언제나 마음속 욕심을 버리고 하나님 아버지의 신비를 찾는 궁신지화하는 학문이 과학(철학)이다. 하나님 아버지의 신비를 더듬는 궁신지화의 결과가 지식의 학문이다. 참 과학은 생활의 편리화를 추구하는 것이 아니라 하나님 아버지를 찾아 궁신지화하는 것이다. 과학을 바로 하면 하나님 아버지에 대한 신앙에 이른다. 학문에는 깊이 파고들수록 언제나 알지 못하는 신비의 세계가 남아 있다. 《다석 유영모 어록》 42쪽

▶하나님을 탐구하면[窮神] 인생과 만물의 변화를 알 수 있다[知化]. 거꾸로 인생과 만물의 변화하는 이치를 깨달으면 하나님의 신비에 가까이 이를 수 있다. 학문을 깊이 탐구할수록 알지 못하는 신비의 세계가 뚜렷이 드러나기 때문이다. 생활의 편리나 이익을 위해서가 아니라 인생과 만물의 신비한 본성을 드러내기 위해서 탐구하는 과학은 인류와 자연에 해악을 끼치는 일이 없을 것이다.

개인의 참 발달을 막고 병들게 하는 것은 개인주의와 그것의 변태인 집단주의입니다. 개인의 정말 발달은 전체가 개체 안에 있고 개체가 전체 안에 있는 사회에서만 가능할 것입니다. 국가주의를 배격하는 것은 그 때문입니다. 《함석헌 전집 2: 인간혁명의 철학》 31쪽

▶하늘을 향해 꼿꼿이 일어선 사람은 하늘을 보고 하늘과 사귀며 사는 존재다. 사람과 하늘 사이를 가로막는 모든 것이 죄이고 악이며 병이다. 옛날에는 황제만이 천자(天子)로서 하늘을 상대하고, 성직자만이 제사장으로서 하나님을 상대했다. 황제와 성직자가 하늘을 독점하고, 다른 사람들은 하늘과 하늘의 주인인 하나님을 상대하지 못하게 했으니 황제와 성직자의 죄가 참으로 크다. 오늘날에는 개인주의와 집단주의가 사람과 전체(하늘)의 관계를 가로막는다. 개인주의는 사람이 전체를 나타내는 하늘(하나님)과 무관하다는 주장이고 집단주의는 사람을 집단의 좁은 틀 안에 가두어 놓는다. 사람 안에 전체가 있고 전체 안에 사람이 있다. 전체를 품은 사람은 전체 생명의 씨울이다. 전체를 품고 사는 씨울만이 참되고 영원한 삶을 산다.

우리가 알아야 할 것은 '빈탕한데'[虛空]가 하나님의 겉모습이라는 것이다. 하나님의 속생명은 얼(성령)이시다. '빈탕한데'는 허공을 내가 순우리말로 말해 본 것이다. 빈탕한데인 하나님의 품에서 살아야 한다. 그리하여 늘 반성하고 좋은 일에 전력을 다하면 마음이 슬플 때나 괴로울 때나 악해질 리가 없으며 악한 놈이 길지 못하다는 것을 느낄 수가 있다. 《다석 유영모 어록》 54~55쪽

▶허공인 빈탕한데가 하나님의 품이다. 하나님 신앙이 불교의 공 사상과 만난다. 아무래도 다석은 석가보다 역사 속에서 악과 맞서 싸우는 일에 더 적극적이다. 빈탕한데서 살면서 좋은 일에 전력을 다하고 정의와 선의 승리를 믿는다.

내가 불 지르고 싶은 것은 여러분의 혼이지만 또 이 나의 혼에 불을 질러 주는 것도 여러분의 혼의 방사선 아니겠습니까? 여러분의 가슴을 내놓고 또 하나님의 제단이 따로 어디 있겠습니까? 내가 기도하는 것은 여러분의 파동이 모여 왔기 때문이요, 내 심장이 뜨거워진 것은 여러분의 가슴이 탔기 때문입니다. <u>《함석헌 전집 2: 인간혁명의</u> <u>철학》 34쪽</u>

▶이 우주에는 전파만 흐르는 게 아니라 생각의 파동(念波)도 있고 얼의 파동(靈波)도 있다. 그러니 생각만 하고 기도만 해도 생각과 얼의 파동이 우주 속에 퍼져나간다. 착한 마음을 먹기만 해도 그 선한 영향이 우주에 미친다.

함석헌은 모든 사람들과 함께 생각하고 기도하려고 했다. 자신의 생각과 믿음으로 사람들의 가슴에 불을 붙이려 했고 사람들의 가슴속에 타오르는 생각과 믿음의 불로 타오르려고 했다. 생각과 기도는 홀로 하는 것이면서 또 전체가 함께하는 것이다.

하나님의 아들들은 겉으로 나타나지 않지만 악에 무릎을 꿇지 않고서 버티고 있다. 그들이 없다면 세상은 오래 가지 못할 것이다. "악한 세상에 무슨 하나님의 아들들의 시대가 오겠느냐?"라고 하지만, 하나님 아들들의 시대는 반드시 올 것이다. 이것을 믿지 않으면 미끄러질 위험이 많다. 《다석 유영모 어록》 55쪽

▶옛날에는 황제만이 천자(天子)라고 하여 하늘을 직접 상대하고 다른 사람들은 하늘을 상대하지 못하게 했다. 예수는 하나님이 '내 아버지'이고 '나는 하나님의 아들'이라면서 하나님과 부자관계를 이루었다. 그리고 다른 사람들도 하나님의 딸·아들이라고 하였다. 하나님의 아들은 하늘의 주인인 하나님과 직접 만나고 사귄다. 그리고 하나님의 아들답게 하나님의 사랑과 정의에 충실하다. 유영모가 말한 하나님 아들들의 시대는 예수가 말한 하늘나라와 같은 것이다. 그 시대, 그 나라는 꼭 온다.

(생명의) 속은 정신입니다. 무한히 자라고 무한히
번져 나가는 정신입니다. 그 정신은 끊임없이, 아낌없이,
자기를 지켜주는 껍질을 잡아 젖힘으로만 살아나가는
생명입니다. 그러므로 모든 있음[存在]은 그 속에서 피
어나오는 정신에 자기를 양보해서만 생(生)에 참여할 수
있습니다. 살이 사라짐으로만 정신은 살아날 것입니다.

《함석헌 전집 2: 인간혁명의 철학》 35쪽

▶ 씨울사상의 핵심은 생명을 주체로 보는 데 있다. 주체인 '나'는 정
신이다. 정신은 관념이 아니고 줄곧 자라고 뻗어 나간다. 생명의 속
인 정신은 생명의 껍질인 살을 뚫고 솟아올라 앞으로 나간다. 살
을 뚫어야 마음이 살아나고 마음을 뚫어야 정신이 살아나고 정신
을 뚫어야 얼이 살아난다. 살의 욕심과 집착이 마음과 정신에 깊이
뿌리를 박고 있다. 마음과 정신에서 살이 사라져야 얼이 살아난다.

하나님은 없이 계시는 분이다. 몬(물질)으로는 없고 얼과 빔으로 계시기 때문에 없이 계신다. 그러나 모든 물질을 내고 거두신다. 하나님은 없이 계시므로 언제나 시원하다. 하나님은 물질을 지녔으나 물질이 아니다. 하나님은 모든 물질을 이룬 얼이요 모든 물질을 담은 빔이다. 모든 물질을 거둘 빔이다. 《다석 유영모 어록》 56쪽

▶하나님은 물질의 차원에서 보면 없는데 얼의 차원에서는 계시다. 없는 것 같은데 누구보다 무엇보다 분명히 있다. 물질과 상대의 세계에 걸림도 매임도 없기 때문에 언제나 시원하고 자유롭다. 하나님은 물질이 아니지만 물질을 이루고 거두고 보람과 완성에로 이끈다. 하나님은 물질의 주인이다. 모든 물질은 빔 속에 있고 모든 물질적 존재의 깊이는 신령한 얼의 차원에 닿아 있다. 빔과 얼은 하나님께 속한 것이다.

산 것은 자라는 것이다. 참이나 완전을 생각하는
데 자란다는 생각을 빼고는 바로 되었다 할 수 없다. 하
나님은 있는 이라기보다도 영원히 있으'려'는 뜻이다. 영
원의 미완성이다. 그 무엇이 '려'하는 데서 영원이 나오
고 또 무한이 나온다. 생명은 변하면서도 변하지 않는
것, 변하지 않기 위해 변하는 것이다. 많으면서도 하나
인 것, 많으므로 하나를 나타내는 것이다. 《함석헌 전집 2: 인간
혁명의 철학》 52쪽

▶하나님은 생명의 주님이다. 북극성처럼 변함없는 절대 하나이면
서 늘 새롭게 하고, 자라는 이다. 함석헌은 하나님을 '……려함'이
라고 하였다. 하나님은 우리로 하여금 무엇을 하게 하고, 되게 한
다. 끊임없이 새로워지는 데서 영원과 무한이 나온다. 하나님은 하
나이게 하고 하나 되게 한다. 하나이신 '하나임'을 향해 끝없이 솟
아 올라가는 데서 한없는 기쁨과 자유를 느낀다. '하나'에 가까이
갈수록 생명과 정신은 더욱 풍성하고 깊어진다.

　　내 정신에 하나님의 얼이 통할 때 눈에 빛이 있고 말에 힘이 있다. 하나님은 바다요 나는 샘이다. 하나님의 얼 생명은 내 생각보다 아주 크다. 《다석 유영모 어록》 56쪽

▶내 정신에 하나님의 얼이 통하면 얼이 살아난다. 어두운 방에 전기가 통하여 불이 들어오듯이, 나의 좁은 가슴에 하나님의 얼이 살아 계시면 눈에 빛이 나고 말에 힘이 있고 생각에 생기가 넘친다. 하나님은 생명과 얼의 바다요 나는 작은 샘이다. 내 생각 속에 하나님의 얼 생명이 스며 있지만, 내 생각으로 하나님의 얼 생명을 다 담을 수는 없다.

나는 우리나라 일이 이렇게 어려운 것은 전에 있던 우리 여러 조상이 원통한 생각을 품고 갔기 때문이라고 생각합니다. 정말 좋기는 살아 있을 때에 풀어주는 일이지만 살아 있을 때 못했거든 죽은 후에라도 해야 합니다. 맘은 맘으로만 풀립니다. 알아주는 마음이 중요하다는 것은 이 때문입니다. 《함석헌 전집 8: 씨올에게 보내는 편지》 12~13쪽

▶우리나라에는 원통하게 죽은 사람들이 너무도 많다. 현대사만 돌아보아도 갑오농민전쟁, 일제의 식민지 전쟁, 6·25 전쟁, 광주민주화운동에서 억울하게 한을 품고 죽은 사람들이 많다. 민주화와 산업화를 이루었다고 하지만 여전히 억울한 일이 많고 분노와 미움, 폭력과 갈등의 뿌리가 깊다. 우리나라 역사가 곧 바로 가지 못하고 게걸음을 하는 까닭은 억울하고 원통하게 죽은 사람들이 너무도 많기 때문이다.

푸닥거리를 하거나 굿판을 벌인다고 해서 억울하게 죽은 이들의 한이 풀리고 역사가 바로 되지는 않는다. 억울한 생각, 원통한 마음은 역사와 사회의 자리를 가지고 있다. 그 역사와 사회의 자리에서 생각으로 생각을 풀어 주고 마음으로 마음을 풀어 줘야 한다. 허망하고 억울하게 죽어 간 사람들의 넋을 달래는 길은 불의하고 폭력적인 역사와 사회의 진실을 밝히고 불의와 폭력을 없애는 것이다. 억울하게 죽은 사람의 얽힌 생각과 맺힌 마음을 풀어 주는 길은 역사의 뜻과 이치를 밝히고 그 생각을 이해하고 그 마음을 알아주는 것이다. 그리하여 다시는 그런 억울한 일이 일어나지 않게 하는 것이다.

우주의 그 호대(浩大)한 흑암(黑闇)을 음미한 가운데 하나님을 만날 수 있지만 허영인 대낮의 광명 속에서 하나님을 찾을 수 없다. 《다석 유영모 어록》 57쪽

▶흔히 하나님을 빛이라 하고 죄악을 어둠이라고 한다. 하늘을 그리워한 유영모는 어두운 밤하늘의 별들을 보면서 우주의 크고 넓은 어둠에서 한없는 신비와 영적 깊이를 보았다. 태양은 깜박이는 등잔불에 지나지 않고 빛이 어둠을 이겨 본 일이 없다고 하였다. 허영으로 가득 찬 문명의 밝은 빛 속에서는 하나님을 만날 수 없다. 과학기술과 이성의 밝은 빛, 태양과 전기의 밝음, 텔레비전과 영화와 네온사인의 번쩍거리는 빛 속에는 하나님이 없다.

숫돌이 갈리지 않곤 칼을 갈 수 없듯이 역사를 가는 혁명의 칼도 나를 갈아세우지 않고는 할 수 없을 것이다. 〈함석헌 전집 2: 인간혁명의 철학〉 58쪽

▶혁명은 역사에 칼을 대는 것이다. 역사를 가는 혁명의 칼은 무엇으로 가는가? 혁명을 일으키는 주체인 '나'가 혁명의 칼을 가는 숫돌이다. 혁명의 칼을 갈려면 그 칼을 가는 숫돌인 '나'도 갈려야 한다. 먼저 혁명의 칼로 '나'를 갈고 닦지 않으면 혁명의 칼은 날카로울 수 없다. '내'가 제대로 갈린 다음에야 혁명의 칼로 역사를 갈 수 있다.

나를 바로잡지 못하고 남을 바로잡을 수 없다. 잘못된 생각을 하고 그릇된 행실을 하면서 사회의 제도와 조직을 개혁할 수 없다. 역사를 바로잡고 사회를 개혁하려는 사람은 먼저 자신을 바로잡고 개혁해야 한다. 사람이 바로 되지 않고 사회가 바로 될 수 없다. 아무리 좋은 제도와 조직, 이념과 정책을 갖추어도 사람이 사람 되지 못하면 아무 쓸모가 없다.

아는 것은 과학의 세계요 깨닫는 것은 철학의 세계다. 진리는 아는 것이 아니다. 내가 죽으면서 느끼는 것이다. 이를 꿰뚫어본다고 한다. 이때 비로소 우리가 하나님과 얼굴을 마주할 수 있다. 어머니가 준 눈으로 어머니를 보듯이, 하나님이 주신 얼로 얼이신 아버지 하나님을 보는 것이다. 우리는 이것을 깨달음이라고 한다. 거짓인 꿈을 깨어 참(하나님)에 다다르는 것이 깨달음이다. 《다석유영모 어록》 60쪽

▶ 진리는 아는 것이 아니라 '내'가 죽으면서 느끼는 것이란 말에서 유명모의 진리의식이 얼마나 치열한가 알 수 있다. 나를 죽이고 내게서 자유로울 때 비로소 진리를 보고 느낄 수 있다. 나의 몸과 맘을 뚫고, 탐욕과 편견, 분노와 미움, 두려움과 불안, 거짓과 폭력의 잠에서 깨어나 참이신 하나님께 이르는 것이 깨달음이다.

　　　역사의 환란은 자기를 잊고 버린 조선민족의 게으름과 허위의식의 결과이며 게으름과 허위의식에 빠진 국민을 일깨우려는 신의 섭리에서 온 것이다. 환란은 우연이 아니고 천도(天道)가 무심한 것이 아니라 신의 섭리이다. 《뜻으로 본 한국역사》 219~220쪽

▶자기를 잃은 민족은 스스로를 지킬 수 없고 스스로를 지키지 못하면 고난을 겪을 수밖에 없다. 자기를 잊고 게으름과 허위의식에 빠지면 역사의 환란은 닥치기 마련이다. 그래서 나라를 잃고 식민지가 되었으며, 민족이 분단되고 민족끼리 서로 죽이는 전쟁을 일으켰다. 정신을 똑똑히 차리고 역사를 꿰뚫어보았다면 이런 환란은 오지 않았을 것이다.

그러나 역사의 고난과 환란에는 뜻이 있고 목적이 있다. 역사는 두 겹으로 되어 있다. 자기를 잊어버리고 환란에 빠진 것은 역사의 현실이요 그 환란 속에서 자기를 일깨우는 신의 섭리를 보는 것은 역사의 뜻이다. 어느 경우나 가운데 있는 것은 자기, '나'이다. '내'가 살면 죽은 역사도 산 것이고, '내'가 죽으면 산 역사도 죽은 것이다. 인생과 역사의 목적은 죽은 나를 살리고 잃은 나를 되찾고 거짓과 게으름의 잠에 빠진 나를 깨워 일으키는 것이다.

　　　38선이란 대체 뭔가? 아무리 흥정조로 하는 외교라 하더라도 남의 나라의 허리를 자르는 법이 어디 있느냐? 나라는 결코 물건이 아니요, 한 개 생명체다. 한 인격이다. 나라 땅과 국민과 주권은 서로 떨어진 것이 아니요 하나다. 우리나라 땅을 절반으로 자른 것은 우리 3천만의 허리를 개개이 자른 것이요, 우리 한 사람 한 사람의 심장과 골을 반씩 자른 것이다. 《함석헌 전집 4: 죽을 때까지 이 걸음으로》 39쪽

▶씨울철학은 생명철학이다. 함석헌은 역사도 나라도 하나의 생명체, 하나의 인격으로 보았다. 나라와 민족은 서로 통하는 생명체이고 존엄한 품격을 지닌 인격체다. 그러므로 나라 땅과 국민과 주권은 뗄 수 없이 하나로 결합된 것이다. 국민 한 사람, 한 사람은 개체이면서 나라 전체의 차원에서 하나로 결합되어 있다. 외세의 힘에 의해서 또는 정치·경제적 이념과 명분에 의해서 억지로 나라 땅을 절반으로 자른 38선과 휴전선은 땅만 가른 것이 아니라 나라와 민족의 구성원 하나하나의 허리, 심장과 골을 반씩 자른 것이다.

수천 년 동안 함께 살아온 남한과 북한은 한 몸이고 한 인격체다. 남과 북 사이에 사귐이 없고 생각과 맘과 뜻이 통하지 않는 것은 몸이 갈라지고 인격이 분열된 것과 같다. 이 땅에 사는 사람의 몸과 맘이 편할 리 없고, 사회가 건강할 수 없다. 북한 사회의 고통과 신음이 어떤 형태로든 남한 사회에 느껴지기 마련이고 남한 사회의

갈등과 심정이 북한 사회에 전해지기 마련이다. 북한 사람들이야 망하든 굶어 죽든 우리만 잘 먹고 잘살 수 있다고 생각하는 것은 망상이다. 우리의 맘과 정신의 깊은 곳에서는 북한사회와 남한사회가 하나로 이어져 있다. 맘과 정신과 영혼은 본래 하나다.

새 정치를 한번 못해 봐요? 다스린다, 다스림을 받는다, 그런 따위 소리 말고 네 나라니 내 나라니 그런 밤알 다투는 어린애 소리 말고 정말 세계를 하나로 하는 정치 꿈을 꾼 지는 오래지 않습니까? 이제는 꿈이 아니라 똑똑한 정신으로 생각을 할 만한 때가 됐습니다. 세계정부는 반드시 꿈이 아닐 것입니다. 또 꿈이거나 말거나간에 그밖에는 나갈 길이 없습니다. 그것이 역사가 빠져나가는 단 하나의 길일 것입니다. 《함석헌 전집 1: 뜻으로 본 한국 역사》 363쪽

▶급격한 세계화의 흐름 속에 세계 경제는 큰 위기에 빠졌고, 세계 정치는 혼란 속에 있고 종교는 힘을 잃고 있다. 오늘의 경제, 정치, 사회 문제도 생태계 위기 문제도 종교문화의 갈등도 개별국가의 차원에서는 해결할 수 없다. 지금 세계가 절실히 필요한 것은 세계정부다.

한쪽에서는 물자가 넘치고 다른 쪽에서는 헐벗고 굶주린다. 빈익빈부익부 현상으로 상층 20퍼센트의 사람들이 80퍼센트의 재화를 향유하고 하층 80퍼센트의 사람들이 20퍼센트의 재화를 쓴다고 하더니 얼마 지나지 않아 상층 10퍼센트의 사람들이 90퍼센트의 재화를 누리고 하층 90퍼센트의 사람들이 10퍼센트의 재화를 쓴다고 말이 바뀌더니 이제는 상층 1퍼센트의 사람들과 하층 99퍼센트의 사람들이 맞서고 있다. 빈부격차와 굶주림의 문제도 세계정부가 나와야 해결할 수 있다.

돈은 이윤을 찾아 국경을 거침없이 넘나드는데 가난한 사람들은 먹고살기 위해 국경을 넘는 데 너무 많은 장애를 안고 있다. 투기 자본의 횡포를 규제하고 가난한 이주노동자를 보호하기 위해서는 세계정부가 나와야 한다. 오늘의 세계문제는 세계정부가 나오지 않는 한 해결될 수 없는데 세계정부를 말하는 사람들의 소리가 들리지 않는다. 예언자가 없는 탓일까?

절대의 자리에서는 있다 없다는 말이 통하지 않는다. 절대는 유무(有無)를 내포하면서 초월했기 때문이다. 우리는 이런 절대존재인 하나님을 찾고 싶고 느끼고 싶다. 유일불이(唯一不二)의 절대존재를 누구보다 먼저 모시고 싶고 섬기고 싶다. 우리는 새삼스럽게 절대존재인 절대 진리를 찾는 게 아니다. 본래 내가 가지고 있는 원일(元一)의 님이다. 《다석 유영모 어록》 62쪽

▶하나님은 없이 계시는 이다. 절대는 유무를 포함하면서 초월한다. 상대세계에서 갈라져 다투고 상처받고 헤매는 인간들은 '있음'에 부딪치고 '없음'에 빠져서 절대하나인 하나님을 그리워한다. 그러나 하나님은 저 멀리 밖에 있지 않고 '내' 속의 속에 나보다 내게 더 가까이 계신다. 우주 전체를 아우르고 유와 무를 초월한 하나님은 본래 내 속에 계신 님이며, 있음과 없음이 둘이 아니라, 있음에서 없음을 보고 없음에서 있음을 보는, 있음과 없음이 하나로 통하는 오직 하나인 님이다. '있음과 없음이 하나인 님' 안에서 있는 사람은 없는 사람과 있음을 나누고 없는 사람은 있는 사람과 없음을 나눌 수 있다.

동서문명의 통일을 한번 못해 봐요? 구리도 묽고 납도 부슬부슬 떨어지는 거지만 그것을 한데 섞으면 놋이 되어 아주 억센 쇠가 되듯이, 그래서 그 위의 여러 나라들을 세울 수 있었듯이, 동양도 별것 아니고 서양도 잘못이 많겠지만, 그것을 조화하노라고 힘쓰노라면 제3의 새 문명이 혹 아니 나올까요? 지금 이 시대가 막다른 골목에 든 것만은 사실인 듯한데 그것을 뚫는 길은 거기 있지 않을까? 우리에게 그 자격은 있지 않을까? 왜? 우리는 이것저것의 나쁜 결점을 가장 잘 알았으니 유교가 어떻게 나쁜지 불교가 어떻게 나쁜지 물질문명은 어떻게 해가 되는 건지, 사실 공산주의와 자본주의의 내막은 어떤 건지는 우리가 잘 알지 않아요? 《함석헌 전집 1: 뜻으로 본 한국역사》 361~362쪽

▶한국의 근현대사는 동서문명의 만남과 융합의 과정으로 전개되었다. 국가권력과 지배이념이 쇠퇴했을 때 민중의 삶 속에 서구정신과 문화가 깊이 들어옴으로써 근대화와 민주화운동이 전개되었다. 유영모와 함석헌의 씨울철학은 동서문명의 만남과 민주화 운동으로 전개된 한국현대사의 중심에서 생겨났다. 안창호와 이승훈의 신민회(新民會) 운동, 오산학교의 교육운동, 삼일독립운동 속에서 씨울의 정신과 사상이 다듬어졌다.

유영모와 함석헌은 평생 동서문명의 종합과 통일을 위해 힘써 왔다. 유영모는 "동양문명의 뼈에 서양문명의 골수를 넣으려" 평생

힘썼고, 함석헌은 동양경전을 읽은 후 기독교를 더 가까이 깊이 느끼게 되었다고 하였다. 70년대 이후 함석헌은 동양경전의 강의에 힘썼다. 함석헌의 삶과 정신과 사상은 동서문명의 창조적 만남과 융합을 드러낸다. 동서문명의 통일 속에서 새 문명을 기대하는 사람은 유영모의 철학에서 그리고 함석헌의 삶과 사상과 정신 속에서 실마리를 찾을 수 있을 것이다.

생명도 진리도 시간도 공간도 다 내 것이 아니다. 그것은 내 맘대로 할 수 없기 때문이다. 내 맘대로 할 수 없는 것을 내 것이라고 생각하는 것은 망상이다. 감투니 돈이니 탐욕을 부리는 것은 이것을 몰라서 하는 어릿광대다. 그러므로 내 것인 양 타고 앉아 있으려고 하지 말고 하나님께 돌리는 것이 마땅한 도리다. 일단 하나님에게 돌리고 나서, 다시 받아 쓰는 거다. 그렇게 하면 몸도 맘도 가볍다. 내 것이 없으니 가볍지 않을 수 없다. 아무리 올라가도 숨도 차지 않는다. 〈다석 유영모 어록〉 63쪽

▶생각해 보면 내 맘대로 할 수 있는 것은 아무것도 없다. 내 몸을 내 맘대로 못하고 내 맘을 내 맘대로 못한다. 다른 것은 말할 것도 없다. 목숨도 잠시 빌린 것이다. 그러니 감투나 돈에 집착하는 것은 본래 내가 맘대로 할 수 있는 내 것이 없다는 것을 몰라서 하는 어리석은 짓이다.

세상에 사는 동안 돈과 자리 없이 살 수는 없지만 돈과 자리에 집착하면 제대로 된 인생을 살 수 없다. 이런 것들은 세상에 사는 동안 잠시 빌려 쓰는 것이고 죽을 때는 두고 가야 한다. 돈과 자리가 본래 내 것이 아니므로 돈과 자리를 하나님께 돌리고 하나님께 다시 받아쓰는 것이 마땅한 도리다. 내 것이 아니라 하나님의 것임을 알고 쓰면 몸도 맘도 가벼워 위로 하나님을 향해 올라갈 수 있다.

생각해도 전체가 생각해야 하는 것이요, 행동해
도 전체가 해야 한다. 전체의 생각만이 참 생각 곧 진리
요, 전체의 행동만이 참 행동 곧 선이요, 전체의 감정만
이 참 감정 곧 정이다. 《함석헌 전집 2: 인간혁명의 철학》 67~68쪽

▶생명은 진화할수록 내면이 깊어지고 전체와의 연관성이 뚜렷이
드러난다. 인류 역사는 개인의 주체적 자각과 사회 전체의 확대를
지향해 왔다. 사람은 자기 속에 전체를 품은 존재다. 사람은 개인
이면서 전체이고 전체이면서 개인이다. 개인의 생각과 행동 속에
사회 전체의 생각과 행동이 참여하고 있다. 요즈음 '떼 지성'이니
'무리지성'이니 하는 말이 나오는데 사람이 곤충도 아니고 짐승도
아닌데 사람을 모독하는 말이 아닌가 싶다. 개인의 주체성과 전체
성을 함께 아우르기 위해서는 전체지성이라는 말이 낫지 않을까?
전체는 개체의 주체와 다양성을 포함하니까.
함석헌은 전체의 자리에서 생각하고 행동했다. 그에게는 전체가
곧 하나님이었다. 하나님 앞에서, 하나님 안에서 살고 행동한 것이
다. 그는 하나님 안에서 나와 너와 그가 하나임을 믿고 살았다. 그
는 생각도 행동도 개인만의 행위가 아니라 전체가 함께하는 것이
라고 보았다. 참으로 주체적이고 참으로 전체적일 때, 주체와 전체
가 일치할 때, 진리와 선과 아름다움이 있고 정의가 있다. 개인의
생각과 행동이 전체의 생각과 행동에 일치할 때 인류는 온전한 구
원과 해방에 이를 것이다.

숨은 그립고 얼은 울린다.
글로 숨을 다 못 밝히겠고
말로 얼을 못 다 밝힌다.
맑은 숨과 얼은
제 그림이오, 절로 울림이어라.

《다석일지》1956. 1. 24

▶목숨을 쉬며 영원한 생명을 그리워하면 얼이 울린다. 얼은 얼얼하게 울리는 것이다. 숨은 그립고 얼은 울린다. 숨은 영원한 우주의 생명과 닿아 있고 얼은 영원한 생명의 님이신 하나님과 이어져 있다. 글로는 숨을 다 밝힐 수 없고 말로 얼을 다 드러내지 못한다. 글과 말은 부족하고 아쉬운 것이다. 무한과 절대와 초월을 유한한 글과 말로 표현하는 것이 시이고 예술이다.

맑은 숨과 얼은 저를 그리는 그림이고 절로 울리는 것이다. 사람의 맑은 숨결에는 자신의 본성과 본체, 꼴과 형상이 새겨진다. 하나님의 형상이 새겨진다. 맑은 숨을 깊이 쉬면 나의 본 얼굴이 나온다. 나의 얼굴 속에서 하나님의 얼굴이 드러난다. 그이를 그리워하며 숨 쉬면, 그이의 얼굴이 드러나고 그이의 얼굴이 된다. 얼은 얼얼하게 저절로 울리는 것이다. 하나님의 얼이 속에 있으면 얼은 저절로 울린다. 내 속에 있는 얼의 울림이 세상에 전파된다.

사람의 마음은 감응하는 것이다. 마음이 마음을 느끼고 서로서로 작용하고 서로 영향을 받는다. 개인의 마음은 마치 라디오 방송 같은 것이다. 서로서로 시간 공간을 초월하여 방송을 하고 소식을 받는 것이다. 《함석헌 전집 2: 인간혁명의 철학》 78쪽

▶흔히 서구의 실존철학에서는 사람의 마음이 서로 닫혀 있다고 보았다. 사람의 속마음은 표현할 수도 전달할 수도 없는 것으로 여겨졌다. 말이나 개념으로는 사람의 마음을 다 전달할 수 없다. 그러나 말이나 개념을 넘어서 사람의 심정은 서로 공명하고 느껴질 수 있다. 생명이 서로 이어져 있고 서로 느껴지는 것처럼 마음도 서로 공명하고 감응하는 것이다. 마음속 깊은 데서는 하나로 뚫려 있다. 선한 생각과 감정도 악한 생각과 감정도 내 마음속에 숨겨 둘 수 없다. 라디오 방송처럼 전파되는 것이다. 좋은 생각, 착한 생각을 하면 좋은 파동, 착한 파동이 전파되고, 나쁜 생각, 악한 생각을 하면 나쁜 파동, 악한 파동이 전파된다.

脊柱(척주)는 律呂(율려), 몸 거믄고

《다석일지》 1955. 4. 27

▶율려(律呂)는 풍류, 음악을 뜻한다. 율은 음의 조율(tuning)을 뜻하고 려는 풍류를 나타낸다. 옛날에는 새 나라를 세우면 법과 제도, 도덕과 풍습을 바로잡을 뿐 아니라 음악의 기본음을 정하고 기본음에 맞추어 악기들을 조율하고 가락을 정했다. 음을 측정하는 기계장치가 없으므로 기본음을 정하고 이 음에 따라 악기들을 조율하는 일이 중요했다.

다석은 척주를 율려라고 함으로써 삶을 음악으로 보고, 몸을 음악의 기본으로 보았다. 육체의 욕심과 집착에 매이지 않은 맘을 일컫는 '몸'을 거문고라고 함으로써 맘을 악기로 보았다. 욕심과 집착에서 벗어난 몸과 마음의 예술적 일치를 말한 것이다. 몸의 중심은 척주이며, 척주가 곧고 바르게 조율이 될 때 마음에서 아름다운 소리가 난다.

　　'있을 것, 있어야 할 것'이 정말 참이다. 시(始)가 종(終)을 낳는 게 아니라 종(終)이 시(始)를 낳는다. 신화는 있던 일이 아니라 있어야 할 일이다. 신화를 잃어버린 20세기 문명은 참혹한 병신이다. 《함석헌 전집 2: 인간혁명의 철학》135쪽

▶과거가 현재를 거쳐 미래로 이어진다고 보면 처음이 끝을 낳는 것이다. 미래가 현재를 거쳐 과거로 된다고 보면 끝이 처음을 낳는 것이다. 과거는 지나간 것이므로 더 이상 없는 것이고 미래는 올 것이므로 있을 것이다. 다가올 미래를 꿈꾸며 사는 이가 역사의 주인이 될 수 있다. 과거는 지나간 것이고 고칠 수 없는 것이다. 과거에 의지하는 사람은 운명에 맡겨 사는 것이고 미래를 앞당겨 사는 이는 역사를 창조하며 주체로 사는 이다. 신화는 미래의 꿈을 담은 믿음의 이야기다. 미래의 꿈을 잃은 문명은 희망이 없다.

몸 펴고 우러러 끝까지 트니 하늘 으뜸 김!
맘 가라앉혀 잠기고 뚫어서 땅 굴대 힘 가운데 디
뎠네. 《진리의사람 다석 유영모》 (하) 84~85쪽

▶이 글은 하늘, 땅과 하나로 된 유영모의 체험을 표현한 것이다. 그
는 '하늘과 땅과 자신'이 하나임을 체험하고 '하나'를 붙잡고 '하
나'를 살았다. 유영모의 천지인 합일에서는 몸이 하늘과 하나로 되
고 맘이 땅의 중심과 하나로 된다. 땅의 흙으로 된 몸이 하늘과 통
하고, 하늘을 품은 맘이 땅의 중심과 통하는 천지인 합일은 지천
태(地天泰)를 나타낸다. 주역에서 지천태는 하늘이 땅 아래 오는
것인데 크게 길하고 평화로운 것을 나타낸다.

마음이 하나를 지키지 못하고 틈이 가고 끊어짐
이 오면 내가 나대로 있지 못하고 갈라짐[自我分裂]이 일
어나고 너 나의 마주섬[彼我對立]이 생기고 따라서 모든
어지러움이 온다. 그러므로 무릇 진리를 찾는 자는 하
나를 함으로부터 시작하여야 한다. 참을 함이 곧 길이
요, 길을 찾음이 곧 나요 내가 곧 하나요, 하나가 곧 참
이다. 《함석헌 전집 2: 인간혁명의 철학》 206쪽

▶렌즈의 초점이 맞아야 불이 붙듯이, 마음에 초점이 생겨야 인격
이 서고 자아가 확립된다. 머리와 손과 팔다리가 따로 놀면 죽은
것이고 하나로 이어져야 산 것이다. 내적 통일성을 잃은 생명체는
죽은 것이다. 하나가 되고 하나를 하는 것이 생명과 정신의 근본
원리다.

마음 안에서 육체의 본능과 영이 맞서 있다. 육체의 본능은 생각하
는 자아를 물질의 차원으로 끌어내려 물질에 예속시킨다. 육체의
욕심과 집착이 마음에 뿌리를 내리면 마음은 분열되고 막힌다. 영
은 생각하는 자아를 하늘의 영적 세계로 끌어올려 허방시킨다. 물
질과 육체의 예속에서 해방된 자아는 물질과 육체의 주인이 되고
잡다하고 혼란스런 세상을 하나 됨에로 이끌 수 있다.

본래 마음은 물질이 아니라 하늘처럼 텅 비고 없는 것이다. 욕심
과 집착, 노여움과 두려움에서 벗어나 마음이 하늘처럼 텅 비면 얼
(영)로 가득하게 된다. 마음이 텅 비면 하나로 되고 하나가 되면,
너와 나의 경계를 넘어 자유로운 '나'가 된다. 이러한 '나'만이 절
대 하나의 세계에 이를 수 있고, 자연만물과 세상을 하나 됨의 세
계로 이끌 수 있다.

　　　사람을 알자면 그 사람의 말을 알아야 한다. 반대
로 그 사람의 말을 알면 그 사람을 알게 된다. 사람으로
서 꼭 들어야 할 말을 들으면 죽어도 좋다는 것이다. 말
을 알자는 인생이고 말을 듣고 끝내자는 게 인생이다.

《씨올의 메아리》 15쪽

▶말 속에 사람이 들어 있다. 말은 말하는 사람을 온통 드러낸다.
감정과 생각, 인격과 품격, 혼과 얼이 무심히 던지는 말 속에 고스
란히 담겨 있다. 부드럽고 점잖은 말로 자신을 포장하려고 해도 소
용이 없다.

사람들은 말을 함부로 하고 남의 말을 들으려고 하지 않는다. 세상
에 난 것은 오직 한 마디 옳은 말을 하고 옳은 말을 듣자는 것이다.
평생 헛소리만 하다가 아무 말도 듣지 못하고 세상을 뜨면 허망하
지 않은가? 사람은 말하는 존재요, 말이 사람이다. 참 말을 못 알
아들으면 사람을 모르는 것이다. 사람으로 나서 사람을 모르고 죽
으면 이보다 허무한 일이 없을 것 같다.

세계란 것이 먼저 있어 가지고 그 한 모퉁이에 내가 버섯 돋듯 나온 것이 아니라, 세계 속에 내가 벌써 있었고 내가 있음으로 세계가 있다. 나 가기 전에 누가 낸 길이 있어 그것을 내가 걷는 것 아니라 천지 창조하기 전에 아버지 안에 내가 벌써 있었고 내가 있을 때 내 안에 길이 있었다. 길 위에 내가 떨어진 것이 아니라 "내가 길이요, 진리요, 생명이다." 《함석헌 전집 2: 인간혁명의 철학》 207쪽

▶'내'가 없다면 세상이 있는지 없는지 알 수도 없고 있든지 없든지 상관도 없다. 아무 뜻도 보람도 가치도 없다면 세상 만물이 아무리 위대하고 아름답게 펼쳐져 있다 해도, 있어도 그만 없어도 그만이고, 있는지 없는지 알 수도 느낄 수도 없다. 그것을 알고 느끼는 존재가 있다면, 그이가 세상 만물보다 높고 위다 하며, 세상 만물보다 앞선 존재다. 현상적으로는 물질에서 생명이 나오고 생명에서 생각하는 지성이 나오고 지성에서 영성이 나왔다. 그러나 정신과 생각의 세계에서 보면 정신에서 물질이 나오고 뜻이 있어서 생명이 나온 것이다.

모든 물체와 생명과 정신은 그 나름의 가치와 성격과 뜻을 지니고 있다. 우주 만물과 생명을 가진 모든 존재는 존재의 깊은 뿌리를 가지고 있다. 존재의 깊은 뿌리는 그 존재의 주체이면서 전체와 닿아 있다. 모든 존재는 그 존재의 깊은 뿌리에서 솟아난 것이다. 주체가 있음으로써 모든 존재와 생명이 생긴 것이다. 뿌리 없는 나무가 없듯이, 주체가 없는 존재는 없다. 모든 주체는 우주의 전체이며

주체인 하나님과 직결되어 있다. 세계는 주체인 하나님에게서 나
온 것이다. 주체가 세계보다 앞서 있다. 주체는 나다. 내 앞에 길이
있는 것이 아니다. 나밖에 생명과 진리가 따로 있는 것이 아니다.
내가 길이고 진리이고 생명이다. 내가 길과 진리와 생명의 근원이
다. 내게서 길과 진리와 생명이 생겨난다.

한아님이 계시느냐고 물으면 나는 '없다'고 말한다. 한아님을 아느냐고 물으면 나는 '모른다'고 말한다. 그러나 사람이 머리를 하늘에 두고 산다는 이 사실을 알기 때문에, 사람의 마음이 절대를 그린다는 이 사실을 알기 때문에 나는 한아님을 믿는다.

몸의 본능인 성욕이 있는 것이 이성(異性)이 있다는 증거이듯이, 내 마음에 절대(한아님)를 그리는 형이상학적 성욕(性慾)이 있는 것은 한아님이 계시기 때문이다. 우리들이 바라고 흠모하는 거룩한 존재, 이 존재를 나는 한아님이라고 부른다. 《씨올의 메아리》 15~16쪽

▶식욕과 성욕이 너무 두드러진 세상이라 사람의 본성은 식욕과 성욕인 것처럼 보인다. 유영모에 따르면 사람의 가장 근본적인 욕구는 절대를 갈구하는 형이상학적인 욕구다. 유영모는 사람들이 말하는 성욕(sex)을 육욕이라 하고 형이상학적 욕구를 사람의 본성에 속한 성욕(性慾)이라고 했다.

유영모는 절대를 한아님이라고 하였다. '한아님'은 절대의 큰 '한'과 '아'(我)를 함께 나타낸다. 절대 큰 하나의 님은 '나'의 본성 속에 깊이 들어 있다. 한아님을 그리워하고 탐구하는 것이 '나'를 살리고 실현하고 완성하는 것이다. 식욕과 육욕에 매달려 살면 사람다운 모습을 잃지만, 한아님을 그리워하고 탐구하며 살면 사람답게 되고 옹글게 된다.

석가는 삶의 흐름을 잘라서 참을 본 이다. 하지만 석가가 본 것은 새 것은 새 것이라도 아픈 새 것이었다. 참은 참이라도 무리가 있는 참이었다. 잘라진 삶이 늘 말을 하지 않을 수 없었다. 그들은 참을 변하지 않음에서 찾은 나머지 자람을 무시했다. 그래, 현실이 차차 다시 문제가 되고 역사가 새로이 생각거리가 됐다. '시간'이 말을 하기 시작한 것이다. 《함석헌 전집 2: 인간혁명의 철학》 211쪽

▶석가는 욕심과 집착, 번뇌와 망상을 끊고 흔들림 없는 진리의 세계에 들어가려고 하였다. 선불교는 말과 생각을 끊고 무아(無我) 상태에서 삶의 실상에 이르려 했다. 숭산이 말과 생각을 끊고 '모를 뿐, 할 뿐'을 역설한 것도 지금 여기의 삶에서 참된 행동에 이르려 한 것이다.

그러나 선불교에서는 모름을 지키며 참된 삶과 행동에 이르려 할 뿐 어떻게 살고 무엇을 해야 하는가에 대해서는 말을 아낀다. 끊임없이 변하면서 파국으로 치닫는 현실을 극복하려면, 뜻을 모아 함께 바른 길로 나아가야 한다. 그러기 위해서는 생각하고 말하고 소통해야 한다. 함석헌은 역사의 변화와 위기 속에서 역사의 뜻을 찾아 나가려고 했다. 역사의 뜻을 찾고 뜻을 이루려면, 역사의 진실에 이를 뿐 아니라 그 진실에서부터 역사를 완성해 가야 한다.

'너 좋으면 좋다'는 말이 만일 절대자에게 쓰여진다면 그것은 좋다. 이때는 한아님의 뜻대로 하옵소서라는 절대신앙을 나타내기 때문이다. 절대자에게나 할 수 있는 말을 이 세상에다 썼다면 그것은 한아님을 도적하는 짓[越權]이며 한아님을 대수롭지 않게 내던지는 것이 된다. 《씨올의 메아리》 16쪽

▶"나만 좋으면 좋다"면서 사는 사람이 가장 많지 않을까? 그래도 양심적이고 착한 사람이 "너 좋으면 좋다"고 말하면서 사는 것 같다. 사랑하기 때문에 나야 아무래도 좋고 너만 좋다면 나는 괜찮다고 하는 것이다. 그러나 이것이 잘못이라고 유영모는 말한다. "너 좋으면 좋다"는 말을 쓸 수 있는 대상은 절대 한아님 한 분뿐이라는 것이다. 세상 사람에게 "너 좋으면 좋다"고 말하는 것은 한아님을 도적하는 짓이고 한아님을 무시하는 짓이다.

우주는 움직이는 우주요, 인생은 자라는 인생이
다. 하나님은 영원히 되자는 이, 되어가고 있는 이다. "있
어서 있는 자", "나는 '나다' 하는 자다". "나는 있으려는
자로 있으려는 자"다. 《함석헌 전집 2: 인간혁명의 철학》 211쪽

▶함석헌은 우주도 인생도 하나님도 진리도 삶 속에서 보았다. 삶
은 자라는 것이고 변하고 새로워지는 것이다. 삶 속에서 보면 하나
님은 창조하고 새롭게 하는 이일 뿐 아니라, 스스로 영원히 되자
는 이, 되어 가고 있는 이다. 이집트에서 종살이하는 이스라엘 백성
의 신음소리를 듣고 행동하는 하나님은 모세에게 "나는 나다!"(I
am who I am), "나는 있으려는 자로 있을 것이다"(I shall be that I
shall be)라고 하였다. "나는 나다!" 하시는 하나님의 자녀라면 누
구나 "나는 나다!"라고 하면서 일어서야 한다.

　　우리 앞에는 영원한 생명인 정신의 줄[絲] 곧 얼 [靈] 줄이 늘 늘어져 있다. 이 우주에는 도(道)라 해도 좋 고, 법(法)이라 해도 좋은 얼 줄이 백년이 가도 천년이 가도 드리워져 있다. 우리는 이 얼 줄을 버릴 수도 없고 떠날 수도 없다. 이 한 얼 줄을 잡고 좇아 살아야 한다.

《씨올의 메아리》 17쪽

▶물질의 유혹이나 두려움에 굴복하지 않고 정신을 차리면 영원한 생명의 줄을 볼 수 있다. 나와 너와 그가 함께 살 수 있는 생명줄이 언제 어디나 있다. 나라가 살고 민족이 살고 인류가 살고 자연생태 계가 모두 살 수 있는 생명과 정신의 줄이 눈앞에 드리워 있다. 다 만 사람들이 보지 않으려고 외면하고 눈을 감기 때문에 생명의 줄 이 뵈지 않고 없다고 여겨지는 것이다. 남을 죽이고라도 저만 살자 는 사람의 눈에는 생명의 줄이 보이지 않는다. 산다는 것은 생명과 정신의 줄을 든든히 붙잡는 것이다.

역사에서 반항·항의·항쟁·투쟁·혁명의 글귀가 없어질 날은 영원히 없을 것이다. 만일 없어진다면 우주는 영원한 어둠의 멎음일 것이다. 《함석헌 전집 2: 인간혁명의 철학》 209쪽

▶역사와 사회에서 다툼과 갈등이 사라지기를 누구나 바란다. 그러나 생명이 있고 역사가 있는 한 싸움은 그치지 않을 것이다. 모두 현상에 만족하고 머물면 저항도 싸움도 그칠 것이다. 그러면 역사는 그치고 삶은 죽음에 삼켜질 것이다.

삶은 자라고 변하는 것이요, 역사는 머물지 않고 지나가는 것이다. 또한 역사와 생명의 주체는 정신인데 정신은 하나님을 향해 영원히 나아가자는 것이므로 결코 자기 안에 머물 수 없다. 자기와 싸워 이겨서 자기를 깨트리고 넘어서서 끊임없이 줄기차게 하늘을 향해 솟아올라야 한다.

사람은 이해타산으로 싸우기를 좋아하는데 싸울 대상은 자기이지 남이 아니다. 자기를 이겨야지 남을 이기면 무얼 하나. 그런데 세상에는 남 위에 서려고 하는 사람이 참으로 많다. 온 세상을 깔고 앉아보아도 자기를 이기지 못하면 무슨 유익이 있는가. 자기를 이기지 못하면 영원한 생명은 없다. 《씨올의 메아리》 18쪽

▶남과 싸우기를 좋아하는 세상이다. 남과의 싸움을 부추기느라고 무한경쟁(無限競爭)이라는 말을 자주 쓴다. 유한한 물질 세상에는 무한경쟁이 성립하지 않는다. 인생이 얼마나 짧고 작은지 알면 무한경쟁이라는 말이 터무니없음을 알 것이다. 아무리 크다고 해도 우주는 유한한 물질세계이므로, 무한의 개념이 들어오는 순간 물질세계의 법칙은 무너진다.

물질과 본능의 세계에서는 남과 싸워 이겨야 산다고 생각하겠지만 정신과 얼의 세계에서는 자기와 싸워 이겨야 산다. 세상을 다 정복하고 짓밟아도 자기를 이기지 못한 사람은 참된 삶에 이르지 못한다. 자기를 이긴 사람만이 자기와 남에게 유익을 주고 자기와 남을 영원한 참 생명에로 이끈다.

생명은 지어냄(창조)이다. 맞춤 뒤에 대듦이 있듯이 대드는 바탈[本性] 위에는 끊임없이 새 것을 지어내려는 줄기찬 힘이 움직이고 있다. 생명은 자람이요, 피어남이요, 낳음이요, 만듦이요, 지어냄이요, 이루잠이다. 《함석헌 전집 2: 인간혁명의 철학》 210쪽

▶함석헌은 생명의 본성을 맞춤, 대듦, 지어냄으로 보았다. 마지막에 말한 지어냄이 생명의 가장 생명다운 본성이다. 새로워지려는 열망으로 생명은 자라고, 새로워짐으로써 생명은 스스로를 지어낸다. 벼는 제 몸으로 낟알을 짓고 나무는 제 몸으로 꽃을 피우고 열매를 지으며 짐승은 제 몸으로 새끼를 짓고 사람은 생각과 말씀으로 하나님의 얼굴인 영혼을 짓는다. 무엇인가를 짓는 것은 새로운 것을 향해 달려 나감이고 솟아오름이다. 스스로 자신을 짓는 것은 영원한 생명을 향해 스스로 알차고 아름답고 새롭고 자유로워짐이다. 하나님이 지으시니, 나도 짓는다.

우리의 몸이 하나님의 성전인 줄 아는 사람만이 능히 밥을 먹을 수 있다. 밥은 하나님께 드리는 제사이기 때문이다. 내가 먹는 것이 아니라 하나님에게 드리는 것이다. 이제라도 깨서 완전한 사람이 되려고 하나님의 뜻을 이루기 위하여 깨는 약으로 (밥을) 먹는 것이다. 《다석유 영모 어록》 308쪽

▶밥은 햇빛과 바람과 물과 흙의 신비한 조화로 생겨난 것이요, 몸은 생명진화의 오랜 과정에서 하늘의 거룩한 말씀과 뜻으로 물질(흙)을 빚은 것이다. 밥이 소중하고 몸이 귀하지만 삶의 목적은 밥이나 몸에 있지 않고 정신과 얼에 있다. 정신을 살리고 얼을 키우는 것이 우주 생명진화와 인생의 목적이다.

몸에는 하나님의 말씀과 뜻이 깃들어 있다. 몸은 거룩한 영이 거하는 하나님의 성전임을 아는 사람만이 밥을 먹고 하늘의 뜻을 이룰 수 있다. 밥은 몸을 살찌게 하려고 먹기보다는 정신이 깨어나 온전한 사람이 되려고 먹는 것이다.

하나님(삶)―나(이제)―사탄(죽음). (생명은 하나님과 사탄 사이에서) 무한히 올라가자는 줄이다. 줄이 켕겨서 끝점에 이르면 진동이 일어난다. 그 진동의 중심점은 '나'다. 여기가 생명의 신비다. 여기가 하나님의 영이 품고 앉아 운동하는 깊은 혼돈이다. 하나님과 나와의 관계는 곧아야 하고 사회와 나와의 관계는 반듯해야 한다. 종교는 수직운동이요 도덕(문화)은 수평운동이다. 두 운동이 똑바르게 90도로 사귀어서만 십(+)자 돼서만 참 삶이 있다. 그리고 그 십자의 이루어지는 점이 '나'다. 《함석헌 전집 2: 인간 혁명의 철학》214쪽

▶씨올사상은 지금 여기 나의 삶에 집중한다. 내 속에 생명의 신비가 있다. 내 속에 한없는 생명의 신비한 바다가 펼쳐져 있다. 하나님이 세상을 창조할 때 있었던 태초의 혼돈이 내 속에 있다. 지금 여기 내 속에서 천지창조가 일어나야 한다. 우주의 새 역사가 내 속에서 시작되어야 한다.

내 속에서 새 창조 새 역사가 일어나려면 하나님과 나의 관계는 믿음으로 곧아야 하고 사회와 나의 관계는 정의롭게 반듯해야 한다. 수직의 종교운동과 수평의 도덕문화운동이 내 속에서 통합될 때 새 생명의 운동이 일어난다.

　　성령을 숨 쉬는 얼 생명이 참 생명이다. 영원한 참 생명에 들어가면 숨 쉬지 않아도 끊기지 않는 얼 숨이 있을 것이다. <u>《다석유영모 어록》 316쪽</u>

▶유영모는 세 가지 숨 곧 목숨, 말숨, 얼숨을 말한다. 목숨은 목으로 쉬는 숨이고 말숨은 말씀과 생각으로 쉬는 숨이고 얼숨은 하늘의 영인 하나님과 통하는 숨이다. 목숨을 쉬지 않으면 죽듯이, 말씀과 생각의 숨을 쉬지 않으면 마음이 죽고, 하늘의 영과 통하는 숨을 쉬지 않으면 얼이 죽는다. 목숨에는 영원한 생명에 대한 그리움이 담겨 있다. 목숨이 말숨으로 이어지고 말숨이 얼숨으로 변한다. 얼숨은 숨 쉬지 않아도 끊기지 않는 영원한 생명의 숨이다.

　　새로움이란 첫째로 힘 있음이다. 힘 있다 함은 밖을 이김이다. 생명은 스스로 끊임없이 피어나고 지어내는 것이기 때문에 늘 어디 가든지 막아냄, 건드림, 잡아당김을 느낀다. 그것을 이기고 제대로 하는 것, 자유 하는 것이 생명이다. 《함석헌 전집 2: 인간혁명의 철학》 216쪽

▶ 생명은 스스로 하는 것이므로 늘 새로운 것이다. 새로우려면 자기와 밖을 이기는 힘이 있어야 한다. 내적인 힘이 있을 때 생명은 자유를 느낀다. 생명은 물질의 한계와 법칙 속에 있으면서 그 한계와 법칙을 넘어서 새로운 존재의 세계를 열어 가는 것이다. 그러므로 생명은 언제나 도전과 저항을 받게 마련이다. 도전과 저항, 장애와 억압을 뚫고 나가는 것이 생명이다.

부르주아들(富貴층)은 좋은 날을 즐기겠지만 우리는 비바람 부는 싫은 날, 궂은 날을 살 수밖에 없다. 비바람 부는 날 기도하기란 어렵다. 비바람 부는 날 빌고 바라기는 어렵지만 빌고 바라는 기도는 꼭 필요하다. 빌고 바라는 '비바람', 이것이 다름 아닌 말씀이다. 《다석 유영모 어록》15쪽

▶가진 것 없이 사는 민중의 삶에는 늘 비바람이 친다. 민중은 비바람 속에서도 믿음으로 이기고 살아야 한다. 몸과 마음의 속알맹이로 살려는 사람에게는 언제나 비바람이 몰아친다. 속알맹이, 씨올맹이로 살려는 사람은 날마다 빌고 바라지 않을 수 없다. 비, 바람 부는 궂은 날을 빌고 바라는 '비, 바람'으로 바꾸는 놀라운 상상력이 바로 씨올의 영적 상상력이다. 비, 바람을 빌고 바람으로 이겨 낼 수 있다.

7월 21일   비, 바람 부는 날의 기도

　　새로움은 낳음이다. 상한 것, 고장 난 것을 고치는 동시에, 또 자기 속에서 자기를 벗고 자기 이상 것으로 새로 남이다. 새는 낳음이요, 낳음은 새로움이다. 새로움은 자람이다, 폄이다, 완성함이다. 생은 자기완성을 위하여 자기부정을 하는 것이다. 죽지 않기 위하여 죽어서 아들을 낳는 것이다. 하나님이 영원, 무한한 생명이라면, 하나님은 늘 새롭게 하는 이다. 그래서 생명을 약진이라 하고 불연속의 연속이라 한다. 《함석헌 전집 2: 인간혁명의 철학》 219~220쪽

▶생명이 새롭다는 것은 자신을 고쳐서 새롭게 되는 것이고 자신을 새롭게 하는 것을 넘어서 새로 태어나는 것이다. 자기를 완성한다는 것은 자기를 연장하는 것이 아니라 자기를 부정하고 초월하여 새로운 존재가 되는 것이다. 기독교에서는 이것을 거듭난다고 말한다. 생명은 약진(躍進)하는 것이고 생명의 진화는 불연속의 연속으로 이루어진다. 나는 나이면서 늘 새로운 나로 태어나야 한다.

물은 우리를 시원하게 해 주고 불은 우리가 어는 것을 막아준다. 그러나 물·불은 언제 어떻게 지나가는지 모르게 그냥 지나가고 만다. 수고를 혼자하고 나에게 요긴한 공(功)을 이뤄 놓고는 신임(信任)이나 치사를 받으려 하지 않고 그냥 가버린다. 어떠한 의미로 보면 물불은 천사(天使)이다. 지수화풍은 한가지로 고요한 은혜이다. 너무나 고귀해서 그 은혜를 갚지 못한다. 《다석 유영모 어록》 331쪽

▶생각해 보면 물과 불처럼 고마운 게 없다. 물과 불이 없으면 우리는 한시도 살 수 없다. 그렇게 큰 공을 베풀고도 대가를 요구하지도 않고 자랑하지도 않고 말없이 지나가 버린다. 삶의 본성을 알면 고마움을 알게 된다. 삶은 스스로 하는 것이면서 은혜로 사는 것이다. 삶은 천지만물과 이웃과 하나님의 은혜로 사는 것이다. 햇빛과 바람, 물과 불, 흙과 풀, 어느 것 하나가 빠져도 살 수 없다. 고마움을 알고 느낄 때 삶의 근원과 본질에 가까이 다가서게 된다. 고마운 마음을 잃지 않는 사람은 이기는 삶을 살고 참 삶에 들어간다.

세종은 집현전을 세우고 인재를 기르며, 충의 도덕을 가르쳐 나라의 기초를 세우려 하였다. 물론 잘못은 아니다. 그러나 역사의 무너진 터를 깊이 파고 제치고, 자아의 밑 바위에 이른 다음에 쌓아 올리는 근본적인 작업을 했어야 할 것인데, 그렇게 하지 못하였다. 그 집현전 학사들이란 것이 재주는 있고 학문은 있었겠지만 자기를 파는 종교에 이르렀느냐 하면 그것은 아니다. 역사이해에 이르렀느냐 하면 멀었었다. 그들은 아직 권력의식, 지배자 의식을 못 면하였었다. 《뜻으로 본 한국역사》 269쪽

▶훈민정음을 만들고 과학기술과 예술을 발전시키고 국방을 튼실하게 다졌던 세종은 한국역사에서 가장 위대한 임금으로 꼽힌다. 천재적 통찰력과 열정, 높은 비전과 실천력, 포용적 인격과 지도력을 두루 갖춘 뛰어난 인물이었다. 세종은 위대한 인물이었으나 시대를 잘못 타고난 불행한 지도자였다. 그가 이룩한 위대한 업적 훈민정음과 과학기술은 계승 발전되지 못하였다. 세종 시대에 유교와 불교의 경전이 한글로 번역되었으나 백성이 경전을 읽고 해석하는 문화혁명은 일어나지 않았다.

세종의 뜻대로 훈민정음이 국민들 사이에 널리 쓰인 것은 개신교가 들어온 이후였다. 왜 그랬을까? 세종이 살았던 시대의 정신이 세종의 뜻과 업적을 실현하고 완성할 수 없었다. 세종 자신도 그 시대의 정신적 한계를 벗어나지 못하였다. 함석헌은 세종과 그 신하들이 인간의 주체적 자유와 민주적 역사의식에 이르지 못한 것을 지적하였다. 어느 때나 역사가 근본적으로 새로워지려면 주체의 자유와 민주의식이 확립되어야 한다.

　　죽음이란 줄 것을 다 주고 꼭 마감을 하고 끝내는
것이다. 줄 것을 다 주고 위로 올라가는 것이 죽음이다.
돈이 있는 사람은 모은 돈을 주고 아는 것이 있는 사람은
지식을 주고 그래서 줄 것을 다 주면 끝을 꼭 맺는다. 사
람이 이 세상에 나온 것은 모을 것을 모으고 알 것을 알
아서 이웃에 주고 가려고 나왔다. 《씨올의 메아리》21쪽

▶ 생명과 정신의 주체인 영혼('나')은 물질의 주인이다. 세상 물질
의 번쩍이는 색깔에 홀려 사는 동안에는 내가 물질의 주인인 것을
잊고 살기 쉽다. 죽음이 가까이 오면 비로소 물질과 돈이 내게 쓸
데없는 것임을 깨닫게 된다.

죽음은 물질세상을 졸업하는 것이다. 일생 동안 모은 돈과 지식을
이웃에게 나누어 주고 물질적인 삶을 야무지게 끝맺는 것이 죽음
이다. 인생의 값이 물질에 있지 않고 정신에 있음을 보여 주는 것이
죽음이다. 내가 물질이 아니고 정신이며 육체가 아니고 얼임을 죽
음을 통해서 증명해야 한다.

예수가 병을 고쳐 줄 때는 대개 병인을 보고 먼저 "네 죄를 사하였느니라", 혹은 "네 믿음이 너를 낫게 하였느니라" 하는 일이 많았고, 또 병인에게 손을 대어 만져주기도 하였다. 원기란 것은 볼 수 없는 정신적인 생명이 볼 수 있는 생리적인 것으로 나타나는 그 근본 되는 것이다. 그러므로 먼저 그 정신의 바로 섬이 필요하다.

그래서 "죄를 사했다. 믿어라" 하는 것이요, 그 정신에서는 나와 네가 하나이므로 참 바로 된 정신은 이쪽에서 저쪽으로 육신의 경계선을 넘어 직접 작용할 수 있기 때문에 만져 준 것이다. 육체적인 병만 아니라 정신적인 병을 고치는 데도 마찬가지다. 그 근본을 고치는 것이 가장 필요하다. 그러나 그 근본 되는 것은 스스로 하는 것이므로 대증적으로 외물(外物)의 힘을 더해서 될 것이 아니다. 《뜻으로 본 한국역사》 356~357쪽

▶예수가 병을 고친 것은 신적 능력을 가지고 기적을 일으킨 것이 아니라 절망과 좌절에 빠진 병자의 정신을 바로 세움으로써 병자가 스스로 병에서 벗어나게 한 것이다. 정신의 생명이 몸의 생명보다 앞서 있다. 몸의 생명을 바로 잡으려면 정신의 생명을 바로 잡아야 한다. 정신의 생명은 스스로 하는 것이므로, 외물(外物)의 힘으로 정신의 생명을 바로 세울 수 없다. 정신으로만 정신을 바로 세울 수 있다. 참된 정신은 나와 너의 경계를 넘어서 하나로 되고 서로 작용할 수 있다.

진리란 하나님 아버지의 모습이 드러난 것이다. 그 모습을 보고 우리도 그대로 따라 사는 것이 참 삶이다. 하나님 아버지의 모습을 보고 감탄 안 할 사람이 어디 있을까. 철학은 경탄에서부터 시작한다고 하지만 사람이 근본 경험을 가질 때에는 깜짝 놀라지 않을 수 없다. 우리가 어디로 갈 것인가? 갈 데는 뻔하다. 하나님 아버지께로 가는 것이다. 《다석 유영모 어록》 64쪽

▶사람의 근본경험은 자기가 누구인지를 깨닫는 것이다. 사람의 근원과 근본은 물질이 아니라 참과 얼이신 하나님이다. 하나님이 사람의 어버이고 사람은 하나님의 자녀이다. 이것이 인생의 근본 진리이고 근본사실이다. 인생의 진리는 하나님 아버지의 모습이 드러난 것이다. 하나님 아버지의 모습이 드러나면 내가 누구인지를 알 수 있다. 하나님이 내 아버지(어머니)이고 내가 하나님의 자녀임을 알게 된다. 하나님 아버지의 모습을 보는 것이 인생의 목적이다. 하나님 아버지의 모습을 보면 얼마나 가슴 벅차고 놀랍겠는가.

기독교가 한국에 들어올 때 한국을 건지기 위하여 맡은 과제는 셋이었다. 첫째는 계급주의를 깨뜨리는 일이요, 둘째는 사대사상을 쓸어버리는 일이요, 셋째는 숙명론의 미신을 없애는 일이었다. 《뜻으로 본 한국역사》 369쪽

▶한국의 근대화과정에서 기독교가 들어왔다. 한국 근대화의 과제는 계급주의, 사대사상, 숙명론(미신)을 극복하는 것이었다. 한국 기독교는 기득권세력과 결합되었고, 강대국인 미국을 추종했고 맹목적인 교리신앙과 문자적인 성서해석에 머물렀다는 점에서 근대화의 과제를 충실히 풀었다고 할 수 없다.

아직 한국사회에서는 특권의식과 관행이 엄존하고, 서구사상과 문화가 지배하고 점쟁이가 80만 명이 넘는다. 민주화와 산업화가 이룩되었다고 하나 정신과 철학은 근대화 이전에 있다.

하나님은 자연계를 다스리는데 보이지 않는다. 하나님은 일을 하시지만 통히 나타나지 않고 저절로 되게 하신다. 하나님은 우리가 생각하고 있는 대로 우리가 높이 받드는 대로 그렇게 계신 분이 아니다. 우리가 듣고 알 만한 일에 그의 존재를 나타내시지 않는다. 하나님이 어떠한 분이라는 것은 결코 단언할 수 없다. 그래서 하나님은 모든 생명과 모든 사람이 머리 위로 받들어 이어야 할 분이시다. 우리가 절대 이상(理想)으로 삼고서 모시고 싶은 이가 있다면 그분이 곧 하나님이시다. 《다석 유영모 어록》 64쪽

▶하나님은 보이지 않게 다스리며, 나타나지 않고 일이 되게 하신다. 우리가 뜻하고 받드는 대로 계신 분이 아니다. 마치 하나님을 본 것처럼, 하나님을 잘 아는 것처럼 말하는 것은 옳지 않다. 하나님을 머슴처럼, 심부름꾼처럼 부리려고 해서도 안 된다. 나와 우리를 편들어주는 존재로 끌어내려서도 안 되고, 나와 우리를 정당화하고 옳게 보이려는 장식품으로 여겨서도 안 된다. 하나님은 오직 머리 위에 받들고 섬길 분이다.

우리가 하늘에서 받아 가지고 온, 그리고 우리 조상들이 흥안령을 넘기 전부터 가슴속 깊이 간수하고 길러온 이 착한 바탕이 미래의 세계 역사에 있어서, 하려고만 한다면 큰 사명을 다할 수 있는 것이라고 우리는 믿는다. 오랜 고난 중에서 이 아름다운 천성은 많이 상한 점도 없지 않다. 마음에 믿으면 살아나 크는 것이고, 스스로 의심하면 죽어 없어진다.

우리는 우리가 스스로 '인(仁)'한 사람임을 믿어야 한다. 그것은 그렇게 쉬 없어지지 않는다. 그것이 우리의 민족적 성격이 되기까지에는 길고 긴 세월이 들어서 된 것이다. 거기 비하면 아직 삼국시대 이후 천오백 년은 아무것도 아니다. 낙심할 것 없다. 우리가 가만히 손을 대어 보면, 이 상한 가슴 밑에 오히려 '인'의 일맥이 할딱이고 있음을 알 수 있다. 《뜻으로 본 한국역사》 324쪽

▶사람이라면 누구나 사랑과 정의를 추구하는 착한 마음을 조금이라도 가지고 있다. 특히 한국 사람은 오랜 역사 속에서 밝고·따뜻한 삶을 지향하고 평화롭게 더불어 사는 전통을 이어왔다. 재난이 닥쳤을 때 서로 돕고 살리는 일에 한국인들은 기꺼이 앞장선다. 피난을 가는 열차 안에서 먹을 게 부족한 상황에서도 음식을 서로 권하며 나누어 먹었다. 우리만이 착한 민족이라고 생각하는 것은 터무니없는 착각이거나 유치한 우월감이다. 그러나 우리 속에 남아 있는 착한 맘의 싹을 스스로 키우고 살려 가면, 정말 착한 사람이 될 수 있다. 착한 맘을 키워가는 일에서는 다른 민족들과 아무리 경쟁을 해도 잘못됨이 없을 것이다.

　　시시비비(是是非非) 따지는 것은 내가 지은 망령이요, 시(是)도 아니고 비(非)도 아니다. 하나님을 믿고 만족하면 일체의 문제가 그치고 만다. 시비의 문제는 철인의 경지에 가야 끝이 나고 알고 모르고는 유일신(唯一神)에 가야 넘어서게 된다. 절대에 서야 상대는 끊어진다. 상대에 빠져 헤매지 말고 절대에 깨나야 한다. 아무리 상대지(相對知)가 많아도 절대지(絶對知)에 비하면 없는 것이나 마찬가지다. 그러니까 절대요 전체요 하나인 진리(하나님)를 깨치는 것이 가장 급선무이다. 《다석 유영모 어록》 65쪽

▶시시비비 알고 모르고, 옳고 그름을 따지는 것은 나 개인에게 집착하니까 일어나는 것이다. 전체의 자리에 서면 일체의 문제가 그친다. 옳고 그름의 문제는 철인의 경지에 이르러야 풀린다. 철인이 무엇인가? 전체의 자리에서 생각하는 사람이다. 개인과 집단의 이해관계를 넘어서 전체의 자리에 서면 이해관계에 얽힌 옳고 그름의 문제들이 끝이 난다.

상대적인 지식의 세계에서 나오는 알고 모름의 문제는 절대자 유일신에 가야 넘어서게 된다. 절대자 유일신은 모름의 세계에 속한다. 사람이 모름을 지킬 때만 아는 것을 알고 모르는 것을 모를 수 있으며, 앎에서 모름을 보고 모름에서 앎을 볼 수 있다. 하나님을 아는 것이 모든 지혜의 근본이다.

우리는 세계사의 하수구다. 하수구는 보이는 위에서 받는 구멍이 있는 대신 보이지 않는 밑에 이 무한의 바다에 통하는 길이 있어야 한다. 모든 불의를 받아서는 하나님께로 돌려야 한다. 그것이 절대의 신앙이다. 세계사의 하수구가 되었거든, 나와 세상을 건지는 사명을 다하려면 내 속을 깊이 뚫어 하나님께 직통하는 지하도를 어서 파야 한다. 《뜻으로 본 한국역사》 328~329쪽

▶우리나라에 세계의 중요한 종교문화들이 흘러들어 왔고, 일본의 식민지가 되어 일본제국의 쓰레기를 뒤집어썼고, 공산주의와 자본주의의 변종이 들어왔고, 민족전쟁을 일으켜서 세계 각국의 군대가 몰려왔다. 세계의 온갖 사상과 문화와 유행이 흘러들어 왔다. 사상과 정신과 문화에서 우리는 세계의 하수구다. 하수구에는 잘못되고 오염되고 쓸모없는 것들이 흘러든다. 하수구는 이 모든 것을 정화시킬 구실을 맡고 있다. 사상과 정신과 문화의 오염과 불의를 정화하려면, 우리의 정신이 뚫려서 무한의 생명 바다, 절대 허공의 세계와 통해야 한다.

하나님은 원대하여 보이지 않고 근소(近小)한 것
만 보인다. 제각기 살겠다는 근소한 것들은 수효가 많다.
우리가 아무리 만물의 영장이라 뽐내어도 우로 올라가
겠다는 진리정신이 없으면 구더기와 같은 것이다. 우리
는 머리 위에 하나님을 존중하게 이고 하나님께로 더 가
까이 올라가겠다는 일념으로 어렵고 괴로운 삶을 이겨
나가야 한다. 하나님의 생명이신 얼을 찾아가는 것이 삶
의 목적이다. 이것이 하나님께 바치는 효(孝)이다. 하나님
의 얼이 영원한 생명인 참 나이다. 《다석 유영모 어록》 66쪽

▶땅 위에서 제각기 살겠다고 꿈틀거리면 사람도 한갓 짐승일 뿐이
요 구더기와 다를 게 없다. 툴툴 털어 버리고 위로 올라갈 때 사람
이 사람답게 된다. 위에 계신 하나님을 우러르며 하나님께로 올라
가겠다는 일념으로 세상을 이겨야 한다. 세상을 이기고 위로 올라
가는 것이 인생의 목적이다. 이것이 영원한 생명에 이르는 것이다.

　　　민중과의 호흡이 끊어진 순간 혁명의 힘도 끊어
진다. 장자가 "참 사람은 발꿈치로 숨을 쉰다." 한 것은
이것일까? 민중이 뭐냐? 하나님의 발꿈치, 나라의 발꿈
치지. 《함석헌 전집 2: 인간혁명의 철학》 74쪽

▶사람의 몸도 전체가 하나로 이어지고 통할 때 힘 있고 싱싱해진
다. 몸이 하나로 이어지고 통하려면 피가 온몸에 고루 잘 돌아야
한다. 피가 잘 돌려면 숨을 깊고 편히 쉬어야 한다. 숨은 배로 쉬어
야 한다지만 도인(道人)들은 숨을 발꿈치로 쉬어야 한다고 하였
다. 발꿈치는 몸의 맨 끝에 있으므로 발꿈치로 숨을 쉬면 온몸으
로 숨을 쉬는 것이다.

나라도 전체가 하나로 잘 이어지고 통할 때 힘이 있고 새롭게 변할
수 있다. 나라가 근본적으로 새로워지려면 나라의 맨 밑바닥에 있
는 민중과 잘 통해야 한다. 나라의 발꿈치인 민중과 숨이 통하고
생각이 통할 때 비로소 나라는 바로 서서 힘 있게 발전할 수 있다.

무한대의 허공에 충만한 얼이 절대자 하나님이시다. 꽃 테두리를 보는데 보통은 꽃 테두리 안의 꽃만 보지 꽃 테두리 겉인 변두리의 빈탕(허공)에는 눈길조차 주려고 하지 않는다. 꽃을 있게 하는 것은 허공이다. 나에게는 요새 와서 허공이야말로 가장 다정하게 느껴진다. 허공을 모르고 하는 것은 모두가 거짓이다. 허공은 참이라 곧 하나님이시다. 《다석 유영모 어록》 67쪽

▶눈에 뵈는 것, 몸으로 느껴지는 것, 손에 잡히는 것만 있는 것으로 알고 살면 허망하다. 지금 있는 것은 없다가 있는 것이요 있다가 없어질 것이다. 몸이 아프다가도 시간이 지나면 거짓말처럼 아프지 않게 된다. 지금 있는 것은 늘 그렇게 있는 것이 아니고 잠시 그렇게 있는 것이다. 있는 것을 있도록 드러내 보이는 것은 허공이다. 허공이야말로 늘 그렇게 있는 것이다. 허공은 모든 것을 품어 주고 모든 것을 있는 그대로 있게 한다. 허공은 어머니의 품처럼 만물을 품어 주는 다정한 것이다. 허공을 알고 느끼는 사람만이 있는 것들을 소중하고 아름답게 느낄 수 있다. 허공을 보는 사람만이 꽃의 아름다움을 볼 수 있다.

참 삶의 모습이 보고 싶어 견딜 수 없거든
너 스스로 지금도 살아 진동하는 생명의 화산인
성경을 찾아 올라가면 알 것이다.

《함석헌 전집 2: 인간혁명의 철학》 82~83쪽

▶성경은 교리책이 아니고 역사책도 과학책도 아니다. 성경은 역사의 현실에서 하나님과 함께 체험한 삶의 기록이다. 성경에는 삶의 깊고 뜨거운 사건과 절절한 이야기가 가득하다. 성경은 하나님과 사람의 만남에 대한 이야기를 담은 책이다. 사람이 하나님과 만나면 생명과 정신의 깊은 바닥에서 불길이 솟구친다. 생명의 중심이 바로 서고 영혼이 힘 있게 일어난다. 성경은 '나'를 죽이고 살리는 말씀으로 읽어야 한다.

우리의 정신이 위로 올라간다. 이 머리의 이마가 앞잡이 노릇을 하고 위로 올라간다. 이마는 내 님을 맞을 이마이다. 이 내 머리를 깔고 앉을 수 있는 것은 참이요, 얼이신 절대자(한아님)뿐이다. 《씨올의 메아리》 19~20쪽

▶사람의 정신은 위로 올라가는 것이다. 하늘을 향해 곧게 선 사람의 몸도 위로 올라가는 것을 가리킨다. 머리의 이마가 앞잡이 노릇을 하며 위로 올라간다. 이마는 하늘을 이는 이마이다. 내 이마로 맞을 내 님은 참과 얼이신 한아님뿐이다. 참된 님은 오직 한 분 영원한 생명의 님이다. 내 머리와 이마에 한아님이 내려와 계시면 얼마나 기쁘고 벅차겠는가?

(죄의) 원흉을 밖에서 찾을수록 못 찾고, 악을 벌할수록 죄는 놓쳐 버린다. 모든 죄가 나와 관련 아니 된 것이 없다. "내가 죄인의 대가리다." 역사상의 모든 죄악이 다 내가 참예한 죄악이다. 내가 공범이다. 내가 주범이다. 과거에 몇 천 몇 백 번 사람으로 나와 사람을 잡아먹고 도둑질하고 간음·강간 다 했던 마음이 또 태어나온 것이다. 죄는 오늘 아침에 나온 콩나물 같은 것이 아니라, 마을 복판의 천년 묵은 느티나무 같은 것이요, 돌담 속에 5백 년 묵은 능구렁이 같은 것이다. 《함석헌 전집 2: 인간혁명의 철학》 101~103쪽

▶잘못된 일의 원인을 밖에서 찾으면 허탕 치기 쉽다. 갈등과 대립의 원인을 상대에게 돌리면, 갈등과 대립은 더 깊어지기 마련이다. 모든 문제의 뿌리는, 적어도 그 뿌리의 일부는 내 속에 있다. 몸으로 보면 너, 나가 분명히 구별되지만, 정신과 얼로 보면 너와 나가 하나로 얽혀 있다. 역사와 사회의 모든 죄악은 '나'와 무관한 것이 하나도 없다. 모든 조상의 유전자가 내 몸속에 전해지고 모든 조상의 정신과 의식이 내 맘속에 깃들어 있다. 시대와 사회의 정신은 모두 함께 가진 것이다.

조상 대대로 역사와 사회 속에서 흘러오는 죄의 뿌리는 내 몸과 맘속에 깊이 박혀 있다. 죄의 뿌리를 뽑으려면 내 속에서 내가 뽑아야 한다. 나의 속에 있는 죄의 뿌리를 남이 뽑을 수 없다. 내가 뽑을 수 있는 죄의 뿌리는 내 속에 있다. 남의 속에 있는 죄의 뿌리를 내가

뽑을 수 없다. 남이 보이게 저지른 죄는 현상적이고 일시적인 것이다. 죄의 뿌리는 너와 나와 그의 '나' 속에 있다. 죄의 뿌리가 내 속에 있으므로, 가장 큰 죄인은 '나'다. 갈등과 대립, 모든 잘못과 문제를 누가 풀 것인가? 오직 '나'뿐이다. 나의 나, 너의 나, 그의 나가 풀어야 한다. '나' 아니면 아무도 풀 수 없다.

　　참이란 허공밖에 없다. 없어야 참이고 있는 것은
거짓이다. 마음과 허공은 하나라고 본다. 저 허공이 내
마음이요, 내 마음이 저 허공이다. 여기 사는 것에 맛
을 붙여 좀더 살겠다는 그따위 생각은 하지 말아야 한
다. 마음하고 빈탕이 하나라고 아는 게 참이다. 〈다석 유영
모 어록〉 219쪽

▶사람 속에 하늘이 열린 것이 마음이다. 하늘이 비어 있듯이 마
음은 본래 빈 것이다. 마음은 빈탕 허공일 때 얼이 충만하고 자유
롭다. 마음이 비어 가난한 사람이 행복하다. 마음에서 아무것에도
걸림 없이 자유로운 사람은 어떤 위기와 시련을 맞아도 이겨 낼 수
있고, 자기를 넘어서 남을 섬기고 보살필 수 있다.

높은 것은 하늘과 씨올뿐이다. 그 하늘 뜻은 씨
올 속에 영글었고, 그 씨올의 꼭지 하늘에 달려 있다.
《함석헌전집 2 : 인간혁명의 철학》 242쪽

▶세상에 존귀한 것이 무엇인가? 하늘에 계신 하나님과 하늘을 품
고 사는 사람이다. 하늘의 기운과 빛으로 씨올이 영글고 완성되듯
이, 사람은 하나님의 말씀과 영으로 옹글고 새롭게 된다. 우주와
인생과 역사에서 하나님과 사람보다 높은 것은 없다. 하나님과 사
람의 정신이 우주와 인생과 역사를 형성하고 이끌어 가기 때문이
다.

모세가 신에게 이름을 묻자 신은 "나는 나다"고 말했다. 신에게는 이름이 없다. 상대 세계에서 '하나'라면 신이다. 절대의 '하나'는 신이다. 《다석강의》 322~333쪽

▶사물에는 이름이 있지만 생명과 정신의 주체인 '나'에게는 이름이 없다. 늘 자유로운 주체이기 때문에 고정된 이름을 가질 수 없다. '나'는 그저 그렇게 있는 존재가 아니다. 생명과 정신, 얼과 신의 주체는 스스로 말미암는 존재이고, 스스로 하는 존재다. 따라서 주어진 존재가 아니며, 주어진 존재에 매여 있지 않다. 역사 속에서 끊임없이 새로운 삶을 추구한 히브리인들의 신은 "나는 나다"고 하는 자유로운 주체일 뿐 고정된 이름을 갖지 않았다. 참된 신은 관계를 맺고 약속하고 다짐할 뿐 소유와 지배의 대상이 될 수 없다.

이 나라의 흙을 먹고 그 물을 마시고 그 바람을 숨 쉬고 그 햇빛을 받고 그 풀, 그 나무를 다 자료로 삼아서 피로 되고 살로 되고 뼈로 되고 신경으로 된 것이 이 가슴 아닌가? 이 강산이 살아난 것, 생명화·정신화한 것이 이 가슴이다. 반대로 이 가슴을 펴고, 피어내면 저 강산이다. 그러므로 몸과 나라가 서로 딴 것이 아니다. 내 몸이 곧 살아 있는 나라고, 나라 땅이 곧 내 몸이다. 《함석헌 전집 2: 인간혁명의 철학》 282쪽

▶성경은 사람의 몸을 흙으로 지었다고 하였다. 생각해 보면 지금도 사람의 몸은 흙으로 지어지고 있다. 사람은 흙에서 난 곡식과 채소를 먹고 살며, 흙에서 난 풀을 먹고 사는 짐승들, 또 그 짐승들을 먹고 사는 짐승들을 먹고 산다. 흙으로 빚어진 곡식과 채소와 짐승의 살과 피를 먹고 소화, 흡수, 배설함으로써 사람의 몸은 빚어진다.

나라의 풍토와 문화 속에서 생활하면서 가슴의 감정과 정신이 형성된다. 그리고 감정과 정신이 나라의 풍토와 문화를 빚어낸다. 사람의 감정과 정신은 나라의 풍토와 문화에서 자라난 것이고 나라의 풍토와 문화는 감정과 정신으로 빚은 것이다. 몸과 땅이 하나일 뿐 아니라 가슴과 나라 땅이 하나이다.

하나님의 은혜로 수많은 사람의 덕으로 대자연의 공로로 주어져서 먹는 것이다. 돈은 밥의 가치의 몇 억분의 일도 안 된다. 사람들이 수고한 대가의 일부를 지불하는 것뿐이다. (밥은) 순수하며 거저 받는 하나님의 선물이다. 《다석일지》(상) 858쪽

▶밥 한 그릇에는 수많은 사람의 노고와 대자연의 공로가 담겨 있다. 우주 생명의 신비와 조화 속에서 밥이 만들어졌다. 우리가 지불하는 밥값은 밥 가치와 비교할 수 없이 작은 것이다. 이렇게 밥은 순수한 것이고 거저 받는 하나님의 선물이다. 그러므로 밥값이 없어서 밥을 먹지 못하는 사람이 있다는 것은 하늘 아래 있을 수 없는 일이다. 밥은 사람에게 조건 없이 주어져야 한다.

황해·동해·남해도 바다이려니와 우리 속에는 그보다 더한 바다가 있다. 더 넓고, 더 깊고, 더 신비로운 본성의 바다이다. 저 바다에도 고기가 많지만 이 바다 속에 있는 생명의 성어(聖魚)에 비하면 그 까짓 것은 아무것도 아니다. 초대 기독교인들은 로마제국의 핍박 밑에서 믿노라고 '예수 그리스도 하나님 아들 구세주'란 다섯 말의 첫 자를 따서 합하면 고기라는 희랍말이 되기 때문에 그것으로 서로 암호를 삼았었고, 그래서 천주교에서는 지금도 성어숭배를 하고 있지만 그까짓 고기보다 이 민중의 본성의 바다에 있는 고기야말로 성어다. 정말 '하나님의 아들 예수 그리스도 구주'다. 예수는 믿어도 구원을 못 얻을지 몰라도 이 성어는, 제 가슴 속에 꼬리치는 생명의 성어는 믿으면 틀림없다. 야, 예수가 뭐냐? 갈릴리 바다를 들여다보다가 제 가슴의 성어를 잡은 것이 예수 아닌가? 《함석헌 전집 2: 인간혁명의 철학》295쪽

▶박해 받던 초기 그리스도교 시대에 물고기 그림으로 그리스도인을 나타내는 암호를 삼았다. 함석헌은 그리스도인의 상징인 물고기를 살아 있는 주체적 신앙으로 바꾸었다. 참 신앙, 참 구원은 내 몸과 맘의 생명 속에 있다. 수십 억 년 생명진화의 과정에서 내 본성의 바다, 몸과 맘의 생명 세계가 형성되었다. 내 본성의 바다, 몸과 맘의 생명 세계 속에 살아 숨 쉬며 헤엄치는 물고기가 참된 '나'다. 내 본성의 바다에서 뛰노는 물고기, 참 나를 잡으면 구원을 얻고 참된 생명에 이른다. 내 가슴에 꼬리 치는 생명의 거룩한 물고기를 잡으면 늘 새롭고 싱싱한 삶을 살 수 있다.

　　2~3일만 안 먹고 안 마시고 보면 살에 닿는 바람
이나 낯에 닿는 물이 마치 목구멍으로 넘어가는 물과 같
이 시원하다. 저[自己]가 받을 수 있게 되는 터라고 느끼는
것(빛, 소리, 냄새, 맛, 맨치[만짐], 올[이치])은 모두 먹이[食物]가
되는 생리가 있는 것 같다. <u>《다석일지》 (중) 191쪽</u>

▶하루 한 끼만 먹는 다석이 자주 금식하였다. 줄이고 줄여서 먹는
밥을 끊으니 몸이 얼마나 예민해졌을까? 살에 닿는 바람과 얼굴에
닿는 물이 목구멍으로 넘어가는 음식처럼 느껴졌다고 한다. 그래
서 다석은 빛, 소리, 냄새, 맛, 촉감, 이치(理致)까지 모두 먹이가 되
는 생리가 있는 것 같다고 하였다. 바람과 빛과 소리만으로 배부르
고, 냄새와 촉감만으로 힘이 나고, 이치를 깨닫기만 해도 몸과 맘
이 충만해진다. 책만 읽어도 배가 부를 수 있겠다.

지금 세계 인류는 죽음에 직면하고 있지 않습니까? 이 (세계) 문제는 죽음의 관문을 먼저 뚫는 한 놈이 있어서만 풀 수 있을 것입니다. 우리가 낡은 시대의 철학, 종교에 마비된 마음을 씻어서 우리 속에 스스로 밝아진 새 종교, 새 철학으로 말을 하면 그 순간에 이 세계가 죽는 동시에 그 좁은 문 저쪽에 이때까지 알지도 못했던 새 나라가 열릴 것입니다. 《함석헌 전집 1: 뜻으로 본 한국역사》 367쪽

▶세계화 시대가 되었는데 국가주의 철학이 지배하고 더불어 사는 평화시대가 왔는데 자본과 군사의 힘에 매여 있다. 오늘 세계를 지배하는 것은 국가주의, 물질주의, 폭력주의 철학이다. 그래서 인류는 정신적으로나 사회적으로 큰 고통과 혼란을 겪고 있다. 고통과 혼란이 지나쳐 자살과 살인이 유행한다. 국가주의, 폭력주의, 물질주의가 무엇인가? 한 마디로 남을 죽이고라도 나(우리)는 살겠다는 것이다. 오늘의 종교들도 국가주의, 폭력주의, 물질주의 철학에 깊게 물들어 있다.

국가주의, 폭력주의, 물질주의 철학을 버리고 세계 시대에 맞는 평화와 영성의 공동체 철학을 세워야 한다. 어떻게 낡은 종교와 철학에서 벗어나는가? 나는 죽더라도 남을 살리겠다는 생각과 정신을 가져야 한다. 모두가 남을 죽이고라도 나만은 살겠다고 몸부림치면 다 함께 죽고 말지만, 나를 죽이고라도 남을 살리겠다는 마음으로 살면 모두 함께 살 수 있다. 함석헌은 죽을 각오를 하고 온몸과 혼을 다해서 생각하고 살았다. 그의 삶과 정신에서 새 철학과 공동체 영성을 만날 수 있다.

　　아픔과 쓴 맛을 같이 맛볼 때에만 나와 남 사이를
가로막는 산과 골짜기를 넘어서서 온 세상에 넘치고 넘
치는 늠실늠실 춤을 추는 꿈을 이룰 수가 있을 것이다.
《다석일지》(상) 863쪽

▶정의로운 세상이 오려면 고통받는 사람들의 아픔과 쓴맛을 같이
맛볼 수 있어야 한다. 국민을 섬기는 정치를 아무리 내세워도 국민
의 아픔과 쓴맛을 함께 맛보지 않으면 말장난에 지나지 않는다. 서
로 삶의 아픔과 쓴맛을 함께 맛볼 때 대동정의(大同正義)의 세상
으로 들어갈 수 있고 이 땅에 하늘나라를 펼칠 수 있다. 다석의 표
현은 아주 시적이다. "나와 남 사이를 가로 막는 산과 골짜기를 넘
어서서 온 세상에 넘치고 넘치는 늠실늠실 춤을 추는 꿈", 이 꿈은
반드시 이루어질 것이다. 우리가 그 꿈을 이루어야 한다. 이 나라
정치인들이 이 꿈을 꾸어야 한다.

자를 곳은 한 곳뿐이다. 이 '나'다. 천지간에 만물이 있어도 내 마음이 마음대로 할 수 있는 것은 이 나뿐이다. 죽으면 이 '나'가 죽어야지, 누구더러 죽으라 할 권리가 없다. 그것을 알고 전체를 놓아 살려 주기 위해 '나'를 죽을 것으로 단정하고 자른 것이 예수다. 그런데 재미있는 것이 생명이다. 신비로운 것은 정신이다. 나를 자르면 거기서 새싹이 돋는다. 《함석헌 전집 2: 인간혁명의 철학》 299쪽.

▶함석헌은 '나'의 철학자다. '나'에게 집중하고 '나'를 추구했다. 나를 부정하고 죽이면 나는 새롭게 살아난다. '나'는 무궁한 생명과 정신의 주체다. '나'는 늘 그렇게 있는 물건과 같은 존재가 아니다. 나는 끊임없이 부정하고 죽임으로써 늘 새롭게 태어나는 무궁한 존재다. 나는 생명과 정신의 주체이기 때문이다.

땅에 묻힌 씨울이 깨지고 죽어야 살듯이, '나'는 죽음으로써 살고 죽어야 산다. 나는 늘 죽고 새롭게 태어난다. 이 세상에서 '나' 없이 되는 일은 없다. 어떤 이의 '나'가 있어서 일이 일어난 것이다. 또 '나'를 움직이는 것도 나다.

어 세상에서 나처럼 값비싼 것이 없다. 영원한 생명이 폭발하여 나타나는 나뿐이다. 영원한 생명의 굿(끄트머리)으로서의 '나'는 나의 이름과는 아무 관계가 없다. 이름은 감옥에서 죄수에게 붙인 번호 같은 것이다. 영원한 생명에 이름 없다. 굿을 알면 된다. 《다석일지》(상) 736쪽

▶이 세상에서 '나'보다 존귀한 게 없다. '나'는 영원한 생명의 값진 끝머리이기 때문이다. '굿'은 값과 끝을 함께 나타낸다. 이것은 몸과 맘으로 체험하고 느낄 뿐 이름으로는 나타낼 수 없다. 인생은 나와 남의 굿을 알자는 것이고 참 생명의 굿을 알면 인생은 보람을 얻은 것이다.

하늘 땅 사이에 "나는 나다"라고 서야만 사람이
다. 자주독립이다. 사람이란 하늘 땅을 연락시키잔 것이
다. 그러므로 땅의 힘이 내 발로 올라와 머리를 통해 저
까만 하늘에 뻗는다 하는 마음으로 서야 한다. 《함석헌 전집 2:
인간혁명의 철학》 310~311쪽

▶사람은 하늘과 땅 사이에 곧게 선 존재다. 하늘땅 사이에 서면 하
늘과 땅과 내가 하나임을 몸과 맘으로 느낀다. 땅의 힘과 하늘의
원기가 내 몸과 맘을 통해 하나로 통한다. 하늘과 땅이 내 속에서
하나로 될 때 비로소 나는 사람이 되는 것이고 생명진화를 완성하
고 우주 만물의 목적을 이룬다.

　　예술가는 득의작(得意作) 속에 거주하거나 자족하
지 않으며 시인이 자성품(自成品) 속에 해골을 눕힐 수는
없다. 종교가가 자설법 속에 열반할 수는 없을 것이다.
《다석일지》 (상) 853~856쪽

▶스스로 잘됐다 싶은 작품을 만들고 많은 사람들에게서 높은 평
가를 받았다고 해도 예술가는 그 작품에 머무르거나 만족하지 않
는다. 참된 예술가는 영원하고 궁극적인 아름다움을 추구하기 때
문이다. 무한한 자유를 찾는 시인이 자기의 작품 속에 뼈를 묻을
수는 없다. 절대하나인 초월자 하나님을 말하는 종교가가 자신의
설법 속에서 구원받을 수는 없다. 그의 설법은 하나님을 가리키는
작은 손가락에 지나지 않기 때문이다. 나 자신에게 매여서도 안 되
고 내가 한 일에 머물러서도 안 된다. 나는 새롭게 나아가는 영원
한 생명의 긋(끝머리)이기 때문이다.

우주가 무한하다 하여도 그 중심은 나요, 만물이 수없이 버려져 있다 하여도 그것을 알고 쓰는 것은 나다. 내가 스스로 내 몸의 귀함을 알아야 한다. 욕심의 하자는 대로 끌려 내 몸을 허투루 다루는 것은 내 몸을 천대함이다. 중심이 되고 주인이 되는 이 몸, 이 마음을 허투루 하면 우주와 만물은 차례와 뜻을 잃고 어지러워지고 맞부딪칠 수밖에 없을 것이다. 몸조심이란 몸 공경이다. 다른 사람을 보고 허리를 굽실굽실 비겁하게 굴복, 아첨하는 것은, 이것을 지어준 하나님을 욕함이요 이것을 지키고 길러 준 역사를 업신여김이다. 《함석헌 전집 2: 인간혁명의 철학》 313쪽

▶내 몸에 우주의 모든 요소들이 압축되어 있다. 광물질, 생명, 맘, 정신, 얼, 신(神)이 내 몸에 깃들어 있다. 사람의 몸에서 우주의 깊이가 드러난다. 물질과 빛을 아무리 연구해도 우주의 존재이유와 목적을 밝혀내지 못한다. 내 몸의 생명과 정신과 얼을 탐구하고 깊이 파면, 우주의 존재이유와 목적이 드러날 것이다.

무한한 우주공간 속에 내 몸보다 귀한 것이 없다. 욕심에 이끌려 몸을 함부로 다루는 것은 신령한 몸을 물질의 종이 되게 하는 것이다. 하늘과 땅 사이에 몸을 바로 세울 때 우주만물도 바르게 돌아간다. 몸은 하나님이 지은 것이고 오랜 생명진화의 과정에서 길러진 것이다. 내 몸속에 하나님의 손길이 닿아 있고 수십 억 년 생명진화의 과정과 수만 년 인류역사가 새겨져 있다.

맘이 무한히 자라는 것이 곧 길이며 이치이며 진
리이다. 《다석강의》 308쪽

8월 22일 진리란?

▶마음이 물질보다 앞선다. 물질세계는 늘 있는 것 같고 마음은 있
는 듯 없는 듯 가물가물하다. 그러나 물질세계는 있다가 없고 없다
가 있는 것이며, 결국 닳아 없어질 것이지만, 마음은 한없이 깊고
끝없이 새로울 것이다. 인생과 역사와 우주의 목적은 마음이 무한
히 자라고 새롭게 되는 것이다. 하나 됨을 향하여 마음이 솟아올
라 앞으로 나아가는 것이 생명진화의 길이고 이치이며 진리이다.

거울에 비치는 네 얼굴을 보라. 그것은 백만 년 비바람과 무수한 병균과 전쟁의 칼과 화약을 뚫고 나온 그 얼굴이다. 다른 모든 것 보기 전에 그것부터 보고, 다른 어떤 사람 사랑하기 전 그 얼굴부터 우선 사랑하고 절해야 한다. 이 사람이 누구냐? 우주의 주인 하나님의 아들이다. 이 손발이 뭐 하잔 거냐? 만물의 임금노릇 하잔 것이다. 《함석헌 전집 2: 인간혁명의 철학》 313쪽

▶내 얼굴에는 하나님의 얼이 깃들어 있다. 이것은 백만 년 비바람과 온갖 시련과 고난을 이겨 낸 얼굴이다. 무엇보다 먼저 내 얼굴을 사랑하고 공경해야 한다. 자신의 얼굴을 멸시하는 사람은 아무도 사랑할 줄 모르고 옳은 일을 할 용기도 없다. 하늘과 땅 사이에 꼿꼿이 서 있는 나는 우주의 주인 하나님의 아들딸이고 만물의 임금이다.

　　몸짓을 잘 가져야 마음 놓임을 얻고, 마음 놓임을 얻어야 뜻을 얻을 수 있어 할 바를 단단히 가질 수 있다. 《다석강의》 309쪽

▶다석은 금욕적이고 영적인 삶을 살았지만 삶의 기본 원칙과 수행방법을 '몸성히', '맘 놓여', '뜻 태워'로 제시했다. 다석의 사상과 철학을 이해할 때 '몸성히'가 앞에 나오는 것을 주목해야 한다. 또한 이 세 원리가 다 적극적이고 자유로운 것을 알아야 한다. 삶은 '몸성히'에서 시작하여 '뜻 태움'으로 완성된다. 언제나 몸이 먼저다. 몸이 성하면 맘이 놓인다. 그리고 뜻과 생각, 마음의 중심을 불태워 살아야 한다. 몸가짐과 행실이 바르게 되어야 맘이 놓이고 맘이 놓여야 뜻이 서고 뜻이 서야 일을 힘 있게 살 수 있다.

귀한 어른 대접은 심부름꾼 아니 시키는 법이다.
네 몸 대접 네가 해라. 옷·신발·모자·책상·네 방, 네 손
으로 치워야 한다. 제 신발도 닦지 않는 청년이 이 다음
사회봉사, 인류공헌이라니 곧이들리지 않는 말이다. 네
몸 거둠 네가 하는 것이 데모크라시의 첫 걸음이요, 하늘
나라 준비다. 《함석헌 전집 2: 인간혁명의 철학》 314쪽

▶유영모나 함석헌은 남에게 심부름시키지 않는 것을 삶의 원칙으
로 삼았다. 삶은 스스로 하는 것이고 남을 부리는 것은 민주정신
에 어긋나기 때문이다. 제 일을 남에게 시키지 않고 스스로 하는
것이 민주주의의 첫 걸음이다. 내 몸에 필요한 일을 내가 하고, 불
편한 맘을 추스르는 일도 스스로 해야 한다. 게으른 사람은 제 몸
생활을 남에게 의존할 뿐 아니라 제 맘의 불편한 감정과 찌꺼기조
차 남에게 떠넘긴다.
씨울이라면 제 몸 제가 거두고 제 맘 제가 닦아야 한다. 내 몸이 소
중하고 내 맘이 존귀하니까 내가 대접하고 내가 받들어 섬겨야 한
다. 귀찮고 힘들고 성가신 일을 내가 먼저 해야 한다. 그것이 인격
수양이고 도를 닦는 일이고 민주주의를 이루는 길이다.

　　성령도 나는 형이상학적 바람으로 본다. 바람이
란 기의 움직임이다. 저 꼭대기(절대세계)에 있는 기가 흘
러내려와 나와 통하는 것이 도(道)다. 도란 달리 생각할
것이 아니라 영원한 생명의 길이다. 《다석강의》 317쪽

▶성령은 몸과 맘에 체험되고 느껴지는 거룩한 기운이다. 저 하늘
꼭대기, 절대세계에서 거룩한 기운이 흘러내려와 나와 통하는 것
이 생명의 길[道]이다. 나의 속의 속에서 하나님의 거룩한 기운과
끊임없이 소통할 때 나의 생명과 정신은 충만하고 영원한 삶에 이
른다.

나라가 서울 있느냐, 시골 있느냐? 서울도 시골도 있지 않고, 네 옆에 있다. 나라 사랑하거든 네 옆의 사람부터 존경하라. 네가 만물의 왕이라면 그도 만물의 왕이다. 네 부엌에서 밥을 짓는 식모는 네 식모가 아니요, 영원한 님의 아내다. 너를 섬기기 위해 세상 온 것 아니라 '그이'를 모시러 온 것이다. 《함석헌 전집 2: 인간혁명의 철학》 314쪽

▶나라의 주인은 국민이므로 내 옆에 있는 보통 사람이 나라를 대표한다. 이해관계나 권력관계를 떠나서 내게 가까이 있는 사람을 사랑하고 존경하는 것이 나라를 사랑하는 것이다. 민주(民主) 사회에서는 바닥 사람이 주인이므로, 바닥 사람을 주인으로 바로 세우고 받들어 섬기는 것이 나라를 바로 세우는 것이다. 백 년이 가고 천 년이 가고 만 년이 가도 바닥 사람 씨올이 바로 서지 않으면, 민주 세상은 오지 않는다. 가정부든 자장면 배달부든 한 사람 한 사람이 나라의 주인이고 하나님의 형상을 지닌 거룩하고 존귀한 존재다.

있는 것은 더러운 것이다. 없는 것은 거룩한 것이
다. 모든 유는 마침내 없어져서 빔으로 돌아간다. 거기서
나왔으니 거기로 돌아가는 것이다. 그러므로 빔[空]을 찬
송하는 것이다. 《다석 유영모 어록》 221쪽

▶물질 자체는 더럽지도 깨끗하지도 않다. 맘은 더러울 수도 있고
깨끗할 수도 있다. 맘이 물질에 잡히면 더럽고, 물질에 대한 탐욕
과 집착에서 자유로우면 깨끗하다. 맘에서 보면 있는 것은 더럽고
없는 것은 거룩하다. 맘과 혼이 물질에 붙잡히면 물질과 함께 썩
고, 없음과 빔에 이르러 자유로우면 하나님을 만나 참되고 영원한
생명에 들어간다. 그래서 빔을 찬송하라는 것이다.

자라는 모란의 연한 순이 꺾이고 말면 영 꽃을 볼 수 없듯이 우리 마음의 끝에 피는 연한 꽃망울인 양심(良心)이 한번 꺾이면 다다. 사람이 동물의 지경을 벗어나 요미미한 한밤중의 등잔 같은 마음 하나를 피워내기에는 참 길고 긴 세월이 들었다. 생명진화의 장래는 오직 요 연한 끝에 달렸다. 그러므로 때로는 떡잎을 제치고 지나친 가지를 자르면서도, 그것을 키워야 한다. 《함석헌 전집 2: 인간혁명의 철학》 314~315쪽

▶우주 생명의 진화는 마음의 씨울인 양심에 달렸다. 양심이 망가지면 사람은 사람이 못 되고, 짐승보다 못한 존재가 된다. 양심이 살아 있으면, 사람은 사람 구실을 할 뿐 아니라 거룩한 얼의 세계와 소통하고 그 세계를 드러낸다. 있는 듯, 없는 듯 깜박거리는 양심을 살려서 뚜렷하게 하는 것이 사람의 본분이다. 고난과 시련 속에서도 양심이 뚜렷이 살아 있어야 사회와 역사가 바른 길로 간다. 양심은 생명의 씨눈 같아서 다른 모든 것을 희생하더라도 그것만은 지키고 살려야 한다.

　　　사람이란 하나님을 찾아 마침내 제 맘속에 있는 얼 나를 밝히는 것이다. 성경에 예수가 구하라, 찾아라, 두드리라는 게 하나님께서 보내주신 얼의 나를 찾으라는 것이다. 기도는 영원한 진리를 추구하는 것이다. 《다석강의》 254쪽

▶사람이란 뭐 하자는 것인가? 출세하여 향락을 누리고, 권세를 부리고 온 세상을 호령하면 시원할까? 돈과 명예를 얻으면 행복할까? 그렇게 생각하고 사는 이들이 많다. 그러나 죽을 때도 그럴까? 그런 것들은 죽음의 문을 통과할 수 없다. 살거나 죽거나 보람 있는 것은 내 마음속에 있는 얼의 나를 밝히는 것이다.

예수가 구하라, 찾으라, 두드리라고 한 것은 값진 물건이나 세상에서의 성공이 아니라 영원한 생명의 진리, 하나님을 구하고 찾으라는 것이다. 하나님을 만나면 얼의 나가 밝혀지고 찾아진다. 얼의 나는 죽으려 해도 죽을 수 없는 나다. 금강석보다 단단하고 우주보다 높은 나다.

생명은 지속이다. 살려니 되려니 믿음이다. 믿음으로 있다. 있음으로 살았다. 그러므로 수양에는 '오래'가 비결이다. 오래하면 뚫린다. 베르그송의 순수지속은 이것일까? 바울의 믿음은 이것일까? 참선의 선은 이것일까? 무는 유보다 크다. 무한히 돕는 놈, 지키는 놈한테는 견딜 자가 없다. 놓지 않는 야곱에게는 하나님도 못 견딘다. 그렇다. 하나님과 영원·무한·절대와 씨름을 하잔 것이 생명이요 도(道)다. 씨름하는 밖에 씨름하는 자가 따로 있는 것도 아니요, 이기는 자밖에 진 자가 따로 있는 것도 아니다. 이것을 알면 5천 년 역사를 바로잡는 것은 여반장이다. 《함석헌 전집 2: 인간혁명의 철학》 324~325쪽

▶생명은 한없이 약하고 덧없어 보이지만 또 한없이 깊고 무궁하다. 생명은 무한·절대에 닿아 있고, 거룩한 얼인 하나님과 통해 있다. 따라서 생명의 바탈[本性]을 파고드는 인격수양과 도 닦는 일을 오래 하면, 생명의 속이 뚫리고 신적인 무궁한 정신세계로 들어간다.

작고 유한한 생명체는 물질의 위협과 변화에 쉽게 상처받는다. 그러나 아무리 작은 생명체의 생명이라도 생명은 물질세계를 넘어서 영원 무한한 절대, 하나님과 맞서는 존재다. 무한한 절대의 얼인 하나님을 붙잡고 그 하나님과 맞서 씨름하는 생명은 결코 썩거나 죽지 않는다.

하나님께서 그 밤낮 부르짖는 택하신 자들의 원한을 풀어주지 아니하시겠느냐? 그들에게 오래 참으시겠느냐(눅 18:7)

나는 영원한 당신(하나님)을 늘 처다보기 때문에 사람 노릇을 한다고 생각한다. 영원한 당신을 우러르는 것이 우리가 꼭 할 일이다. 아래로는 이 몸과 맘을 거느리고 하나님 뜻을 좇아 이 세상을 살아가는 것이 사람의 본연(本然)이다. 《다석 유영모 어록》 68쪽

▶땅을 기다가 하늘을 향해 우뚝 선 사람이 할 일은 영원 무한한 하늘을 우러르는 것이다. 하늘을 우러르면 땅의 물질세계에서 자유로워져서 몸과 맘을 거느리고 물질과 기계와 제도를 부리며 주인 노릇을 할 수 있다. 그것이 하나님의 뜻을 좇아 사는 것이고 사람이 마땅히 할 일이다.

　　하늘은 무한 막막한 허공에 떠 있지 않고 땅에 와 있다. 땅 중의 땅, 흙 중의 흙이 어디냐? 네 가슴이요, 내 가슴 아닌가? 하늘나라 너희 안에(혹은 속에 혹은 너희 사이에) 있다. 《함석헌 전집 3: 한국기독교는 무엇을 하려는가》 10쪽

▶과학으로 보면 하늘은 빛의 입자와 파동이 지나가고 물질과 가스의 덩어리들이 떠다니는 어두운 우주공간이다. 신화로 보면 하늘은 신과 천사들과 죽은 영혼들이 사는 곳이다. 그러나 우리가 보는 하늘은 우리 정신과 생명의 본성과 바람이 투영된 것이다. 하늘이 저렇게 푸르고 깊고 하나로 뚫려 있는 것은 우리 생명과 정신이 푸르고 깊고 하나이기 때문이다. 푸르고 깊은 하늘이 있어서 사람이 하늘의 푸름과 깊음을 우러르는 게 아니다. 사람 속에 푸름과 깊음을 바라고 우러르는 맘이 있어서 하늘이 그렇게 보인 것이다. 우주의 허공에는 하늘나라가 없다. 참이고 얼이신 하나님은 물질적인 허공에 있지 않고 내 가슴속에 내 마음과 얼 속에 있다. 하나님이 내 가슴속에 계심을 깨달을 때 내 마음과 삶 속에 하늘이 열린다. 하늘이 열리면 그것이 하늘나라다. 내 몸과 마음과 삶 속에 하늘이 열리면 내가 달라지고 내 행실이 달라지고 내가 맺는 관계가 달라진다.

바리새인들이 하나님의 나라가 어느 때에 임하나이까 묻거늘 예수께서 대답하여 이르시되 하나님의 나라는 볼 수 있게 임하는 것이 아니요 또 여기 있다 저기 있다고도 못하리니 하나님의 나라는 너희 안에 있느니라(눅 17:20−21)

한 찰나에도 영원히 살림을 살 수 있다. 이 찰나
에 영생을 느끼지 못하면 그 사람은 영생이 없다. 《다석강
의》336쪽

▶강물처럼 흘러가는 시간을 막을 수 없지만, 찰나 찰나 주어지는
생명의 순간에는 영원한 생명에 이르는 길이 뚫려 있다. 시간 속에
서 시간을 뚫고 시간을 넘어 시간의 강물에 휩쓸리지 않는 생명을
살 수 있다. 시간의 처음과 끝이, 우주의 태초와 종말이 지금 이 순
간의 생명 속에 만난다.
하나님은 시간의 가운데이며, 시간의 처음과 끝이다. 지금 여기의
순간에서 하나님을 만나는 사람은 시간의 처음과 끝을 잡은 사람
이다. 시간의 한가운데에서 시간의 처음과 끝을 붙잡은 사람은 영
원한 생명을 산다. 시간에 떠밀려 가는 사람은 영생을 느끼지 못하
고 그런 사람에게는 영생이 없다.

역사에서는 승자도 없고 패자도 없다. 그것은 사람의 사사 마음에서 나오는 그릇된 생각이다. 승자도 패자도 없는 데 이르자는 것이 싸움의 이유요 목적이다. 하나님의 눈에는 야곱만이 있는 것도 아니요 에서만이 있는 것도 아니다. 올라가는 생명의 운동이 있을 뿐이다.

《함석헌 전집 3: 한국기독교는 무엇을 하려는가》 17쪽

▶개체와 집단의 자리에서 보면 역사의 승자와 패자가 뚜렷이 구별된다. 그러나 하나님의 전체 마음에서 보면 너와 내가 따로 없고, 승자와 패자가 따로 없다. 오히려 상처받고 신음하는 패자가 먼저 하나님의 품에 안긴다. 인류 역사의 목적은 승자와 패자를 화해와 해방으로 이끄는 사랑과 정의의 하나님께 이르는 것이다. 전체 생명의 자리에서 보면 이기고 짐을 떠나서 하나님께로 올라가는 생명의 운동이 있을 뿐이다.

내가 진실로 너희에게 이르노니 세리들과 창녀들이 너희보다 먼저 하나님의 나라에 들어가리라(마 21:31)

9월 4일　　승자도 패자도 없다

산다는 것은 자꾸 늘려나가는 것이다. 세상의 모
든 것은 머무름 없이 줄곧 가는 것이다. 《다석강의》 294~295쪽

▶삶은 자꾸 늘려 나가는 것이고 머무름 없이 줄곧 나아가는 것이
다. 이런 인생관을 가지면 영원한 젊은이로 살 수 있다. 또 하나님
을 믿는 것이 세상의 삶을 버리고 떠나는 것이 아니라, 늘어나고
올라가고 나아가는 삶을 사는 것이다. 시간이 살같이 지나가고 땅
이 어지럽게 돌아가고 우주가 허공을 향해 달려 나가니, 이 우주
속에는 머무를 곳이 없다. 머무를 곳은 오직 우주의 맨 꼭대기, 빈
탕한데의 절대하나인 하나님의 품뿐이다. 빈탕한데의 하나님께
줄곧 나아가면 삶은 늘어나고 깊어진다.

서로 다른 것이 나타나는 것은 불행하지만 또 행이다. 자라기 위한 것이기 때문이다. 그러나 서로 다른 것을 하나로 만드는 것은 보다 높은 생명이 아니고는 아니된다. 예수로 인해 나타난 것은 만물을 하나로 만드는 보다 높은 원리다. 거기 큰 즐거움이 있다. 《함석헌 전집 3: 한국기독교는 무엇을 하려는가》 19쪽

▶서로 다른 것을 싫어하거나 두려워할 필요가 없다. 만물은 스스로 저답게 있으므로 서로 다르고, 모든 생명체는 스스로 하는 자발성을 지녔으므로 다양하고, 사람은 스스로 생각하는 존재이기 때문에, 말과 행실이 서로 달라지고 갈라질 수밖에 없다. 서로 다름과 갈라짐은 단절과 소외를 가져오므로 슬프고 안타까운 일이지만, 모두 똑같다면 세상이 얼마나 삭막하고 재미가 없을까? 서로 다르기 때문에 다양하고 풍성한 세상이 된 것이다. 또한 서로 다름과 갈라짐은 더 큰 하나로 되기 위한 기회이고 도전이다.

서로 다른 것이 보다 큰 하나로 되려면 서로 다른 것을 끌어안는 보다 크고 높은 전체 생명의 자리에 서야 한다. 예수는 전체 생명의 자리에서, 하나님의 심정과 뜻에 따라 생각하고 말하고 행동했다. 예수의 말과 행위와 죽음은 서로 다른 것, 서로 적대적인 것을 하나로 만드는 길을 보여 준다. 서로 다른 만물, 서로 다양한 생명 세계, 서로 갈라지는 사람이 하나로 되는 길을 갈 때 큰 보람과 즐거움이 있다.

그는 우리의 화평이신지라 둘로 하나를 만드사 원수 된 것 곧 중간에 막힌 담을 자기 육체로 허시고(엡 2:14)

9월 6일   서로 다른 것을 하나로 만드는 즐거움

　　이 사람은 예수의 말씀을 '누리의 빛'으로 알고 나라와 민족을 초월하여 우리의 정신이 나아가는 한 얼 줄이라고 생각한다. 하나님의 아들 예수를 통해 우리가 하늘나라를 밝히고 따져 더 커지도록 힘써야겠다. 이러한 뜻의 영원한 '주일'(主一)을 다하여 그리스도를 완성해 나가야 한다. 《다석강의》 311~312쪽

▶예수의 말씀은 나라와 민족을 초월하여 생명의 나라로 이끄는 줄이다. 캄캄한 밤중 같은 세상에서 우리가 붙잡고 나갈 생명과 얼의 줄이 있다는 것은 얼마나 고마운 일인가? 그 말씀 줄을 붙잡고 가면 반드시 하늘나라에 이를 것이다. 하나님의 아들 예수의 말씀에 비추어 하늘나라를 밝히 드러내고 그 말씀을 따라가면 우리의 생명과 정신이 자라난다.

예수의 말씀이 무엇인가? 오직 하나님 한 분을 주님으로 모시고 그 뜻을 이루자는 것이다. 그 말씀을 따라 사는 정신과 생명이 그리스도다. 예수의 말씀을 붙잡고 하나님을 향해 나아가는 사람들 속에서 그리스도는 완성되고 있다.

9월 7일　예수의 말씀은 생명과 정신이
붙잡고 나아갈 한 얼 줄

보수파는 보수파의 할 말이 있고, 해방파는 해방파의 할 말이 있다. 그러나 그것이 제 승리를 고집하고 보다 높은 데 이르는 화(和)를 이루지 못한다면 의미가 없다. 이 분별에 분별, 싸움에 싸움, 고난에 고난으로 시련을 당하는 이 나라, 이 기독교의 역사의 의미는 장차 오는 세계의 구원을 위해 화의 원리를 닦는 데 있지 않을까? 보수하지만 고집으로는 말라! 싸우지만 미워함으로는 말라! 인생의 종교지만 역사의 구원 없이는 개인 구원 없다. 역사의 종교지만 덕 없이는 진보 없다. 《함석헌 전집 3: 한국기독교는 무엇을 하려는가》 19쪽

▶생명의 역사에는 언제나 현실을 유지하려는 보수파와 현실의 억압을 깨고 진보와 자유를 추구하는 해방파가 있다. 보수파만 있다면 생명의 역사는 주어진 현실 속에서 말라 죽을 것이요, 해방파만 있다면 혼란과 파괴 속에서 파멸할 것이다. 상식과 양심이 있다면 보수파와 해방파는 좀더 성숙하고 깊은 자리에서 조화와 협력을 이룰 것이다.

기독교의 참된 사명은 서로 대립하는 세력을 사랑과 정의로써 화해와 해방으로 이끄는 데 있다. 그러나 실제로는 기독교가 한국사회에 들어와서 분열과 갈등을 조장하고 촉진시키는 구실을 했다. 교회가 있는 곳에 화해와 협력이 이루어지기보다 갈등과 다툼이 일어난다. 교회와 기독교기관보다 더 시끄럽게 싸우는 곳을 찾아보기 어렵다.

친구라는 것은 하나님의 뜻을 가진 사람을 말한다. 하나님의 뜻대로 하는 사람은 나의 형제가 될 수 있다. 그러자면 모두가 예수가 되지 않고는 벗[友]이 성립되지 않는다. 예수는 친구를 위하여 목숨을 버리는 사람보다 더 큰 사람이 없다고 하였다. 원수를 사랑할 줄 알면 친구를 위해서 목숨을 버릴 수 있는 사람이다. 《씨올의 메아리》264쪽

▶친구는 뜻이 통하는 존재다. 사람의 뜻은 서로 달라서 통하기 어렵다. 결국 하나님의 뜻만이 하나로 통한다. 그런 의미에서 하나님의 뜻을 가진 사람만이 참된 친구가 될 수 있다. 예수는 하나님의 뜻을 드러내고 그 뜻을 이루기 위해 살고 죽었다. 하나님의 뜻은 모든 사람, 모든 생명이 하나로 되는 것이다. 하나로 되기 위해서는 원수를 사랑하고 친구를 위해 목숨을 버릴 수도 있어야 한다. 그것이 하나님과 인간의 친구가 되는 것이다.

사람이 하나님을 버린 것이다. 하나님이 도망을 하실 리는 없다. 우주간에 하나님을 숨겨둘 만큼 넓고 깊은 장소가 없다. 저는 잃어버릴 염려 없는 죄수다. 붙잡으면 언제나 어디서나 꼭 붙잡을 수 있는 존재다. 그렇기 하나님 잃어버린 것은 사람이 버린 탓이다. 《함석헌 전집 3: 한국기독교는 무엇을 하려는가》 243~244쪽

▶현대문명은 하나님을 버림으로써 하나님으로부터 버림받은 문명이다. 그래서 일찍이 "하나님은 죽었다"는 말이 나왔다. 하나님이 죽었다는 말은 두려워할 게 없다. 정말 하나님이 있다면 죽거나 사라질 수 없기 때문이다. 정말 두려운 것은 하나님이 있다고 고백하고 주장하는 종교인들과 종교기관들에 하나님이 없을 뿐 아니라 죽었다는 사실이다. 하나님이 죽었거나 없어졌다는 것은 사람들의 삶과 생각과 행동 속에 하나님이 없다는 말이다.

왜 하나님이 없어졌는가? 사람이 하나님을 버림으로써, 사람이 하나님으로부터 버림을 당했다. 그래서 하나님이 없어졌다. 이 세상이 구원을 얻으려면 하나님을 다시 만나는 길밖에 없다. 하나님을 어디서 만나는가? 하나님이 숨기에 우주는 너무 작다. 하나님이 사람에게서 숨은 것이 아니라 사람이 하나님을 버린 것이므로 원하기만 한다면 얼마든지 하나님을 만날 수 있다. 하나님은 내 생명과 정신의 속의 속에 계시기 때문이다. 그래서 함석헌은 하나님을 "잃어버릴 수 없는 죄수", "언제 어디서나 꼭 붙잡을 수 있는 존재"라고 했다.

몬은 몬대로 절로 되게 놔두어야 한다. 너무 치우치면 독이 되고 중용을 걸으면 약이 되는 수도 있다. 몬의 작용, 이치, 원칙이 이러하다. 사람은 사람노릇하고, 몬은 몬이 절로 되게 하여야 한다는 것이다. 우리가 만족을 느끼고 저절로 되는 것을 보고만 있으면 절로 이 세상은 만족할 만한 세상이 온다. 《씨올의 메아리》 266쪽

▶몬은 물질과 몸을 가리키는 우리말이다. 물질과 몸은 그 자체로서 더럽지도 않고 깨끗하지도 않다. 몬에 대한 집착에서 벗어나면 몬을 몬대로 놔둘 수 있다. 그러면 몬의 본성과 이치에 따라 몬이 실현되고 완성된다. 사람이 몬에 매이면 사람 노릇 못할 뿐 아니라 몬을 오염시키고 파괴한다. 몬에 지나치게 탐닉해도 안 되지만 몬을 지나치게 멀리하고 미워해도 못쓴다. 몬을 알맞게 쓰면 약이 된다. 사람이 스스로 만족하고 몬과 일이 저절로 되는 것을 보고만 있으면 세상은 저절로 만족할 만한 세상이 된다.

오늘날 무신교도들의 가슴에 하나님이 들어 계시다면 어떻게 할까. 또 사실 아닐까. 불멸전능의 물(物)을 믿다가 그것이 죽으므로 가슴 속에 회오리바람이 인 그들은 현대의 세리와 창기가 아닌가. 예수가 세리, 창기의 친구가 되신 것은 그들의 가슴 속에 하나님의 새로운 전의 터가 있었기 때문이다. 하나님은 우리 생각에는 더러울 듯한데, 거기가 좋다고 역사의 쓰레기통으로 가신다. 그리고 우리에게는 텅 빈 옛 전당의 음음한 기운만이 남는다. <u>《함석헌 전집 3: 한국 기독교는 무엇을 하려는가》 248쪽</u>

▶유신론자의 신앙 속에 편견과 탐욕, 위선과 집착이 가득하다. 하나님을 믿는다고 하지만 하나님이 없다. 한국 기독교의 신앙은 샤머니즘, 봉건주의, 자본주의에 깊이 물들어 있다. 자연과학과 공산주의의 영향으로 무신론을 선택한 사람들은 샤머니즘의 미신, 봉건주의의 억압, 자본주의의 착취를 비판하고 인간의 이성과 물질적 생산력을 믿었다. 자본주의 세속사회의 가치를 추구한 사람들은 솔직히 돈을 따르고 믿었다. 물질적 생산력도 돈의 힘도 생명과 정신을 만족시키고 완성시키지 못한다. 물질과 돈을 따르다가 실망한 사람들에게는 미신과 위선이 없다. 독일 신학자 본회퍼도 말했듯이 이런 무신론자들이 하나님께 더 가까이 있다. 함석헌은 더 나아가서 무신교도들의 가슴에 하나님이 들어 계시다고 한다. 새 역사를 열어 가는 하나님은 진리와 사랑의 하나님이니까.

말숨(말씀)은 숨의 마지막이요 죽음 뒤의 삶이라
고 할 수 있다. 말숨 쉼은 영원한 생명으로 사는 것이다.
말숨을 생각하는 것은 영원을 생각하는 것이요 말숨이
곧 하나님이기도 하다. 말숨을 쉬는 것이 하나님을 믿는
것이요 하나님으로 사는 것이다. 《다석 유영모 어록》 26쪽

▶다석은 말씀을 말의 숨, 말숨이라고 했다. 또 말숨을 숨을 마침
으로 풀이하기도 했다. 목숨을 넘어 말씀의 숨을 쉬면 영원한 생
명에 들어갈 수 있다. 말씀의 숨은 하나님과 소통하고 내가 하나
님 안에 하나님이 내 안에 있게 한다. 따라서 말씀의 숨을 쉬는 것
은 하나님을 믿는 것일 뿐 아니라 하나님의 은혜로, 하나님의 힘으
로 사는 것이다.

　　새 집을 짓자. 하나님을 새로이 모실 새 집을. 새 집에는 낡은 물(物)이 남아 있어서는 안 된다. 새 시대의 종교는 순정신적이어야 한다. 그래야 참일 수 있고 평등일 수 있다. (물질문명에 실망한 사람들의 가슴 속에서 일어나는) 이 회오리바람은 우리에게서 진공만이 남을 때까지 모든 것을 빼앗을 것이다. 그러나 새 집에는 평화와 즐거움과 거룩함이 있을 것이다. 새 시대의 종교는 무신론자를 포용하는 종교일 것이다. 《함석헌 전집 3: 한국기독교는 무엇을 하려는가》 248쪽

▶새 시대의 회오리바람이 샤머니즘, 봉건주의, 자본주의의 낡은 찌꺼기를 말끔히 날려 버리고, 낡은 신화와 교리, 성직제도와 예배의식도 쓸어버릴 것이다. 그리하여 생명과 정신의 씨알맹이만 남겨 놓을 것이다. 씨올은 참과 평등, 사랑과 정의를 나타내는 속알맹이다. 무신론자도 씨올은 믿을 것이다. 씨올이 하나님을 모실 새로운 집이다. 씨올 속에는 평화와 거룩함과 즐거움이 있다.

　　사람은 제가 '무던한 사람이거니' 하고 생각하면
덜 된 거다. 얼굴도 그럴 거다. 내가 제법 잘났거니 하는
생각이 있으면 그런 인간은 낯짝도 덜 된 데가 있다. 낯짝
이 두꺼우니까 그런 생각하는 거다. 낯짝이 두꺼우면 암
만해도 그 얼굴은 꼴 뵈기가 싫다. 《씨올의 메아리》 347쪽

▶자기를 긍정하고 자기에게 안주하는 사람은 삶의 진실에서 멀어
진 사람이다. 내 삶과 존재의 밑바닥은 한없이 깊어서 하나님께 닿
고 내 삶과 존재의 중심은 우주 전체와 뚫려 있다. 접시 물보다 얄
팍한 나의 생각과 행실을 자랑하고 거기 안주하는 것은 하나님을
무시하고 우주 전체를 외면하는 것이다. 세상에서 이보다 뻔뻔하
고 낯 두꺼운 짓이 없다.

　　한 해 동안 하늘을 뚫을 듯이 자라는 대나무에도 매듭이 있고, 백 천 길 물밑 속에서 배를 지키는 닻줄에도 고리가 있다. 삶은 구절이요 일은 마디다. 그 마디마디를 야무지게 마무르고 그 구절구절을 다부지게 매듭 맺음이 곧 그 생명을 무한히 연장하고 그 일을 영원히 발전시키는 까닭이다. 《함석헌 전집 17: 민족통일의 길》 218쪽

▶꿈에서는 삶이 매임 없이 이어지고 상상에서는 일이 걸림 없이 이루어진다. 현실의 삶에는 매듭이 있고 일에는 마디가 있다. 되는 대로 살 수 없고 아무렇게나 일할 수 없다. 옹글고 참되게 살려면 삶의 구절구절, 대목대목을 다부지게 매듭짓고, 일이 제대로 되게 하려면 일의 마디마디를 야무지게 마무리해야 한다. 옹골찬 삶은 쉽지 않고, 큰일은 저절로 되지 않는다.

얇은 것 중에 얇은 것은 시간보다 더한 것이 없다. 일생을 두고 만나보지 못한 분을 꼭 만나 보았으면 하는 분이 있다. 요 다음에는 언제 한번 만나 보겠지 하다가 못 만나고 만다. 요 다음에는 하는 이 시간이 얼마나 얇은 것인가. 이러한 얇은 시간을 밟고 가는 우리 인생은 참으로 조심하지 않을 수 없다. 《씨올의 메아리》 73~74쪽

▸시간처럼 덧없고 허망한 것이 없다. 과거는 이미 지나가서 없고 미래는 아직 오지 않아서 없다. 있는 것은 오직 이제 여기의 한순간뿐이다. 이 한순간을 놓치면 시간은 없는 것이다. 이따, 요다음은 영원히 없다. 꼭 해야 할 일이 있다면 미루지 말고 지금 해야 한다. 덧없이 흘러가는 얇은 시간을 밟고 가는 인생길에서 작은 일에 목숨 걸 필요도 없고 나 자신에게 매일 것도 없고 무슨 일도 두려울 게 없다. 다만 삶의 뜻을 밝히고 할 일을 할 뿐이다.

매듭을 짓는다는 것은 생명의 갱신을 뜻하는 일
이다. 그것은 힘의 되살아남이요, 뜻의 깨달아짐이며, 목
숨의 자라나감이다. 거기서 공간이 시간과 만나게 되고,
유한이 무한과 맞부딪치게 되며, 상대가 절대와 쓰러 안
게 된다. 여기서 이 매듭짓는 일에서 사망이 생명에 삼키
운 바가 되고, 악한 것이 선한 것 속에 녹아들게 되며, 만
물이 하나님 품 안에 구원이 된다. 《함석헌 전집 17: 민족통일의 길》
218쪽

▶인간의 삶에는 물질, 본능, 감성, 지성, 정신, 얼, 신(神)의 차원과
요소들이 들어 있다. 인간이 지금 이 순간의 삶을 매듭짓고 새롭게
사는 것은 물질의 인과법칙과 환경의 제약을 넘어서, 원초적 본능
을 딛고, 감성과 지성의 날개를 타고 정신과 얼과 신의 세계로 올라
가고 나아가는 것이다. 물질과 본능에서 정신과 얼과 신을 향해 위
로 올라가고 앞으로 나아갈 때 공간과 시간을 넘어서고 유한과 무
한, 상대와 절대의 벽을 뚫고 나가는 것이다. 삶을 매듭짓고, 위로
솟아올라 나가면, 죽음은 삶 속에 삼켜지고, 악한 것은 선한 것 속
에 녹아들고, 만물이 하나님의 품에 안긴다.

어떻게 대동(大同)이 될 수 있느냐고 할지 모르겠다. 그러나 마침내는 하늘로 되고 하나가 된다. 모두가 하나인 하늘로 들어가야 한다. 하늘이 정의이므로 최후의 승리를 한다는 것은 하늘에 들어간다는 것과 같은 것이다.

온 세상이 확연히 대동으로 움직이려고 하고 있다. 이것을 그대로 넓혀 참 뜻을 우리 인류가 받들면 이 땅 위에 대동의 세계를 한번 보이고 살 것이다. 그렇지 않고 이것을 거역하면 자멸이 돌아올 것이다. 《씨올의 메아리》 77쪽

▶ 하늘은 모두 하나가 되는 자리다. 하늘을 품고 하늘로 들어가 하늘이 될 때 크게 하나로 될 수 있다. 세계가 온통 전쟁의 나락에서 헤맸던 1·2차 세계대전을 거치면서 인류는 하나의 세계로 나가고 있다. 교통과 통신이 발달하고 산업이 발달하여, 이제 미우나 고우나 함께 사는 세상이 되었다. 함께 하나로 되는 길로 힘껏 나가야 한다. 그렇지 않으면 자멸의 길로 떨어진다. 하늘을 품고 하늘로 솟아올라 하나의 길로 가는 사람들이 나와야 한다.

　　　여기서는 이때껏 살아온 세계의 총결산을 하는 동시에 앞으로 되어 나올 세계의 알을 배게 된다. 과거와 미래가 만나는 현재의 시점이다. 시점이라기보다는 사점(思點), 곧 생각 찍음이라 하는 것이 좋을지도 모른다. 여기서 지나간 모든 세계는 기억이라는 정신의 빛 속에 녹아들어 그 허울을 온통 잃고 생각하는 현재의 프리즘의 한 점, 점 아닌 점을 통하여 미래의 가지가지의 세계를 창조하는 추리의 힘으로 되어 무지개처럼 번져 나오기 때문이다. 《함석헌 전집 17: 민족통일의 길》 219쪽

▶이제 여기의 순간이 미래 역사와 세계의 씨알맹이다. 이 순간의 삶에서 새 역사가 창조되고 형성된다. 누가 새 역사를 창조하는가? 사람이 새 역사를 창조한다. 무엇으로 새 역사를 창조하는가? 생각을 통해서 생각함으로써 새 역사를 창조한다. 생각 없이는 새 삶이 없고 생각하지 않고는 새 역사를 지을 수 없다. 오늘의 역사는 생각이 없다면 시간의 흐름과 더불어 과거의 무덤 속에 묻힐 뿐이다. 오늘의 역사는 생각을 통해서 새 역사로 창조된다. 덧없이 흘러가는 시간의 강물에 생각을 찍음으로써 뜻 있는 시간이 생겨난다.

생각은 생명과 역사를 창조하는 행위이며 새 세계를 다듬어 내는 칼이다. 생각은 사변이나 추리가 아니라 생명과 영혼에서 뿜어 나오는 무지개 같은 것이며, 생명과 영혼을 형성하고 다듬는 칼과 같은 것이다. 어떤 이를 생각하는 것은 그이를 그리워하고 마음에 품는 것이며, 그이를 내 몸과 맘에 칼로 새기는 것이다. 무엇을 생각하는 것은 그것이 내 속에 살아 있게 하는 것이다. 생각은 죽은 과거를 살아나게 하고, 오늘의 삶이 죽음을 넘어 늘 살아 있게 한다.

좋은 사상은 내 생명을 약동케 한다. 남의 말을 들어도 시원하다. 생각처럼 귀한 것은 없다. 생각해서 밑지는 일은 없다. 생각에서도 하나님으로부터 오는 거룩한 생각은 향기롭다. 바람만 통해도 시원한데 거룩한 향기가 뿜어 나오는 바람이 불어온다면 얼마나 시원하겠는가? 시원한 생각, 시원한 말씀이 불어가게 하라. 《다석유영모 어록》85쪽

▶내 생명과 정신을 솟아오르게 하는 사상이 좋은 사상이다. 생명은 솟아오르는 것이고 앞으로 나아가는 것이며 새롭게 자라는 것이다. 참된 사상은 생명을 약동시켜 하늘로 솟아올라 앞으로 나아가게 하는 것이다. 하늘의 하나를 향해 하나님을 향해 나아가는 데서 생명은 새로워지고 자라고 힘 있어진다. 하나님과 통할 때 생각과 말씀, 삶과 행동에서 거룩한 향기가 난다. 거룩한 향기가 뿜어져 나오는 시원한 생각과 말씀이 삶과 마음속에서 불어가게 하라.

생각이 스스로를 찍을 때 말씀이 나온다. 말씀은 세계를 없애버리고 또 세계를 짓는다. 이러한 말씀의 시간, 혹은 시간의 찍음, 또는 삶의 매듭을 사람은 여러 겹으로 가진다. 생각하는 찰나의 찍음에서부터 우주적 시대에 이르기까지 가지가지의 세계가 겹겹이 들어 있다. 한 숨의 들어가고 나옴, 하루의 자고 깸, 한 해의 자라고 쉼, 일생의 나고 죽음이 다 그것이다. 《함석헌 전집 17: 민족통일의 길》 219쪽

▶생각은 단순히 지능의 산물이 아니다. 지능은 생존을 위한 본능의 심부름꾼에 지나지 않는다. 지능은 생존을 위한 꾀를 낼 뿐 스스로를 찍지 않는다. 생각은 자기와 남을 반성하고 비판하는 지성의 행위면서 지성을 넘어선 얼 생명의 행위다. 생각은 스스로를 찍고 얼 생명의 세계로 솟아오른다. 그러면 한없이 깊고 새로운 삶의 세계가 열린다. 덧없는 시간의 삶에서 새롭고 다양한 세계들이 펼쳐진다.

양생법(養生法), 장생법(長生法)이라는 것이 있는데 한때는 듣는 것 같아도 다 못쓴다. 그저 줄곧 곧이[貞直]의 정신을 가지고 입 다물고 숨 쉬어야 한다. '곧이'를 가지면 숨이 잘 쉬어진다. 《씨울의 메아리》 96쪽

▶다석은 날마다 무릎 꿇고 앉아 단전호흡과 명상을 하였다. 도교에서 유행하는 양생법, 장생법을 다 실행해 보았다. 다석이 내린 결론은 온갖 장생법, 양생법이 쓸모가 없다는 것이다. 가장 효과적인 양생법은 몸과 맘을 곧게 하는 것이다. 몸과 맘을 곧게 하면 저절로 숨이 깊고 편안하게 쉬어진다. 숨을 깊고 편히 쉬면 온몸의 피가 잘 돌고, 온몸의 기관과 기운이 하나로 통한다.

사람은 우주 속에 나를 보고 내 속에 우주를 보며, 찰나 속에 영원을 영원 속에 찰나를 본다. 내 안에 하나님을 믿고 하나님 안에 나를 믿는다. 이리하여 죽을 것이 죽지 않는 것을 향하여, 끝 있는 것이 끝없는 데 향하여, 악한 것이 선한 것에 향하여 무한한 발전을 이루어 간다. 그러한 가운데서 현실의 인간이 다 같이 서는 마당을 역사라 부르고, 그 역사의 자라는 매듭을 시대라 한다. 시대는 곧 역사의 말씀 찍음, 생각 찍음, 곧 숨쉼이다. 《함석헌 전집 17: 민족통일의 길》 219쪽

▶역사의 씨알맹이인 사람 속에서 정신과 우주, 찰나와 영원, 나와 하나님이 만난다. 만나면 하나님을 향한 생명운동이 일어난다. 인간들이 함께 일으키는 생명운동이 역사다. 역사의 생명운동은 생명의 숨, 사람의 생각, 하나님의 말씀으로 매듭이 지어지고, 새롭게 추진되고 향상된다. 숨과 생각과 말씀은 하나다. 우주 생명의 숨에서 사람의 생각이 피어나고, 사람의 생각에서 하나님의 말씀이 솟아오른다. 숨을 깊고 편히 쉬면 생각이 바르고 생각이 바르면 말씀이 곧고 힘이 있다. 말씀, 생각, 숨이 생명의 역사를 창조하고 형성하는 힘이다.

신(神)이라는 것은 우리가 다 아는 것인데 이름을 붙이는 것이 좀 이상하다. 하나님의 이름은 없다. 모세가 "백성에게 어떠한 신이라 말하리까?"라고 하자, 하나님은 "나는 나다"라고 하였다. 언제부터 어디서 어떻게 생겨 무슨 이름으로 불리는 것은 신이 아니다. 상대세계에서 '하나'라면 신(神)을 말하는 것이다. 절대(絶對)의 '하나'는 신이다. 《씨울의 메아리》 98쪽

▶하나님은 절대 하나, 오직 하나[唯一]이다. 사람이 무엇을 인식하고 생각할 때, 이미 인식주체와 인식대상이 있고, 또 인식대상과 비교되는 제3의 무엇이 있어야 한다. 사람의 인식과 생각은 '크다', '작다', '좋다', '나쁘다', '검다', '희다'와 같이 비교하는 데서 성립한다. 오직 하나인 하나님은 상대세계를 초월한다. 인간의 인식과 분별과 생각을 초월한 것이다. 오직 하나인 하나님은 캄캄한 모름의 세계에 있다. 그러므로 하나님은 이름 붙일 수 없다. 하나님은 순수한 주체 "나는 나"이고, 모든 것을 하나로 품은 전체 하나이다.

　　데모의 뿌리는 의분에 있고, 의분의 뿌리는 젊음에 있으며, 젊음의 뿌리는 생명에 있고, 생명의 뿌리는 전능하고 거룩한 하나님에 있다. 삶은 폭발하는 것이요, 일어서는 것이요, 대드는 것이요, 삼키는 것이다. <u>《함석헌전집17: 민족통일의 길》221쪽</u>

▶억압과 불의에 맞선 학생들의 데모, 씨올들의 시위는 왜 일어나는가? 의분을 느끼기 때문이다. 생명을 짓밟는 불의한 세력이 있고 생명이 살아 있는 한, 의분은 일어날 수밖에 없다. 생명 속에는 전능하고 거룩한 하나님이 살아 계시기 때문에 불의한 억압에 굴복할 수 없다. 절대 자유이신 하나님이 삶의 뿌리이므로 삶은 줄기차게 일어나는 것이다. 하나님이 내 속에 살아 계시다면 나의 삶은 가만히 있을 수가 없다. 하나님을 모신 삶은 폭발하고 일어서고 대들고 죽음을 삼킨다.

　　세상에는 두려운 것이 없어야 한다. 이 세상에는 두려운 것이 없다고 하는 사람은 참을 꼭 잡은 사람이다. 두려운 것이 있다면 그것은 '하나'밖에 없다. 곧 하나님만이 두려운 것이 되어야 한다. '하나'만 꼭 붙들면 무서운 것은 저절로 사라진다. 《씨올의 메아리》 113쪽

▶세상에서 참으로 있는 것, 시간과 공간을 넘어서 변함없이 있는 것은 하나님밖에 없다. 다른 모든 것은 있다가 없어질 것이고 없다가 생겨날 것이다. 그러므로 다른 것은 두려워할 것이 못된다. 내가 두려워할 것은 하나님밖에 없다. 내가 보람과 기쁨의 참된 생명에로 들어갈지 허무와 무의미의 나락으로 떨어질지 결정하는 이가 하나님이기 때문이다. '하나'만 꼭 붙들면 두려운 것이 없어진다.

민중이 지배자에게 겨루어대는 것이 아메바가 사자에 대드는 것 같고, 정의감이 권력에 반대하는 것이 빗방울이 바위를 때리는 것 같으나, 바위는 다할 날이 있어도 빗방울에는 다할 날이 없으며 사자는 죽는 때가 있어도 아메바는 끝이 없다. 절대로 그 기운 죽을 수 없고 그 뿌리 뽑히지 않는다. 꺾으려면 꺾는 제가 꺾이고 마는 법이요, 뽑으려다가 뽑는 제가 도리어 뽑혀버리는 법이다. <u>《함석헌 전집 17: 민족통일의 길》 221쪽</u>

▶권력을 가진 지배자와 힘없는 민중의 싸움은 민중에게 승산이 없는 것처럼 보인다. 불의한 지배자가 가진 무기는 돈과 폭력이고 가난한 민중이 가진 무기는 정의와 생명이다. 돈과 폭력은 강하고 정의와 생명은 연약해 보인다. 그러나 생명은 무궁한 것이고 정의는 진실한 것이다. 무궁한 생명과 진실한 정의를 이기는 것은 세상 천지에 없다. 생명과 정의는 하나님에게서 나오기 때문이다.

이 세상을 미워해서는 안 된다. 맹수나 독사 같은 것도 미워해서는 안 된다. 더구나 남을 노엽게 해서는 안 된다. 불한당도 있는 뜻이 있어서 있다. 악한 것이라도 미움으로 대해서는 안 된다. 심하게 미워하면 마침내 난(亂)이 난다고 하였다. 《씨올의 메아리》 113쪽

▶죄는 미워해도 사람은 미워하지 말라는 말이 있다. 말은 쉽지만 실행하기는 매우 어렵다. 사람은 미워하러 세상에 나온 게 아니라 사랑하러 나왔다. 하나님의 사랑을 배우고 익히는 것이 인생의 보람이고 목적이다. 사랑하려면 먼저 미워하지 않는 법을 익혀야 한다. 못되고 악한 인간도 다 뜻이 있어서 존재하는 것이라고 생각하면 미운 맘을 줄일 수 있다. 미워하더라도 인정하고 이해하려고 애쓰면 미움이 작아진다. 미움이 사무치면 더 큰 미움을 불러온다.

역사는 발판밖에 아니 된다. 이 시간까지 이겼다 해도 그것은 장차 있을 싸움의 발판이 될 뿐이요, 이 시간까지 져왔다 해도 그것은 역시 장차 올 싸움의 발판이다. 발판으로 삼고 잘 뛰기만 하면, 현재에서 비약하여 미래 속으로 뚫고 들어가기만 하면, 지난날의 역사가 성공이었거나 실패였거나 그것은 문제가 아니다. 지난날의 역사가 실패일수록 그것을 박차는 용기를 내야 한다. 사실 성공이냐 실패냐를 결정하는 것은 현재가 아니고 미래다. 모든 역사의 열매는 미래의 제단에 바쳐서만 살아날 수 있다. 《함석헌 전집 17: 민족통일의 길》 222쪽

▶있는 것은 현재 이 순간뿐이다. 그리고 이 순간은 머무를 수 있는 자리가 아니라 발로 박차고 뛰어오를 자리다. 역사의식에 투철했던 함석헌은 역사를 장차 올 싸움의 발판으로 보았다. 역사는 머물러 있을 터전이 아니라 새로운 삶에로 솟구칠 발판이다. 이제까지 실패한 삶을 살았거나 성공한 삶을 살았거나 오직 현재의 역사를 박차고 뛰어올라야 한다. 현재의 성공에 주저앉은 사람은 역사의 흐름과 함께 과거에 묻힐 것이고 현재의 실패에 머무는 사람은 영원한 실패자로 낙인찍힐 것이다. 살려는 자는 현재를 밟고 앞으로 나아가야 한다.

생각하는 곳에 신이 계십니다[念在神在]. 신 아닌 것을 생각할 때 신과 연결이 끊어지면 마귀가 들어와 못된 생각이 일어나게 됩니다. 《다석강의》 97쪽

▶"나는 생각한다. 그러므로 나는 존재한다"는 데카르트의 말을 뒤집어서 다석은 "생각하는 곳에 신이 계십니다"라고 말했다. 데카르트에게서는 생각의 주체가 '나'이고 생각은 나의 존재를 확인하는 데 머문다. 다석에게서는 생각이 '나'를 새롭게 하고 해방시켜서 '나'와 하나님을 관계시키고 소통시키는 행위다.

생각은 신을 그리워하고 신에게로 가고 신을 확인하는 일이다. 생각으로 하나님과 연락하고 소통한다는 것은 몸과 마음에 초점이 생기고 생명과 정신의 불이 타오르는 것을 뜻한다. 하나님과의 연락이 끊어지면 몸과 마음이 초점을 잃고 분열에 빠진다.

유영모 함석헌의 생각 365

박재순 지음

홍성사

　　거둔 곡식을 달게 먹고 배 장단을 치는 농부보다
는 한 줌 되는 곡식 속에 한 시간의 목숨의 연장을 탐하
려 하지 않고 그것을 종자로 베고 누워 영원한 미래의 꿈
속에 숨지는 농부야말로 참 농부 아닌가? 《함석헌 전집 17: 민
족통일의 길》 222쪽

▶참 농부는 굶주려 죽더라도 씨앗은 남겨 둔다. 농사지을 씨앗마
저 먹어 버린 사람은 농사를 포기한 사람이니 참 농사꾼이 아니다.
자기가 다 해먹고 홀로 다 누리느라고 후세를 위해 생명과 정신의
씨앗을 남겨 두지 않는 사람은 역사의 씨올이 아니다. 역사의 씨올
은 참 생명의 씨올을 후대에 전하기 위해서 목숨까지 버린다. 사람
의 목숨은 언젠가는 끊어지게 마련이지만 그 목숨 속에 들어 있는
참 생명의 씨올은 역사 속에 남겨야 한다.

개천절이 뭐냐? 하늘이 열린 날이다. 하늘을 누가 여나? 맘이 열린 사람, 혼이 열린 사람이 아니고는 아니 된다. 개천절이라니 저 때 아닌 가을비 쏟는 푸르뎅뎅한 하늘인 줄 아느냐? 아니다. 사람의 마음이다. 할아버지께서 하늘을 여셨다는 것은 무지와 죄에 막힌 백성의 마음을 열었단 말이야. 어이(어버이) 마음 거룩하게 여니 새끼 마음이 정성되게 저절로 열리지. 《함석헌 전집 4: 죽을 때까지 이 걸음으로》37쪽

▶나라 세운 날을 기념하는 개천절(開天節)은 말 그대로 하늘이 열린 날이다. 단군신화에 따르면 환웅(桓雄)이 하늘에서 내려와 고조선을 시작했다. 하늘은 밝음을 나타내고 환웅은 밝은 사나이를 뜻한다. 사람들의 맘과 삶이 어둡고 캄캄하여 서로 부딪치고 싸우면서 혼란에 빠졌을 때, 참과 사랑의 밝은 세계를 열어서 새 나라를 시작했다는 것이다.

몸은 땅에 속한 것이고 맘은 몸속에 하늘이 열린 것이다. 몸의 욕망과 집착에 빠져 맘이 어두울 때 맘을 열어 참과 사랑의 하늘 빛이 비치게 한 것이다. 몸에 갇히고 닫힌 맘을 열면 맘속에 하늘이 있다. 사람들이 제 욕심, 제 생각, 제 감정, 제 주장에 사로잡혀 맘을 닫고 산다. 서로 맘을 닫으면 캄캄하고 차가운 밤 세상이다. 맘을 여는 이가 하늘을 여는 이다. 누가 먼저 맘을 여나? 맘속에 하늘을 품고 하늘을 깨달은 이가 어른이고 어버이다. 어른 어버이가 먼저 맘을 열면 어리고 어리석은 이도 따라서 맘을 연다. 하늘이 열리면 밝은 세상이 열린다.

풍년의 곡식보다 먹지 못한 흉년의 곡식이 더 값이 있듯이, 진 싸움은 이긴 싸움보다 더 큰 이김의 시작이다. 주려 죽는 경험이 없었다면 경제가 있을 수 없듯이, 짐이 없었더라면 이김도 없었을 것이다. 《함석헌 전집 17: 민족통일의 길》 222쪽

▶고난과 실패와 패배는 더 큰 이김의 시작이고 발판일 뿐이다. 성공과 승리보다는 실패와 패배가 더 소중하고 값진 경험이다. 성공하고 승리한 사람은 안락한 삶 속에서 쾌락과 사치를 누릴 수 있지만 실패와 패배를 겪은 사람은 생존을 위해서 몸과 맘, 목숨과 정신을 집중해야 한다. 실패하고 패배한 사람에게서 삶의 근본 성격과 가치가 드러난다. 실패를 성공으로 패배를 승리로 바꾸는 것은 얼마나 위대한 생의 창조인가! 성공과 승리에 안주한 사람의 삶은 생을 갉아먹고 낡아지게 할 뿐이지만 실패와 패배를 박차고 일어선 사람은 생을 새롭고 풍부하게 한다.

우리나라는 믿음 나라, 아버지 하나님 나라입니
다. 아드님 밑 등걸 임금 터 예서 드디드디드디어는 디드
올라 올흠 옳기-- 씨올돌. 《다석일지》(하) 1,725쪽

▶다석은 이승훈, 안창호, 함석헌과 마찬가지로 나라를 바로 세우
는 일에 헌신했다. 이승훈과 안창호가 나라를 찾고 바로 세우는 일
에 앞장섰다면, 다석은 나라를 바로 세울 정신과 철학의 토대를
놓는 일에 힘썼다. 말년에 갈수록 다석은 우리나라, 등걸(단군) 나
라, 예수의 하늘나라를 자주 언급하였다.

다석에게 우리나라는 믿음의 나라, 다시 말해 종교와 철학의 나라
다. 하나님의 아드님, 그리스도를 믿고서, 등걸(단군) 임금이 나라
를 세운 이 땅에서 땅을 굳건히 딛고 디뎌서 드디어 딛고 올라서
옳음[正義]을 옳게 드러내는 씨올이 되어야 한다.

싸우는 원리도 달라지고 방법도 달라져야 한다. (우리가 싸울 싸움은) 정권의 싸움이 아니다. 제도의 싸움도 아니다. 이것은 따지고 들면 정신의 싸움이요 진리의 싸움이다. 겉의 싸움이 아니요, 속 싸움이다.

내가 너에게 진 것은 팔이 짧아서도 주먹이 작아서도 손에 쥔 돌멩이가 작아서도 아니다. 내 마음이 참이 못되기 때문이다. 내가 참을 한다면야, 그리하여 참이 내 뒷받침을 해 준다면야, 세상에 못 이길 것이 어디 있겠느냐? 《함석헌 전집 17: 민족통일의 길》225~226쪽

▶함석헌은 민족국가 시대를 넘어서 세계평화 시대가 올 것으로 기대했다. 새 시대가 오기 위해서는 인류의 운명을 건 큰 싸움에서 이겨야 한다고 보았다. 민족국가들의 대립과 전쟁에서 벗어나 인류가 하나로 되기 위한 이 싸움은 정권이나 제도의 싸움이 아니라 정신과 진리의 싸움, 속 싸움이다. 탐욕, 폭력, 미움을 극복하고 사랑과 정의와 평화를 실현하는 이 싸움은 양심과 인격을 갈고 닦으며, 이성과 영성을 바로 세우는 싸움이다. 싸움의 무기는 사랑과 진리뿐이다. 사랑과 진리만 꽉 붙들면 탐욕과 폭력과 미움은 저절로 사라질 것이다.

　　글이라는 것은 절대자 그이에게로 통한다. 그이
(하나님)를 그리워하여 그리는 글이라야 한다. 자기 바탈
을 태워버리고 아버지의 뜻에 잇대어 놓고 자꾸 나가는
것이다. 《씨올의 메아리》 76쪽

▶글은 그이를 그리워하여 그리는 것이다. 나나 너나 그가 모두 인
정하고 높이는 그이를 그리워하고 그이가 되려고 애쓰는 데서 글
이 나온다. 그이를 그리워하는 것이 사람의 바탈[本性]이다. 글을
읽고 쓰는 것은 그이에 대한 그리움을 불태우고 그이의 뜻을 따라
자꾸 앞으로 위로 나아가는 것이다. 글 속에서 그이를 만나고 그이
가 된다. 그이를 만나게 하지 않는 글, 그이가 되게 하지 않는 글은
참된 글이 아니다.

새 싸움이 다가오고 있다. 세계가 달라질 것이요 인류의 문화와 그 사회구조가 근본적으로 달라지고야 말 것이다. 우리는 싸움의 일선이다. 그렇게 되고야 말려고 당하는 우리의 고난이다. 〈함석헌 전집 17: 민족통일의 길〉 226쪽

▶식민지 백성으로서 나라 잃은 아픔 속에서 살았던 함석헌은 평생 세계평화를 갈구하며 살았다. 세계가 하나로 되고 평화 시대가 열리기 위해서는 오늘의 세계가 근본적으로 바뀌어야 한다. 인류의 문화와 사회구조가 달라져야 한다. 국가와 민족이 지배하는 갈등과 대립, 전쟁과 폭력의 시대에서 세계 평화와 통일의 시대로 바뀌어야 한다.

세계평화와 통일을 위한 인류의 새 싸움이 다가오고 있다. 식민지 백성으로서 고난을 겪고 민족분단과 전쟁을 치른 우리는 평화와 통일을 위한 새 싸움의 최전선에 서 있다. 우리가 이제껏 당했고 지금도 당하는 고난은 세계평화 시대를 앞당기기 위한 것이다.

영원한 님을 그리는 글이 바른 글이다. 영원한 님을 그리지 않는 글은 몽땅 그른 글이다. 《다석 유영모 어록》 24쪽

▶글은 무엇인가를 그리고 나타내려는 것이다. 글은 그리는 것이고 그리워하는 것이다. 대상의 알짬과 참에 대한 사랑과 그리움에서 글이 나온다. 그리움의 대상은 인격적 존재, '그이'로 된다. 참되고 영원한 존재인 '그이'를 그리워하는 사랑에서 나오지 않은 글은 잘못된 글이라는 것이다. 참과 사랑을 담지 않은 글은 글이 아니다.

반드시 우리말로 해야 우리 것이 됩니다. 우리말로 옮기려 애쓰는 데서 남의 것을 참으로 알고 속에서 내 것이 자라고 밝아집니다…… 우리말로는 할 수 없는 종교·철학·예술·학문이 있다면 아무리 훌륭해도 그만 두시오. 그까짓 것 아니고도 살 수 있습니다. 우리 삶에서 글월이 돋아나지, 공작의 깃 같은 남의 글월 가져다 아무리 붙였다기로 그것이 우리 것이 될 까닭이 없습니다.

《함석헌 전집 1: 뜻으로 본 한국역사》 345~347쪽

▶말은 인간의 정신과 생명이 사는 집이다. 말로 생각하고 말로 표현하고 말로 소통한다. 말로써 사람의 정신과 인격을 닦고 형성한다. 그러므로 종교, 철학, 예술, 학문은 반드시 우리말로 해야 한다. 특히 우리나라처럼 오랜 세월 동안 외세의 정치·문화적 지배를 받은 경우에는 더욱 그렇다.

우리가 쓰는 학술용어들은 대부분 서양말을 번역한 것이고 그것도 일본과 중국에서 번역한 것을 얻어다 쓰는 것들이다. 자신의 삶과 혼이 담기지 않은 그런 용어들에 목매어 살면서 마음과 정신이 맑고 깨끗하기를 바라고 양심과 인격이 바로 서기를 바라는 것은 어리석은 짓이다.

될수록 우리의 삶과 정신이 담긴 말로 바꾸어 써야 한다. 우리말이 아니면 우리의 생각과 혼을 담아 표현하기 어렵다. 우리말과 글을 살려 쓰는 동안에 우리의 혼과 생각이 깊어지고 힘 있게 된다. 우리말과 글로 닦여지고 심화되고 승화된 사상이 주체적인 사상이면서 보편적으로 세계에 통하는 사상이다.

(인생은) 영원한 하나에서 오고 그대로 영원한 하나를 향해 간다. 이 세상에는 절대자가 있고 그 밑에 예수 그리스도가 있는 것이 아니라 주(主)되는 나가 있어서 그 하나를 찾는 것이다. '주'가 그대로 우리 속에 있는 것이다. 그 '주'가 제 주장을 하고 나가는 것이다. 과거·현재·미래라는 시간 속을 가는 것이 '주' 참 나이다. 내가 주를 머리에 이고 받든다. 《다석강의》 304쪽

▶하늘의 원기를 숨 쉬고 사는 사람의 근원은 하늘이다. 하늘에서 와서 하늘로 간다. 하늘은 영원한 하나를 나타낸다. 하늘에 머리를 두고 사는 사람은 하늘을 상대하고 하늘과 사귄다. 유영모는 하늘과 사람 사이에 어떤 위계질서도 용납하지 않는다. 절대자가 있고 그 아래 예수 그리스도가 있고 그 아래 사람이 있다는 기독교의 교리적 위계질서도 부정한다. 우주와 인생의 주님은 내 속에 내 머리에 있다. 주님을 머리에 인 '내'가 과거, 현재, 미래를 뚫고 가는 시간의 주(主)다.

　　싸움은 이제다. 이 나, 이 자아다. 이 나를 이겨야
한다. 이 나 하나를 못 이겼기 때문에 남에게 지는 것이
요, 이 나를 참으로 이길 때 못 이길 것이 무엇이겠나?
이 나를 이기기 위하여 제 편과 원수를 다 부정하여야
한다. 《함석헌 전집 17: 민족통일의 길》 226쪽

▶세계평화와 통일을 이루기 위한 싸움은 지금 당장 시작해야 한
다. 어디서 시작하는가? '나'에게서 시작해야 한다. 개인과 집단의
이기적인 '나'를 이기는 것이 새 싸움의 시작이다. '나' 하나를 못
이겼기 때문에 남에게 져서 식민지가 되었고 나라가 두 토막이 되
었다. 나를 이긴 사람은 아무에게도 지지 않고 어떤 시련과 고난
도 이길 수 있다. 개인의 '나'만 아니라 집단과 당파의 '나'를 이겨
야 한다. 제 편과 원수가 없어야 '나'를 이기고 세계평화와 통일의
길을 열 수 있다.

정말 있는 것은 알(생명과 정신의 알맹이)뿐이다. 그것이 알 혹은 얼이다. 그 한 올이 이 끝에서는 나로 알려져 있고 저 끝에선 하나님, 하늘, 브라만으로 알려져 있다. 민이란 곧 그러한 모든 우연적·일시적인 제한, 꾸밈을 벗고 바탈대로 있는 인격이다. 옷으로 말미암아 즉 밖에서 오는 것을 덧붙임으로 말미암아 있던 모든 우상들은 없어지고야 마는 날이 와도 이 알 사람, 알 생명은 없어지는 날이 없다. 알 사람 곧 난 대로 있는 '나'는 한 사람만 있어도 전체다. 그것이 민이다. 《함석헌 전집 4: 죽을 때까지 이 걸음으로》 66쪽

▶ 정말 있는 것은 알맹이뿐이다. 생명과 정신의 알맹이는 주체인 '나'다. 주체로서의 '나'는 물질적 이해관계나 인과법칙에 매이지 않는 것이다. 물질적 욕망이나 집착, 바깥의 원인이나 동기에 의해 움직이는 '나'는 참된 나가 아니다. 참된 나는 존재와 활동의 이유와 까닭을 자신 안에 가진 존재다. 내가 나의 까닭이다.

참 나는 전체이신 하나님과 이어져 있다. 하나님과 이어질 때만 다시 말해 전체 생명의 자리에 설 때만 나는 참 나가 될 수 있다. 폭력과 거짓이 지배하는 역사와 사회 속에서 민(民)은 비교적 전체 생명의 자리에 가까이 있는 존재다.

가난한 농민이 돈벌이가 안 되는 농사를 대대로 짓는 것은 나라를 위해 희생하고 봉사하는 것이다. 청소부가 먼지를 뒤집어쓰고 청소하는 것은 사회를 위해 봉사하는 것이다. 아주 작은 대가를 받으면서 사회에 꼭 필요한 힘든 일을 하는 사람들은 모두 전체 생명을 위해 희생, 봉사하는 것이다. 가난한 민중은 내세울 것이 몸과 맘뿐이다. 몸과 맘속에 전체 생명의 알맹이가 있다.

10월 13일   알 생명

모든 정신적 물질적 활동의 목표는 마찌니, 간디
의 경우와 마찬가지로 '하나님과 씨올[民衆]'이란 것이 그
표어가 돼야 옳은 일이다. 그 밖의 모든 표어는 다 속임
이다. 역사의 한 길에는 '민에로'라는 살표가 꽂혀 있다.
모든 나라 모든 문화는 씨올로 향하고 있다. 물은 바다로
가는 것이라면 역사는 씨올로 간다. 바다가 모든 물의 근
본이요 끝이듯이 씨올도 모든 인간적인 존재의 알파요 오
메가다. <u>《함석헌 전집 4: 죽을 때까지 이 걸음으로》 66~67쪽</u>

▶역사와 사회에서 이루어지는 모든 정신적 물질적 활동의 목표는
'하나님과 씨올'에 있다. 씨올은 특권을 누리지 않는 한 사람, 한 사
람을 가리킨다. 씨올도 사람인 이상 잘못 생각하고 잘못된 길로 갈
수 있다. 그러므로 씨올과 하나님을 함께 생각한다. 씨올 뒤에 씨올
속에 하나님이 있다고 믿는 것이다. 하나님과 함께 있는 씨올은 눈
앞의 욕심에 눈멀지 않고, 선동가에 의해 휘둘리지 않는다.

인류의 역사와 사회는 결국 자유와 평등의 세계로 가자는 것이다.
그것이 참이고 사랑이고 정의다. 역사의 큰 길은 '민'을 목표로 가
고 있다. 모든 문화도 씨올을 향해 가고 있다. 씨올을 섬기는 정치인,
씨올을 섬기는 교육자, 씨올을 섬기는 문화인, 씨올을 섬기는 종교인
이 나와야 한다.

　　무조건적 선이 아니면 그것은 악이 된다. 악은 치워버려야 한다. 손해를 입고 실패를 당해도 그리고 기어이 죽임을 당해도 미워하지 않는 것이 선이며 불살생이며 사랑의 극치이다. 《씨올의 메아리》 114쪽

▶선에 조건이 붙으면 경우에 따라 선이 아닐 수 있다. 나를 좋아하고 내게 유익이 되는 사람만 좋아하면 선이라고 할 수 없다. 다석은 조건이 붙은 선은 선이 아니라 악이라고 한다. 그런 악은 치워버리라고 했다. 서로 좋은 사람들끼리 좋게 지내면서 자신이 좋은 사람이라고 생각하기 쉽다. 그런 것은 정말 좋은 것이 아니다. 손해 보고 실패하고 죽임을 당해도 미워하지 않고 좋아하는 것이 정말 좋은 것[善]이다.

　　　납작납작한 초막의 골짜기에 저녁 해가 비치면 그
대로가 신선들의 집이나 되는 듯 시의 나라 그림의 나라
로 빛나지 않더냐? 사람의 하는 일이, 물질적인 것이거나
정신적인 것이거나, 그 값은, 그 내용에도 달리지 않은 것
은 아니지만, 그보다도 더 그것이 어떤 빛의 비침을 받고
있느냐 하는 그 빛에 달려 있다.

　　　어떤 개인도, 어떤 민족도 그 마음이 하나님의 얼
굴의 광채에 비침을 받지 않고, 하나님 앞에서 자기를 잊
어버리지 않고, 높은 종교나, 깊은 철학이나, 오묘한 예술
이나, 넓은 지식이나, 큰 사업을 낳을 수는 없다. 《함석헌전집 3:
한국기독교는 무엇을 하려는가》 330쪽

▶산골 마을에 저녁노을이 비치면 가난하고 초라한 초가집들이
아름답고 평화로운 시와 그림의 나라로 된다. 마음에 하늘의 빛이
비치면 초가삼간도 신선의 집이 되고 하늘나라가 된다.
사람의 하는 일도 크든 작든 물질적이거나 정신적이거나 그 값은
어떤 동기와 목적으로, 어떤 마음가짐으로 하는가에 달려 있다.
세계를 통일하는 큰일을 했대도 사욕과 공명심으로 했다면 오래
가지 못하고, 가난하고 목마른 이에게 물 한 잔을 대접해도 참 사
랑으로 하면 그 일이 영원히 기억될 것이다.
사람에게 참된 동기와 목적을 주는 이는 하나님뿐이다. 개인이나
집단의 사욕과 감정에서 벗어나 하나님의 사랑과 정의로 움직일
때 크고 참된 일을 이룰 수 있다.

10월 16일　하나님의 조명(照明)　　　

못된 놈 처놓고 형통하지 않는 놈 없다. 우리 눈앞에 당장 보고 있는 일이다. 못된 놈이 잘 된다. 잘 된다는 것이 무엇인지 모르지만 이 세상에서는 잘 먹고 잘 살고 권력 있고 떵떵거리고 사는 것을 잘된 것으로 본다면 대개 못된 놈이 그렇게 산다. 못된 놈은 잘 돼 가지고 오만을 부리고 교만을 부리지 않고 못 견딘다. 그래서 질시를 받고 미움을 받는다. <u>《씨올의 메아리》 115쪽</u>

▶험한 세상에서는 영악하고 독한 인간이 잘 먹고 잘살게 마련이다. 불의하고 못된 세상에서 착하고 순한 사람은 고통을 겪고 밀려나기 쉽다. 이 불의하고 혼란스런 세상에서 순풍에 돛 단 듯이 모든 일이 잘되는 사람은 영원한 생명의 길에 비추어 보면 축복받은 것이 아니라 저주받은 것이 아닐까? 그런 사람이 예수가 십자가에 달려 죽은 까닭을 이해할 수 있을까? 일이 잘될수록 스스로를 돌아보고 겸허한 자세를 가져야 한다. 조금 성공했다고 교만한 인간은 저뿐 아니라 세상을 어지럽고 불행하게 만든다.

어찌하여 악인이 생존하고 장수하며 세력이 강하냐(욥 21:7)

사람이 사람을 사랑하지 않고는 못 견디지만, 또 아무도 사람의 사랑으로 만족하지도 못한다. 사람의 사랑은 반드시 파탄이 나고야 마는 것이요, 그것이 인생의 온 가지 복잡한 문제의 원인이 되는 것인데, 그 까닭은 사람의 사랑은 사람 사랑에만 그치자는 것이 아니오, 하나님 사랑에까지 가고야 말자는 것이기 때문이다. 사람이 사람을 찾지만 찾는 것은, 사실은, 사람이 아니오, 사람 이상이다. 사람은 사람을 쓸어안고 말기에는 너무도 귀한 것을 속에 품었다. 《함석헌 전집 3: 한국기독교는 무엇을 하려는가》 335쪽

▶사람은 속에 하나님의 형상을 지녔다. 하나님의 형상이 무엇인가? 하늘이 하나님의 형상을 드러낸다. 하늘은 빔과 없음, 무한과 초월의 세계요, 사랑과 정의의 나라다. 사람은 하나님의 형상을 실현해 가는 존재다. 사람이 사람 구실을 하고 사람이 되는 과정에서 하나님의 형상이 뚜렷이 드러난다. 사람은 하나님의 형상을 따라서 하나님이 되어 가는 존재다.

사람이 사람을 절실히 사랑하는 까닭은 속에 하나님의 형상을 품었기 때문이다. 하나님의 형상은 사람 속에 감춰진 보물이다. 그러므로 사람에게 머무는 사랑은 실망하고 파탄이 나고 만다. 자신과 상대 속에서 하나님의 형상을 드러내고 실현할 때 사람의 사랑은 아름다운 결실을 맺는다.

하늘양식[天供養]을 우리 위해 베푸셨다. 먹는 것
은 제(第) 몇째다. 더러 굶어도 살림이다. 호흡은 제일이
요, 끝까지요, 온통이요, 늘이니, 맨 먼저 정일(精一)하게
경건하게 숨을 쉬어야 한다. 숨은 결코 각자가 이용하는
것은 아니다. 전체가 봉행(奉行)하는 것이다. 생명은 지공
(至公)이니, 생명을 위한다는 생활도 만일 사사로이 영위
하려다가는 도리어 생명을 해하는 악소식(惡消息, 숨을 잘
못 씀)이 된다. 《제소리》 335쪽

▶하나님이 천지간에 하늘 양식을 풍부하게 베푸셨다. 하늘 양식
을 먹고 마시는 숨 쉬는 일이 생명활동의 근본이다. 밥 먹고 물 마
시는 것은 2차, 3차의 일이다. 좀 굶어도 살 수 있지만 숨을 쉬지
않으면 곧 죽는다. 숨은 생명활동의 으뜸이고 쉼 없이 끝까지 쉬어
야 한다. 또 숨은 코와 목으로만 쉬는 게 아니라 온몸과 맘으로 쉬
고 혼과 얼을 담아 쉬어야 한다. 숨은 나 홀로 쉬는 게 아니라 온 인
류가 함께 쉬는 것이고 우주 전체의 대생명이 함께 쉬는 것이다. 그
러므로 생명은 사사로운 것이 아니라 지극히 공적인 것이요 전체
생명의 일이다.

아들과 아버지 사이를 왔다, 갔다하는 동안에 한없는 축복과 기쁨이 그 안에 든 것이다. 이것이 사랑의 원리다. 이리하여 만물은 하나님과 사람 사이를 끊임없이 한 번 제물 되었다가 한 번 선물되었다가 하며 왔다, 갔다하는 동안에 그 영광을 더해 간다. 《함석헌 전집 3: 한국기독교는 무엇을 하려는가》 338쪽

▶궁극적인 사랑은 사람과 하나님 사이의 사랑이다. 하나님의 형상(씨울)을 지닌 사람은 하나님의 아들딸이다. 아들인 사람과 아버지인 하나님 사이의 사귐과 교류 속에 한없는 축복과 기쁨이 있다. 사람이 하나님께 모든 것을 제물로 바치고 하나님은 사람에게 그 모든 것을 선물로 준다. 거꾸로 하나님이 만물을 아들인 사람에게 사랑의 선물로 주고 사람은 아버지인 하나님께 만물을 사랑과 헌신의 제물로 바친다. 이러한 사랑과 헌신의 교류 속에서 사람과 만물과 하나님이 더 뚜렷하고 빛난다.

산소와 질소를 분간하고 호흡작용과 동화작용의 지식이 밝은 현대인이 저 과학의 분해가 없던 고대인만큼 생명[消息]을 온전히 못함은 어찌됨일까? 직관(直觀) 대관(大觀)의 능력을 잃고 전체에서 분리하려(세간나려)고만 하는 경향에 천혜전부(天惠全富)에 감격할 줄을 모르는 대마비증에 걸려서다. 《제소리》335쪽

▶고대인은 대기(大氣)에 대한 과학적 지식이 없어도 하늘과 땅과 인간이 하나로 통하는 대생명의 기운을 숨 쉬고 느끼며 살았다. 그러나 현대인은 대기의 성분, 호흡작용, 동화작용에 대한 밝은 지식을 가졌으면서도 우주의 대생명을 깊고 크게 보는 능력을 잃었다. 전체 생명에서 벗어나 제 살림에만 몰두하는 현대인은 하늘이 베푼 온전한 풍요로움에 감격할 줄 모르게 되었다. 물질과 향락에 마비되어 생명과 정신의 깊고 큰 세계를 잃어버린 것이다.

화(和)는 서로 꼭 같기를 요구치 않고 각각 제 할 것을 하면서도 사심이 없이 서로 하나의 산 전체를 이룬 것이고, 동(同)은 속의 이기심은 여전히 있으면서 이익을 위해서 일치행동을 하는 것입니다. 그 차이로 군자·소인의 다름이 환해집니다. 생존경쟁 철학, 부국강병주의 정치는 지나간 시대에 속합니다. 오는 역사는 화(和)의 역사입니다. 《함석헌 전집 8: 씨울에게 보내는 편지》54~55쪽

▶ 생명은 서로 다르면서 하나의 산 전체를 이룬다. 화(和)는 생명의 본성에 맞게 서로 다른 사람들의 삶을 실현한 것이다. 씨울은 저마다 제 삶에 충실하면서 사심 없이 전체를 위해 협력하고 서로 살린다. 동(同)은 욕심을 가지고 자기 이익을 위해 단합하는 것이다. 이것은 기계적인 일치라 물질의 차원에서는 효과가 크고 힘 있어 보이지만 결국 생명과 정신을 해친다. 소인배는 제 욕심을 위해서 남을 모독하고 남에게 아첨하면서 통합을 이루려 하지만 공동체를 깨트리고 만다.

이제까지는 생존경쟁철학과 부국강병주의 정치가 지배했기 때문에 전쟁과 폭력이 그치지 않았다. 21세기는 국가주의 시대를 넘어서 세계평화 시대로 가는 길목에 있다. 생존경쟁 철학과 부국강병주의 정치가 동(同)의 원리에 기반을 두고 있다면 세계평화 시대는 화(和)의 원리에 따라 전개될 것이다. 서로 다른 사람들이 스스로 힘 있게 살면서 서로 위하고 더불어 사는 화(和)의 원리를 익히고 실천하는 만큼 씨울의 평화세상은 다가올 것이다.

사람은 자기의 바탈[性]을 살려낼 때 자기를 느끼
게 된다. 자기의 개성이 자랄수록 사람은 오늘보다 내일
더 깊은 바탈을 느끼게 된다. 자기를 더 깊이 느끼게 될
수록 더 깊이 자기 바탈을 찾아내어 자기 바탈을 타고 가
게 된다.

땅을 파들어가듯이 자기의 바탈을 파고 들어가
는데 인생은 한없이 발전해가는 것이다. 이 바탈을 타고
우리는 하늘에까지 도달한다. 이것이 인생의 가장 즐거
운 일이다. 나는 바탈 타기를 가장 감사하게 생각한다.

《씨올의 메아리》 124쪽

▶자신의 본성을 살려 낼 때 자기를 느끼고 개성이 자란다. 자기
를 느끼고 개성이 자랄수록 더 깊은 본성을 느낀다. 깊은 본성을
찾아내면 그 본성을 타고 더 깊은 본성에로 들어간다. 자기 본성
의 속을 깊이 파들어 가면 결국 하늘에 이른다. 다석은 이것을 바
탈 타기라고 하였다. 바탈 타기는 바탈을 깊이 파고 들어가는 바
탈 파기이다. 생각으로 자기의 바탈을 파고 들어가면 인생은 한없
이 발전해 간다. 제가 저답게 되면서 제게서 자유로우니 즐겁고 고
마운 일이다.

하나님과 한번 사랑해 보려면 우주적 부자가 되어야 해. 만물의 주인이 돼 보아야 한다. 만물을 마음대로도 못하고 사랑이 무슨 사랑이냐? 자주하는 인격이 돼야 한단 말이다. 한번은 영악을 부려 만물의 주인이 되었다가 그것을 드려야 하는 것이다. 나면서부터 씨종인 놈이 무슨 주인 사랑이란 말을 하겠느냐? 스스로 자진하여 제 자유를 바친 자만이 참말 하나님의 종이다. 〈함석헌 전집 3: 한국기독교는 무엇을 하려는가〉 339쪽

▶하나님과 사랑하려면 하나님 앞에 서야 한다. 인격의 자유가 없는 자는 하나님을 사랑할 수 없다. 자유로운 자만이 스스로 하나님의 종이 되어 하나님의 뜻을 이룰 수 있다. 하나님 앞에 서는 것은 만물 위에 우뚝 서는 것이다. 하나님과 사랑하고 사귀는 사람은 만물의 주인으로서 만물을 맘대로 할 수 있다. 그의 자유는 사랑의 자유다. 만물을 사랑하기 때문에 만물을 물성에 따라 실현하고 완성할 수 있다.

마음이 놓이는 것처럼 좋은 것이 없다. 마음에 괴
롬이 없고 평안하면 심심치 않겠는가 하고 걱정하는 사
람이 있지만 그것은 몰라서 하는 말이다. 마음이 놓이면
바탈[性]을 타고 나가게 된다. 마치 바람이 자면 배를 타
고 나가는 것과 같다. 마음이 놓이면 자기의 개성이 살아
난다. 《씨올의 메아리》 124쪽

▶몸이 성하고 마음에 매인 게 없으면 마음이 놓인다. 마음이 놓이
면 감성과 지성과 영성이 살아난다. 새로운 생각이 나오고 놀라운
영감이 떠오르며, 마음의 여유와 힘이 솟아난다. 탐욕과 집착, 근
심과 걱정을 내려놓으면 마음이 놓인다. 마음이 놓이면 속 생명의
씨앗이 싹트고 자라니, 인생이 즐겁고 행복하다.

남이 일생을 걸려서 가시덤불, 불꽃 속이라 형용
해도 모자라는 정신적 시련 끝에 제 가졌던 인간적 지식
노력을 다 내버리고 나서 비로소 얻은 체험을, 몇 시간 몇
날 동안 읽어보고는 다 이해한 것처럼 옮긴다. 그것은 사
실은 영적 체험의 소매상인데, 그나마 그것이 그대로 있
느냐 하면 아니다.

물질적인 것은 내가 만든 것 아니라도 그것을 팔
아도 변질이 되지 않지만, 영적 체험은 그 본인의 입에서
일단 나오면 벌써 식어서 굳어버린 것이다. 그러므로 그
것이 다시 생명적이 되려면 나 자신의 혼의 용광로에 들
어가서 녹아가지고 내 것으로 다시 체험되지 않으면 안
된다. 《함석헌 전집 3: 한국기독교는 무엇을 하려는가》 321쪽

▶남이 오랜 탐구와 구도의 길에서 체험하고 깨달은 진리를 글로
읽고, 말과 글로 옮기는 사람은 영적 체험의 소매상이다. 체험적인
진리는 생명의 진리이므로 체험한 사람의 삶과 분리되는 순간, 변
질되기 마련이다. 모든 진리는 체험 속에서 깨달아지고 체험 속에
서 전달된다. 글을 읽을 때 몸과 혼으로 읽지 못하면 진리를 체득
하지 못한다. 몸과 혼으로 진리를 깨닫지 못한 사람은 진리를 전
할 수 없다.

공자도 군자의 배움과 소인의 배움을 구별했다. 소인은 귀로 들은
것을 바로 입으로 말하는데 귀와 입의 거리가 4촌(寸)밖에 안 된
다고 했다. 군자는 귀로 들은 것을 온몸에 삭여서 손과 발로 나타
나게 한다. 몸과 맘과 혼으로 체득하지 않은 진리는 말과 글로 옮
기지 말아야 한다.

생각은 우리의 바탈[性]이다. 생각을 통해서 깨달음이라는 하늘에 다다른다. 생각처럼 감사한 것은 없다. 생각이라는 바탈을 태우려면 마음을 놓아야 하고, 마음이 놓이려면 몸이 성해야 한다. 바탈은 생각이 밑천이 되어 자기의 정신을 불사르는 예술의 세계다. 몸성해 참되고 맘놓여 착하고 바탈태워 아름답다. 몸성히, 맘놓이, 바탈태워가 되어야 한다. 《씨올의 메아리》 124쪽

▶사람은 생각하는 존재(homo sapiens)다. 생각하는 것이 사람의 본성이다. 사람은 생각과 뜻에 산다. 생각과 뜻을 불태워 살려면 맘이 놓여야 하고 맘이 놓이려면 몸이 성해야 한다. 다석은 '몸성히'를 맨 앞에 내세웠다. 몸이 성해야 맘이 놓이고 맘이 놓여야 생각과 뜻을 불태울 수 있다. 다석은 몸이 성하기 위해서 일일 일식을 했고 꿇어앉아 깊은 숨을 쉬었다. 하루 한 끼 식사를 하고 꿇어앉아 깊은 숨을 쉰 것은 진실한 삶을 위한 것이었다. 맘이 놓이면 못된 생각을 하지 않으니까 저절로 착하게 된다. 생각과 뜻, 정신과 혼을 온전히 불사르면 아름답다. 생명의 본성은 자기의 정신을 불사르는 예술의 세계다.

시대는 달라지는 것이고 시대가 달라지면 종교의 경전도 고쳐 해석하여야 한다. 하지만 해석을 하기 전에 나 자신이 먼저 달라졌어야 한다. 그 영의 사람이 눈이 뜨이지 않고는 시대 변천을 당해도 뚫어볼 줄을 모른다.

《함석헌 전집 3: 한국기독교는 무엇을 하려는가》 322쪽

▶종교의 경전들은 보편적이고 궁극적인 진리를 담고 있지만 그 시대의 정신과 상황 속에서 형성된 문서들이다. 따라서 시대의 변화에 따라 늘 새롭게 해석되어야 한다. 그러나 시대정신과 상황을 아무리 분석해도 그것만으로는 경전을 바로 해석할 수 없다. 시대의 변화를 뚫어볼 수 있는 눈이 뜨이지 않고는 시대와 지역의 장벽을 뚫고 경전의 진리를 볼 수 없다. 해석의 주체인 '나'가 먼저 달라져야 한다. 영의 눈을 떠야 경전을 해석할 수 있다.

좋은 의식(衣食) 않은 것 우리 집 자랑이요 명리(名利)를 웃보는 게 내 버릇인데 아직껏 바람 물 줄여 씀이 죄받는 듯 하여라. 《진리의 사람 다석 유영모》 (상) 359~360쪽

▶좋은 옷 안 입고 좋은 음식 안 먹는 게 유영모 집안의 자랑이고 명예와 이익을 우습게 여기는 게 유영모의 버릇이다. 여러 해 산골에 살면서 바람과 물조차 줄여서 아껴 쓴다. 바람과 물을 줄여서 아껴 쓰는 것조차도 죄 짓는 것 같다는 말에서 유영모의 겸허하고 알뜰한 마음이 드러난다. 참으로 소박하고 겸허한 초인이요, 알뜰 살뜰한 신선이다.

사람은 자유하면 할수록, 자기보다 절대로 큰 이를 안다. 사랑은 잃음으로 얻음이요, 짐으로 이김이다. 사람이 절대자에 맞서는 것도 실상은 그를 한없이 섬기고 싶어 하는 일이다. 《함석헌 전집 3: 한국기독교는 무엇을 하려는가》 339쪽

▶종교개혁자 마르틴 루터에 의하면 그리스도인은 만인으로부터 자유롭고 만인의 종이다. 그리스도인만이 아니라 지성과 영성을 가진 사람은 누구나 전적으로 자유인이면서 전적으로 종이 되어야 한다. 사람다운 사람의 자유는 지배와 정복을 위한 자유가 아니라 사랑과 섬김을 위한 자유다. 파멸과 죽음을 위한 자유가 아니라 창조와 생명을 위한 자유다.

저녁마다 지는 해의 끼친 말은 별을 보라
밤만 되면 별과 별의 눈짓하듯 보인 뜻은
알맞이 돌아가올 손 빛여 빛여 빛님을 보오.
《다석일지》 1961. 4. 14

▶하늘을 붉게 물들이며 지는 해가 남긴 말은 "별을 보라"는 것이
다. 해가 지면 어둠 속에서 하늘 가득한 별들이 모습을 드러낸다.
캄캄한 밤하늘에서 깜빡거리는 별들을 보면 나의 생명과 정신의
깊은 속에서 깜빡거리는 영혼의 소리가 들린다.

해 아래서 부풀려진 욕심과 허영을 비우고, 잡초처럼 자라난 노여
움과 미움을 씻어 내면 마음이 하늘처럼 깨끗해진다. 다석은 하
늘처럼 깨끗이 비어 있는 것을 '빛'이라 쓰고 빔[空]을 '빛님'이라
고 했다. 하늘처럼 비고 비인 맘눈에 알맞게 사는 길이 보인다. 맘
이 빌 때 알맞음[中庸]의 지혜가 드러난다. 빔은 알맞은 삶의 길로
이끄는 님이다. 맘을 비고 비워서 빔을 삶의 님으로 우러르고 찬
양하라.

　　현실계의 어디에 하나님이 계시냐? 전체다. 부족
에서 계급으로, 계급에서 민족으로, 민족에서 세계로.
그 수에서는 달라졌지만 언제나 그 전체가 나만도 아닌
너만도 아닌, 또 누구만도 아닌, 대다수만도 아닌, 전체
인 성격에서는 변함이 없다. 거기 하나님의 뜻이 나타난
다. 동서고금 할 것 없이 어떤 종교에서도 그 위대했던 예
언자, 성자란 사람들은 다 자신의 사람인 동시에 전체에
살려는 사람이었다. 그 의미에서 그들은 선했고, 옳았다.

《함석헌 전집 3: 한국기독교는 무엇을 하려는가》 322쪽

▶하나님은 역사에서 전체로 나타난다. 역사 속에서 전체는 부족,
계급, 민족, 세계로 변화 발전해 왔다. 전체는 다수의 집단이나 당
파가 아니다. 국가는 집단이나 당파가 전체를 장악한 것이다. 따라
서 국가는 전체가 아니다. 하나님의 뜻은 언제나 전체에 나타난다.
전체에 살려는 것이 선이고 옳음이고 믿음이다. 씨올은 속에 전체
를 품은 사람이며, 주체(영혼)와 전체(나라)의 일치를 추구한다.

햇빛에 그은 농부의 얼굴이 화광동진(和光同塵, 빛을 부드럽게 하고 티끌과 같아짐)이다. 《진리의 사람 다석 유영모》(상) 42쪽

▶부자들이 입는 옷을 입고는 나다니지 못하고 노동복이나 허름한 옷을 입고야 나다닐 수 있었던 다석은 삶의 씨알맹이, 정신의 속알맹이만을 소중하게 여겼다. 약한 사람들을 희생시키고 출세하는 것을 죄로 알고 부끄럽게 여긴 다석은 농민으로 살기를 소원했고 40대 중반에 농민의 삶을 시작했다. 자식뿐 아니라 손자들 세대까지 적어도 삼 대는 농사를 지어야 농민이 될 수 있다고 생각했다. 다석은 햇빛에 그을린 농부의 얼굴이 노자가 말한 진인(眞人)의 모습인 화광동진이라고 했다. 농부가 햇빛에 얼굴을 그을리면서 농사를 짓는 것은 저 혼자 먹고살자는 것이 아니다. 자신과 가족이 먹을 양식은 농사지은 곡식의 십분의 일, 백분의 일밖에 안 된다. 남을 먹여 살리기 위해 얼굴을 햇빛에 그을린 농부의 얼굴은 하늘의 빛과 마음을 드러내면서도 티끌처럼 겸허하다. 하늘마음으로 사는 농부는 흙 묻은 '하늘 사람'이다. 농부의 얼굴에서 삶의 진실을 볼 수 있는 사람만이 진리를 논할 수 있지 않을까.

폭력이 뭐냐? 나만 옳다는 것, 나만 살자는 것이다. 영의 눈으로 볼 때 그 저쪽도 남일 수 없다. 그를 위해서 하는 말이 아니라 내가 참 나이기 위해 그럴 수 없다. 형제를 보고 바보라 할 때 그에게 잘못이 생기는 것이 아니라 내가 잘못이다.

예수가 가르쳐주신 첫 번째 교훈은 사람이 다 형제라는 것이다. "하늘에 계신 우리 아버지"할 때 벌써 모든 것은 환해진 것이다. 모른 것이 그것이었다. 몰랐기 때문에 원수로 알았고 죽였다. 잘하고 잘못한 것이 형제의 관계를 변경시킬 수는 없다. 왜냐? 잘못은 내 마음으로 택하여서 한 것이고 형제관계는 창조 당시부터 본래 한 영에서 만드신 것이기 때문이다. 《함석헌 전집 3: 한국기독교는 무엇을 하려는가》 322~323쪽

▶폭력은 나와 우리 집단의 이익과 주장을 남과 다른 집단에게 강요하는 것이다. 폭력은 집단주의와 당파주의의 표현이다. 영의 눈으로 본다는 것은 전체의 자리에서 보는 것이다. 전체의 자리에서 보면 어느 누구도 남이 아니다. '참 나'는 전체의 자리에 서는 것이므로 '참 나'에게는 남이 없다. 그러므로 남에게 폭력을 행사하고 남을 바보라고 비난하는 것은 전체를 부정하고 참 나를 버리는 것이다.

예수가 주기도문에서 "하늘에 계신 우리 아버지"라고 한 것은 사람이 다 형제라는 것을 밝힌 것이다. 예수는 언제나 전체(하늘,

하나님)의 자리에서 생각하고 말하고 행동했다. 예수의 진리는 모두가 한 형제이고 자매라는 전체의 진리다.

전체의 자리에 서면 아무와도 원수가 될 수 없다. 아무리 잘못을 저질렀어도 형제관계를 바꾸지는 못한다. 잘못은 개인이 저지른 것이지만 형제관계는 창조 당시부터 전체의 영으로 만든 것이기 때문이다.

높고 높고 높고 구름보다 높고, 산들보다 높고, 눈
보다 높고, 3억5천6백만 리, 해보다 높고, 넓고 넓고 넓
고 우리 해와 백만 동무 해가 한데 어울려 뛰어 돌아가
는 그 직경으로 2만 광년 되는 태양 성단(星團)보다 넓고,
성단은 성단대로 약 1만 개 뭉치어 돌아가는 직경 20만
년 되는 은하계 성무(星霧)보다 넓고 우리 성무와 어깨를
마주대고 돌아가는 1천조 성무로 짠 클럽 직경 1천 8백
억 광년인 우리 우주보다 넓고 하늘[太空]의 하늘[太元]보
다 높고 하늘을 먹음은 맘보다 높은 한 자리 이런 곳에
산다. 《제소리》 315쪽

▶하늘을 머금은 맘은 우주보다 넓고 하늘보다 높다. 맘속에 하
늘이 들어 있고 우주 전체가 들어 있다. 사는 자리는 우주 꼭대기
요 하늘 위다. 거기는 삶과 죽음이 없고 높고 낮음도 없어서 누구
와 비교되거나 시비를 따질 일이 없다. 그저 자유롭고 넉넉하고 평
안하다.

문명의 목적이 뭐냐 하면 어떻게 하면 할 것을 아니하고도 잘 살 수 있을까 하는 꾀부림에서 나온 것이다. 그러므로 근본에 잘못이 들어 있다. 사람마다 제 할 것을 의무로 알고, 정직히 그것을 했다면, 그래서 마땅히 할 것을 피할 생각을 아니했더라면, 인간 사회가 이렇게 까다로워지지는 않았을 것이다.

그렇기에 공중 나는 새 보라, 들에 피는 백합 보라 하시지 않았는가? 그것 지키지 않고 사치 향락을 위한 대규모의 공장조직의 기업을 하면서 평화는 어렵다. 절대 안 될 것이다. 인간이 만일 사는 목적이 영의 사람에 이르는 데 있는 줄을 알아서 그것을 잊지 않았던들, 이런 복잡한 행복을 약속함으로 인류 전체를 지옥으로 끌어넣는 이런 문명병에 빠지게는 되지 않았을 것이다. 《함석헌 전집 3: 한국기독교는 무엇을 하려는가》 323쪽

▶문명이란 마땅히 할 의무를 버리고 남에게 짐을 지우고 편히 살길을 찾는 꾀부림에서 나온 것이다. 천명을 받고 태어난 인생이 의무와 사명을 버리고 편리와 향락만을 추구한 것은 근본적으로 잘못된 것이다. 마땅히 할 의무와 사명을 충실히 하면서 살았다면 인류사회가 이렇게 까다롭고 복잡하게 되지 않았을 것이다. 자기가 져야 할 짐을 남에게 지우고 저만 편하게 살려다 보니 세상이 갈수록 교묘하고 까다롭고 복잡해졌다.

남에게 짐을 지우고 저는 편리와 향락을 누리려는 문명생활은

인류 전체를 지옥으로 끌어넣고 있다. 그래서 예수는 일찍이 하늘의 새를 보라, 들의 꽃을 보라고 했다. 하늘의 새와 들의 꽃처럼 단순하고 소박한 삶을 살고 제 할 일에 힘쓰면 전체의 사람, 얼의 사람이 될 것이다. 전체에 사는 얼 사람은 몸과 맘을 갈고 닦으며 다른 사람의 무거운 짐을 나누어질 것이다.

길이[長], 넓이[廣], 높이[高] 3차원계만이라면 운동의 세계[動界]도 생명의 세계[生界]도 생각의 세계[思界]도 아니겠지요. 시간의 축[時軸]이 있어야 이치[理]나 '이것'[是]이 있을 것이다. 시(詩)는 일어나는 짓거리이다. 《시경》(詩經)에 시(時)는 시(是)로 통한다. 하늘의 때는 늘 그때지만, 사는 때는 사는 '이'의 때, 이때, 제때, '이제'다. 이것이 목숨의 올[命理]이요, 살라는 말씀[生命]이다.

이 말씀을 듣고 짓이 나지 않을 사람이 어디 있겠으며, 제로라고 일어나지 않을 이가 어찌 있으리까? 이러므로 인생은 시(詩), 시(時), 시(是), '이제'다. 이후는 죽은 이제(과거)와 못난 이제(미래)를 따지느라고 생(生) '이제'를 드릴 '이'는 없겠다. 이러므로 이는 이제 살았다.

《제소리》 317~318쪽

▶삼차원의 세계만 있다면 운동도 생명도 생각도 없을 것이다. 사차원을 이루는 시간의 축이 있으므로 변화하는 이치를 말할 수 있고 지금 여기의 이것이 있을 수 있다. 모든 생명은 언제나 지금 여기 이 순간에 산다. 이 순간은 이 순간을 사는 이의 때다. 이 순간 '이제'는 이 순간을 사는 사람 자신의 때, 제때다.

제때인 이제를 사는 것이 목숨의 진리이며 생의 명령이다. 누구나 자신의 때를 살 수 있고 마땅히 살아야 한다. 제때를 사는 사람은 흥겹고 신이 나서 춤이 저절로 나온다. 시간[時]은 언제나 지금 여기의 순간, '이제'[是]이며, '나'의 때인 이제는 흥겨운 시(詩)가 된다.

11월 6일   나는 이제를 산다

자아에서 해방 못된 내가 누구를 해방시킨단 말인가? 역사 있은 이래 오늘까지 되풀이 되풀이 한 이 악순환. 네 눈 속에 들보를 먼저 뽑아내면 형제의 눈 속의 티를 뽑을 수 있다 했다. 티는 무엇이고 들보는 무엇인가? 나의 자아주장이야말로 전세계와 그 역사를 못 보게 하는 대들보 같은 악이고, 강도 살인하는 온갖 무서운 죄란 것은 도리어 내 속에서 들보가 빠지기만 하면 문제도 아니 되는 작은 것이란 말 아닌가? 《함석헌 전집 3: 한국기독교는 무엇을 하려는가》 325쪽

▶세상 모든 죄악과 문제의 대들보는 무엇인가? 저마다 품고 있는 '나'의 자아 주장이다. 이것 때문에 세상과 역사를 바로 보지 못하고, 모든 죄악과 다툼이 일어난다. 전체 생명의 자리에서 보면 모든 죄악과 갈등의 뿌리는 '나'의 자아 주장에 있다. 이것만 뽑아 버리면 다른 모든 죄악과 다툼은 작은 티끌처럼 사라질 것이다.

어찌하여 형제의 눈 속에 있는 티는 보고 네 눈 속에 있는 들보는 깨닫지 못하느냐 보라 네 눈 속에 들보가 있는데 어찌하여 형제에게 말하기를 나로 네 눈 속에 있는 티를 빼게 하라 하겠느냐 외식하는 자여 먼저 네 눈 속에서 들보를 빼어라 그 후에야 밝히 보고 형제의 눈 속에서 티를 빼리라 (마 7:3-5)

몸은 활이고 곧은 정신은 화살이다. 몸이란 활에 다 정신이란 화살을 끼워 쏘아 가운데 바름[中正]을 얻을 수 있다. <u>《다석일지》 1956. 1. 19</u>

▶가운데[中]는 뭇 사람이 하나로 되는 자리이고, 바름[正]은 뭇 사람이 함께 따르는 길이다. 어떻게 가운데 바름에 이를 수 있는가? 온몸이 활처럼 굳세고 강하며, 정신은 화살처럼 곧고 날카로워야 한다. 온몸으로 힘을 다해서 곧은 정신을 화살처럼 쏘아야 가운데 바름에 이를 수 있다. 몸이 성하고 켕겨 있으며, 곧은 정신이 힘차게 바르게 움직이는 이가 가운데 바름의 자리에 설 수 있다.

곧음으로만 하나 됨(하늘, 하나님)에 이른다. 몸이 곧으면 몸의 기관들이 잘 통하고, 마음이 곧으면 마음이 통일된다. 곧음으로써 서로 다른 것들을 하나로 아우르는 '동그라미'에 이른다. 동그라미와 곧음의 통합이 가운데의 바름[中正]이다. 곧은 사람만이 가운데서 바를 수 있다.

그대는 현실주의를 자랑하려나? 나는 영원한 실패자란 말을 들으면서도 예수의 발밑에 서서 이상주의자가 되련다. 이상주의가 뭔가? 사람은 다 하나님의 자녀요 다 영이다 하는 거지! <u>《함석헌 전집 3: 한국기독교는 무엇을 하려는가》 325쪽</u>

▶현실주의자는 현실 속에서 성공하고 승리할 수 있다. 그러나 새 세상을 가져오지는 못한다. 예수는 현실에서는 참혹한 실패자였으나 하늘나라의 영원한 이상을 사람들의 가슴에 심었다. 예수가 심어 준 하늘나라의 영원한 이상이 무엇인가? 모든 사람을 하나님의 자녀와 영적 존재로 여기고 그렇게 대접하는 것이다.

낮에는 잊고 앉아 숨 쉬고[坐忘消息晝],

맡은 일 쉬지 않고 하여 본성을 회복한다[復性不
息課].

밤이면 안식에 들어가 은혜롭게 자고[寢恩安息宵]

새벽이 되면 지성으로 말씀을 이룬다[至誠成言曉].

《다석일지》1955. 10. 28

▶세상 일 잊고 앉으면 하늘과 땅이 평화롭다. 앉은 자리가 하늘
과 땅의 가운데이기 때문이다. 숨은 생명의 근본이니 숨을 깊이 쉬
면 생명의 근원에로 들어간다. 날마다 할 일을 부지런히 하여 사
람 구실을 하고 사람 구실함으로써 사람답게 된다. 밤에는 불면
에 시달리거나 악몽을 꾸지 않고, 깊고 편안한 잠을 잔다. 새벽에
는 지성으로 말씀을 생각하고 말씀을 깨닫는다. 이것이 사람의 하
루살이다.

성경을 역사적으로 분석 비판하여서 예수의 사실을 다 밝힐 수도 없을 것이고, 또 밝힌다 해도 예수는 그것으로 다가 아니다. 예수라는 인격은 지금도 자라고 있다. 예수가 인류를 건지기도 했지만, [생명의] 역사는 또 예수의 인격을 키우고 있다.

이 세계에는 하나의 인격이 있다. 그것은 영원한 미완성이다. 역사적인 예수는 그것의 그때의 나타남뿐이다. 그러므로 죽었다고 했고, 죽은 가운데서 부활했다고 한다. 우리가 믿는다는 것은 그러한 영원한 한 사람을 믿는 것이다. 《함석헌 전집 3: 한국기독교는 무엇을 하려는가》 327쪽

▶역사적, 사회과학적 연구만으로는 예수의 사실을 다 밝힐 수 없다. 예수의 삶과 정신은 영원한 생명에 뿌리를 두고 있기 때문이다. 영원한 생명을 살았던 예수의 인격은 지금도 인류의 삶과 역사 속에서 자라고 있다.

함석헌은 전체 생명을 하나님으로 하나의 인격으로 보았다. 전체 생명을 나타내는 한 인격은 세상의 역사 속에서 영원한 미완성이다. 역사적 예수는 전체 생명(한 인격)을 그때 나타낸 것이다. 개체 생명은 죽어도 전체 생명은 죽지 않는다. 따라서 예수는 죽어도 죽지 않은 것이다.

120시간 숨만 쉬고 설교하니 입술이 마른다. 물을 먹고 자고 일어난 오늘은 퍽 피곤이 풀린다. 바람이 양식이요 물이 양식인 것을 깨닫는다. 낟알이 양식이거니 못하고, 고기 약재(藥材)를 생각하는 것은 숨결과 물이 밑바탕 됨을 잊어버린 것이다. 《다석일지》1957. 2. 2

▶5일간 숨만 쉬고 지내면 바람과 물이 양식임을 깨닫게 된다. 사람은 오늘 먹은 밥알의 힘으로만 사는 것이 아니다. 수억 년 동안 바람과 물을 마시면서 길러진 생명의 힘이 몸속에 쌓여 있고, 정력을 빚어 만든 기운과 기운을 승화시킨 신령한 힘이 몸과 마음에 깃들어 있다.

사람의 몸속에는 우주생명의 기운이 들어 있고 살면서 길러온 몸과 마음의 기운이 쌓여 있다. 그리고 사람의 생명을 길러 주고 북돋아 주는 자연 생명세계의 힘을 입고 사람은 살아간다. 오늘 먹은 낟알의 힘으로 사는 이는 쉽게 지치고 병들지만, 몸과 마음속에 숨겨진 힘으로 살고, 대자연의 생명력에 힘입어 사는 이는 지치지 않고 생기 넘치게 살 수 있다.

사람이 떡으로만 살 것이 아니요 하나님의 입으로부터 나오는 모든 말씀으로 살 것이라(마 4:4)

　　민주주의와 나라를 비교할 때 나라가 보다 더 큰 개념이요, 나라와 진리를 비할 때 진리가 보다 더 큰 개념이다. 진리를 위해 나라를 부정하면 나라가 살아나지만, 나라를 위해 진리를 부정해서는 이것도 저것도 다 없어진다.

　　거짓으로 수단을 쓰고 비밀리에 계획을 꾸며 폭력으로 투쟁을 해 바른 사회를 만들겠다는 것이 마치 짠 맛은 빼고 생선의 썩기를 방지하고 맛을 내며, 등불을 발 밑에 두고 방안이 밝고 서로서로 알아볼 수 있기를 바라는 것과 무엇이 다른가? 《함석헌 전집 3: 한국기독교는 무엇을 하려는가》 328쪽

▶민주제도보다 나라가 더 크고 나라보다 진리가 더 크다. 큰 것이 작은 것의 목적이고 토대다. 진리를 위해 나라를 부정하면 나라가 살아나지만 나라를 위해 진리를 부정하면 나라도 진리도 다 사라진다.

진리가 나라의 목적과 토대다. 거짓과 음모와 폭력으로 바른 사회, 바른 나라를 만들겠다는 것은 망상에 지나지 않는다. 그것은 마치 어둠으로 어둠을 몰아내겠다는 것과 같다.

예수는 하늘나라를 들이치는 자가 그리로 들어
간다고 하였다. 하늘은 넓다. 침략해도 좋다고 열어놓고
있다. 우리는 앞장서서 천국으로 쳐들어가야 한다. 《씨올의
메아리》123쪽

▶예수는 "천국은 침노를 당하나니 침노하는 자는 빼앗느니라"(마
11:12)라고 말했다. 이것은 예수가 한 말 가운데 가장 이해하기 어
려운 말로 알려져 있다. 그러나 다석은 이 말을 아주 쉽게 풀이했
다. 하늘은 한없이 넓어서 아무나 침략해도 좋다. 땅에서는 침략
하면 다툼과 고통이 생기지만 하늘은 아무리 침략해도 다툴 필요
가 없다. 자유와 평등, 사랑과 정의가 가득한 하늘로 온 힘을 다하
고 뜻을 다하고 정성을 다해서 쳐들어가야 한다. 그것이 인생의 목
적이고 보람이다.

　　산에 가면 높은 봉우리도 있고, 험한 골짜기도 있고, 가시넝쿨, 고운 새, 사나운 짐승의 가지가지가 다 있지만, 그것이 산이 산 되는 데는 아무 상관이 없지 않느냐? 산이 있으면 그 모든 것이 다 그 안에 제대로 살아 있을 수 있지만, 그것들이 한번 산을 제가 만들어 가지고 있는 것이라 주장을 하기 시작하면 산은 그만 없어지고 만다. 《함석헌 전집 4: 죽을 때까지 이 걸음으로》8쪽

▶서로 다른 수많은 것들이 한데 어우러져 산을 이룬다. 산은 그 안에 있는 모든 것을 아우르는 전체다. 전체가 살아 있으면 그 안에 있는 모든 것들이 살아 있을 수 있다. 그러나 전체 안에 있는 개별적인 것들이 각자 전체를 지배하고 주장하려 들면 전체는 깨지고 사라져 버린다.

우주는 소식이요, 하나님은 소식주(消息主)시요,
나는 소식·이다. 《제소리》 343쪽

▶ 우주 전체가 살아서 숨을 쉰다. 우주가 쉬는 숨의 주인이 하나님
이다. '나'는 하나의 숨 쉬는 점(點)이다. '숨 쉬는' '점'이 됨으로써
시간과 공간에서 해방되어, 우주의 숨(생명)과 일치되고, 시간의
'이제'와 공간의 '여기'의 주인이 된다.

숨 쉬는 점이 됨으로써, 사람은 시간과 공간의 주인이며 숨(消息,
생명)의 주인인 하나님과 소통하고 관계할 수 있다. 하나님과 사귐
으로써 사람은 시간과 공간의 주인이 되고 숨과 생명의 주인이 되
어 자유롭게 살 수 있다.

기적 기적 권능 권능하지만 흙에서 밥을 만들어 내는 것이야 말로 권능 있는 기적 아닌가? 시라 그림이라 음악이라 하지만 바위에서 꽃이 나오고, 똥에서 과일이 나오는 이거야말로 정말 예술 아닌가? 지식 학문 하지만 아무리 발달했기로서 기초의 기초되는 밥과 옷 만들기를 잊어버린 지식이 무슨 지식일까? 《함석헌 전집 4: 죽을 때까지 이 걸음으로》 58쪽

▶이 우주 안에서 놀라운 일이 무엇인가? 생명이다. 생명 자체가 기적이고 신비이며 힘이다. 흙에서 밥을 만들어 내는 것이 생명의 놀라운 힘이고 기적이다. 시, 그림, 음악은 존재와 삶의 새로운 차원, 깊이를 드러내는 것이다. 바위에서 꽃이 나오고 똥에서 과일이 나오는 것이야말로 존재와 삶의 새롭고 깊은 차원을 드러내는 것이 아닌가? 존재와 삶의 새롭고 깊은 차원을 드러내는 생명 자체가 예술이다.

아리스토텔레스는 예술을 자연의 모방이라고 했다. 모방이라면 밖에서 흉내 내는 것이다. 함석헌에게 예술은 자연에 참여하여 자연의 생명, 민중의 삶을 표현하는 것이다. 생명은 스스로 하는 것이므로 예술도 주체적이고 창조적이고 생명적인 것이다. 모든 생명은 스스로 하는 주체인 '나'를 가진 것이다. 생명의 주체인 '나'가 우주자연생명의 주체이며 본성이다. 참 예술은 인간 생명의 주체에서 나온 것이며 그 주체를 드러내고 일으켜 세우는 것이다. 삶을 잊은 학문과 예술은 뿌리를 잃은 것이다.

11월 17일 바위에서 꽃이 나오고
똥에서 과일이 나오는 기적

이 세상의 일을 잘 들여다보면, 잠을 자고 일어나고 깨어 활동하는 것을 죄다 놀이로 볼 수 있다. 세상에 나올 때부터 하나님 앞에서 어린아이처럼 이 세상을 지나가면 말끔히 놀이가 될 수 있다. 이 사람이 늘 말하는 유희삼매(遊戲三昧)는 아이들이 놀이에 심취하는 것처럼, 한 세상 취해서 가야 한다는 것이다. 《다석강의》 466~467쪽

▶욕심 부리지 않으면 놀이하듯 살 수 있다. 마음을 비우면 인생살이가 놀이 아닌 것이 없다. 욕심과 집착에서 벗어나 빈 마음의 하늘에서 신선처럼, 어린이처럼 자유롭게 놀이하듯 살자는 것이다. 세상에 대한 집착이나 명예, 물욕과 유혹을 떨쳐 버리고 참과 사랑의 세계에서 함께 놀자. 큰 생명의 바다에서 참과 사랑의 놀이에 빠져 자유롭게 노래하고 춤추며 기뻐하자.

　　네 선 자리, 소설을 쓰는, 작곡을 하는 네 선 자리
가 어던 줄 아느냐? 하나님의 발가락, 곧 민중이 앉았는
곳이야! 민중과 한 가지 발 벗고 나서지 않은 학사, 문사
다 절도요 강도다. 우리 부족은 혼에 있다. 시는 상상력
이 많아야 한다고 하더구나 상상력이 무엇이냐? 도덕적
으로 말하면 동정심이지. 동정심이 무어냐? Sympathy지.
같이 아파하는 거지. 우주정신의 바탈대로인 씨올의 마
음으로 하나 됨이 없이 어떻게 노래를 부르고 그림을 그
리겠느냐? <u>《함석헌 전집 4: 죽을 때까지 이 걸음으로》 62쪽</u>

▶역사와 사회의 무거운 짐을 지고 신음하는 민중을 외면한 인문학
적 논의는 진정성을 잃은 것이다. 생명과 정신과 영혼의 주체를 생
각하지 않는 예술과 문학은 공허한 장난이다. 우리 사회와 역사에
서 생명과 정신과 영혼의 주체를 보고 느낄 수 있는 자리가 어디인
가? 사회와 역사의 무거운 짐을 지고 생명과 정신과 영혼이 억눌려
있는 민중의 자리가 바로 그 자리다.

민중에게 억지로 무거운 짐과 책임을 지워 놓고 민중을 외면하고
사치와 향락에 빠진 세상과 함께 인생을 즐기려는 학사, 문사는 절
도요 강도다. 예술과 문학의 바탕이 되는 상상력은 민중의 고통에
대한 동정심에서 나오고 동정심은 같이 아파하는 맘에서 나온다.
혼이 살아 있으면 함께 아파하며 하나 됨을 느낄 수 있다. 생명과
영혼의 주체는 전체와 통하는 것이다. 주체와 전체가 살아서 통하
지 않는 예술과 문학은 죽은 것이다.

세상은 못됐다, 틀렸다 하고서 우로 올라가면 시
원하다. 생각이 우로 오르면 마음이 한없이 넓어진다. 하
늘로 머리를 들면 시원하다. 시원하니까 생각이 난다. 그
리하여 백두산에서 물이 흐르듯이 마음에서 생각이 나
온다. 객관이 아니라 주관(主觀)뿐이다. 몸은 쓸 데 없지
만 얼은 영생한다. 주관뿐인데 내 주관이 아니라 하나님
의 주관이다. 하나님은 만유보다 크시다. 나의 주관까지
도 하나님께로부터 나왔다. 《다석 유영모 어록》 84~85쪽

▶하늘로 솟아오른 산꼭대기는 하늘의 햇빛과 바람과 물을 받아
들인다. 하늘에 머리를 둔 사람도 하늘로 솟아오르는 존재다. 하늘
로 솟아오르면 마음이 시원해지고 새로운 생각이 난다. 하늘의 얼
생명에서 생각이 나오는 것 같다. 하늘의 얼(하나님)이 생각의 근
원이고 주체가 아닐까? 근심과 걱정을 떨쳐 버리고 하늘을 향해
일어서면 하늘 생명의 시원한 바람을 맞을 수 있다. 하늘 생명의
바람을 쐬면 나도 내 생각도 살아난다.

참 종교 예술 없는 것은 위대한 종교 없기 때문이다. 내 종교가 큰 종교다. 민중으로 하나님을 직접 못 만나게 했기에 예술 없다. 위대한 예술 없는 것은 위대한 종교 없기 때문이다. 불교가 아니 들어왔단 말 아니요, 기독교가 아니 들어왔단 말 아니다. 다 위대한 종교지. 하지만 내거 되지 못한 종교, 종교의 허울이 무슨 위대한 종교일 수 있을까? 제 종교만이 큰 종교다. 《함석헌 전집 4: 죽을 때까지 이 걸음으로》 65쪽

▶ 생명과 정신의 보람과 목적은 깊은 주체와 큰 전체가 하나 됨에 이르는 데 있다. 주체인 '나' 속에서 전체 하나에 이르자는 것이 종교다. 이스라엘 백성을 이집트의 종살이에서 해방하려는 모세가 하나님을 만나 대담하게 하나님의 이름을 물었을 때 하나님은 "나는 나다"(야훼)라고 말했다. 참된 전체이신 하나님 안에서 비로소 '나'는 '나'가 될 수 있다. 내가 나대로 있을 때 제소리가 나오고 아름다움이 표현된다.

이 세상에 하나님보다 크고 아름다운 존재가 없다. 하나님을 만나는 일보다 큰 일이 없다. 종교는 하나님을 만나는 일이다. 주체인 내가 전체인 하나님을 만나게 하는 종교, 그 종교가 참 종교요 큰 종교다. 하나님을 만난 사람은 내가 나대로 나답게 살고 네가 너대로 너답게, 그가 그대로 그답게 살도록 이끌 수 있다. 나와 너와 그가 각각 '나답게' 살 때 삶은 참되고 아름답다.

밥 먹을 때는 사랑으로 나눌 것을 생각한다[食思割愛] 《다석일지》 1955. 4. 30

▶세계적으로 보면 한쪽에서는 지나친 영양섭취와 비만으로 몸이 망가지고 병들고 있는데 다른 쪽에서는 굶주림과 영양실조로 병들어 죽어 간다. 세계 인구의 15퍼센트는 여전히 굶주리고 있다. 식량이 부족해서 큰 위기가 올 것이라고도 한다. 그런데 미국 드라마에서는 밥상의 음식을 던지며 노는 장면이 자주 나오고 한국에서는 음식물 쓰레기로 몸살을 앓는다.

밥은 몸이 필요한 만큼만 아껴 먹되 사랑으로 나누어 먹어야 한다. 다석은 하루에 한 끼만 먹고 살았다. 아침은 하나님께 드리고 점심은 이웃에게 드리고 저녁은 목숨을 위해 먹었다. 음식은 사랑으로 나누어 먹는 것이다. 하루에 한 끼만 먹는 것은 '먹고 남는 양식'을 나누자는 게 아니라 '지금 내가 먹는 밥'을 사랑으로 나누어 먹자는 것이다. 그것은 밥만을 나누는 것이 아니라 몸을 나누고 목숨을 나누는 것이다. 가난하여 굶주린 사람들에게는 밥을 나누는 것이 몸을 나누는 것이고 목숨을 나누는 것이다.

하나님과 직접 연락된 내가 '한' 곧 큰 것이요, 그
직선을 중축으로 삼으면 온 우주를 돌릴 수 있다. 그러니
나에까지 뚫리지 못한 종교, 나와 하나님을 맞대주지 못
하는 종교 참 종교가 아니다. 우리나라에 위대한 문학 없
는 것은 민중으로 하여금 하나님을 직접 만나게 하지 못
했기 때문이다. 불교도 유교도 기독교도 아직 그것을 하
지 못했다. 《함석헌 전집 4: 죽을 때까지 이 걸음으로》 65쪽

▶이 우주 안에 크고 깊은 존재가 있다면 하나님이다. 하나님은 우
주보다 크고 깊은 존재다. 사람이 비록 작고 힘없는 존재요 잠깐 살
고 사라지는 존재라 해도 하나님과 직접 연락될 수 있다면 얼마나
놀랍고 벅찬 일이겠는가? 이 우주는 언젠가 소멸하더라도 하나님
을 만난 사람은 하나님 안에서 참되고 영원한 생명에 참여할 수 있
을 것이다. 사람만 아니라 사람 안에서 온 우주만물이 허무와 파멸
의 사슬에서 벗어나 보람과 뜻을 지니게 될 것이다.
나와 하나님 사이가 뚫리게 하는 종교가 참 종교다. 하나님과 연락
된 나는 우주보다 깊고 커서 우주의 중심과 꼭대기가 될 수 있다.
하나님과 하나가 된 나는 우주의 보람과 사명과 목적을 이루는 자
다. 오늘의 종교가 할 일은 사람마다 하나님을 만나서 우주의 중심
과 주인이 되게 하는 일이다.

육십 조 살알[細胞]이 하나로 뭉쳐 유기체를 이룰 때 여기서 개성이랄까, 성격이랄까, 인격이 나타나는 것은 참 신비라고 아니할 수가 없다. 육십 조 살알이 저마다 정신을 차릴 때 여기 무서운 정신 영원한 인격이 구성되는 것이 아닌지 모르겠다. 그런 의미에서 건강한 육체는 단순한 그릇이 아니라 건강한 육체는 건강한 정신을 낳는 모체인 것 같다. 〈제소리〉 178쪽

▶수많은 세포 하나하나가 모여 몸을 이루고 몸에는 인격이 깃들어 있다. 몸과 인격은 뗄 수 없이 결합되어 있다. 인격과 정신이 몸에서 드러나고 몸으로 표현된다. 몸은 온갖 욕심과 더러운 감정의 소굴이기도 하고, 하나님의 성전과 거룩한 얼의 집이기도 하다. 탐욕과 집착이 몸을 지배하면 몸은 물질의 종이 되고, 위로 올라가려는 생각이 몸을 이끌면 몸은 건강한 정신을 낳는 모체가 된다. 생각은 머리와 가슴으로만 하는 게 아니다. 몸 전체가 생각한다. 육십 조 세포 하나하나가 정신을 차리고 함께 생각할 때 건강한 정신이 태어난다.

　　민중이 뭐냐? 씨올이 뭐냐? 곧 나다. 나대로 있는
사람이다. 모든 옷을 벗은 사람 곧 알 사람이다. 알은 실
(實), 참, real이다. 임금도 대통령도 장관도 학자도 목사
도 신부도 군인도 관리도 문사도 장사꾼도 죄수도 다 알
은 아니다. 실재는 아니다. 그런 것 우주 간에 없다. 그것
은 다 허망한 욕심의 만신당(萬神堂) 속에 있는 우상들이
다. 이것들은 그 입은 옷으로 인하여 서 있는 것들이다.

《함석헌 전집 4: 죽을 때까지 이 걸음으로》 66쪽

▶씨올은 생명과 정신의 알맹이다. 생명과 정신의 알맹이는 스스로
하는 주체인 '나'다. '내'가 살면 산 것이고 '내'가 죽으면 죽은 것이
다. 숨을 쉬어도 내가 쉬고 밥을 먹어도 내가 먹는다. 생각을 해도
내가 하고 일을 해도 내가 한다. 이 세상에 내가 하지 않는 일은 없
다. 어떤 일도 나의 나, 너의 나, 그의 나가 하는 것이다. '내가 나'라
고 하는 데는 아무 차별이 없고 평등하다. 하나님조차도 '나는 나
다'(야훼) 하시는 이다. 양심도 이성도 '내'게 속한 것이다. 참으로
있는 것은 '나'밖에 없다.

사회관계에서 붙은 지위나 신분, 명칭은 모두 껍데기에 지나지 않
는다. 껍데기에 매달리고 껍데기에 굴복하는 것은 모두 '나'를 잃
은 우상숭배다. 그런 것들은 다 인간의 허망한 욕심이 빚어낸 우
상들이다. 씨올은 껍데기, 우상에 매이지 않고 속알맹이에 충실한
존재다. 나를 잃은 사회는 죽은 사회요, 속알맹이가 없는 사회는
빈껍데기다.

앞서 나가 살고 돌아온 묵은 피와 그 피에 실려 온, 위에서 오늘날 새로 주신 짐승을 밤낮 없이 불살라 새 피를 내는 허파 앞에. 새 피를 받아 온몸에 벌려 있는 육십 조 살알[細胞]에 돌려 이바지어 드리려는 맘밖에 먹음이 없는 '염통 넙 pope (드림 마른 이)'이 있는 가슴에 네 나가 설 데다. <u>《다석일지》 1956. 1. 18</u>

▶허파는 묵은 피를 불살라 새 피를 만들고 날마다 먹는 밥과 고기를 밤낮없이 불살라 새 피를 낸다. 염통은 허파에서 나온 새 피를 받아서 온몸의 육십 조 세포들에게 돌려 드린다. 허파는 곡식과 짐승을 불태우는 제단이고 염통은 깨끗한 피를 드리는 제사장이다. 염통은 드림(offering) 맡은 이, 제사장이며, 염통이 내는 '폽, 폽'하는 소리는 교황(Pope)을 가리킨다.

묵은 피를 불사르고 짐승을 불태워 깨끗한 피를 내는 허파, 오직 깨끗한 피를 드리려는 맘밖에 먹지 않는 염통처럼 그렇게 지성으로 사심 없이 살아야 한다. 내가 나가서 설 곳은 허파와 염통이 있는 자리다.

　　예수의 실패는 정의(正義) 쪽의 실패다. 나도 정의 쪽의 실패자인 크리스천이 되려고 하는 것은, 사실은 마지막의 정의를 믿고 정의가 불가능한 세상에 정의가 있도록 하려는 데 있다. 예수가 이 세상에 정의를 실현하려고 한 지 이천 년이 되었다. 아직도 정의는 실현되지 못했지만, 그러나 낙심하지 않고 그 길을 가는 것이 우리들의 일이다. 이것이 이른바 신앙이라는 것이 아닌가.

《씨올의 메아리》 122쪽

▶불의한 세상의 잣대로 보면 예수의 인생은 실패로 끝났다. 하나님의 사랑과 정의를 이루려고 힘을 다했지만 불의한 권력자들에게 비참한 죽임을 당했다. 정의가 불의에게 짓밟혔다. 예수를 믿고 따르는 사람은 불의한 세상에서 실패와 좌절을 마다하지 않고, 고독과 굴욕당하는 것을 두려워하지 말아야 한다. 믿음은 불의가 지배하는 세상에서 정의가 승리할 것을 확신하고 정의의 길을 가는 것이다. 그러면 언젠가는 반드시 정의가 이기는 것을 보게 될 것이다.

의를 위하여 박해를 받은 자는 복이 있나니 천국이 그들의 것임이라 (마 5:10)

하늘과 땅의 뭇 물질세계가 다 내 손을 대어 읽
어야 할 점자(點字)로 된 (계시의) 글 문장들이다. 《다석일지》
1960. 7. 27 　만물은 점자(點字)

▶만물은 말씀[天命]에 힘입어 존재한다. 모든 존재의 깊이에는 말
씀이 있다. 만물은 말씀을 나타낸 '글씨'다. 우리는 눈이 멀어서
만물이 나타내는 글씨를 눈으로는 읽지 못한다. 남이 대신 읽어
줄 수도 없다. 내 손으로 더듬어 한 글자씩 나의 몸과 마음과 혼으
로 읽어야 한다. 만물에 쓰인 글을 읽는 것은 몸의 손가락이 아니
라 마음의 손가락이다. 마음 손가락이 예민하게 깨어 있어야 한다.

　　하나님은 지극한 사랑이기 때문에 몸으로까지 나타나고야 만다. 너는 내게 하나님의 사랑이 나타난 것이요 나는 네게 하나님의 사랑이 나타난 것이다. 만물이 서로 다 그렇다. 그러나 또 이 몸이 그 사랑에 방해인 것도 사실이다. 우리는 그것을 잘 알고 있지. 어느 날 가면 이 몸 이대로가 하나님의 맘성인 때가 올까? 《함석헌 전집 3: 한국기독교는 무엇을 하려는가》329쪽

▶함석헌은 정신과 몸, 이상과 현실의 통합을 강조했다. 하나님의 지극한 사랑은 몸으로 나타나고, 하나님의 사랑으로 충만한 몸은 신령하다. 함석헌의 생각은 하나님과 하나님의 사랑에 집중되어 있다. 모든 사람, 모든 생명, 모든 물건이 하나님의 사랑으로 창조된 것이고, 하나님의 사랑이 나타난 것이다. 구체적인 한 사람에게서 그리고 구체적인 물건에서 하나님의 사랑을 볼 수 있다. 그러나 함석헌은 정신과 몸, 하나님과 현실 사이에 갈등과 모순이 있음을 절감한다. 그는 이 모순 속에서 몸으로 하나님의 맘과 뜻을 드러내려 하였다.

인생은 피리와 같다. 피리를 부는 이는 신이다.

《다석일지》(상) 817쪽

11월 30일 인생은 피리

▶피리처럼 속이 뚫릴 때 하늘 바람이 불어온다. 하늘 바람이 불어 올 때 생명과 영의 음악이 나온다. 몸과 맘을 비워서 하늘 바람이 통하게 해야 한다. 신이 나의 인생을 통해서 하늘 음악을 연주하게 해야 한다. 내 삶을 통해서 하늘의 음악이 울려 퍼지는 것이 인생의 보람이고 기쁨이다.

씨올로 감은 결국 하나님으로 감이다. 바다가 하늘 물의 내려 온 것이듯이, 그리하여 바다의 길은 하늘로 올라가는 데 있듯이, 씨올은 하늘 말씀의 내려 온 것이요, 씨올의 운동은 곧 하늘로 올라가는 운동이다. 그러므로 하늘이 언제나 바다의 품에 깃들여 있듯이 하늘의 뜻은 언제나 씨올의 가슴에 내려와 있다. 씨올을 받듦이 하늘나라 섬김이요, 씨올을 노래함이 하나님을 찬양함이다. 《함석헌 전집 4: 죽을 때까지 이 걸음으로》 67쪽

▶씨올로 간다는 것은 모든 특권과 폭력을 버리고 자유와 평등의 세계, 사랑과 정의의 세계로 간다는 것이다. 그것은 사랑과 정의의 근원인 하나님께로 가는 것이다. 씨올은 사랑 속에서 싹트고 정의 안에서 옹글게 자란다. 역사와 사회의 속알맹이인 씨올은 사랑과 정의를 가장 필요로 하고 사랑과 정의는 하나님께 속한 것이다. 사랑과 정의는 하나님의 성품이고 얼굴이고 뜻이다. 그러므로 씨올은 하나님 없이 살 수 없고 하나님은 씨올에게서 자신의 뜻인 사랑과 정의를 드러낸다. 씨올을 섬기는 사람은 하나님을 섬기는 사람이고, 씨올을 노래하는 사람은 하나님을 찬양하는 사람이다.

자신을 제사 지내는 사람은 큰 사람이고 진정 큰 사람[大者]이란 꾸미고 살지 않는다. 꾸밈없이 자유롭게 놀려면 빈탕한데 얼[魂]이 연락되어야 한다. 우리는 묶고 묶이는 큰 짐을 크고 넓은 '한데'에다 다 실리고 홀가분한 몸으로 놀며 가야 할 것이다. 그리고 종당에는 이 몸까지도 벗어버려야 한다. 다 벗어버리고 홀가분한 몸이 되어 빈탕한데로 날아가야 한다. 《다석강의》490~492쪽

▶자신을 하늘에 제사 지내는 사람은 자신의 욕망과 집착, 편견과 감정을 불태우고 무한한 하늘의 허공에서 사는 큰 사람이다. 큰 사람은 금과 은으로 치장하지 않고 명품과 이름을 자랑하지 않고 돈과 권력, 신분과 지위를 내세우지 않는다. 그 사람은 빈탕한데(허공)인 하늘에 무거운 짐을 내려놓은 사람이다.

큰 사람은 마음속에 하늘의 빈탕한데를 품고 빈탕한데서 인생놀이를 한다. 성공과 실패에 마음 졸이지 않고 남이 뭐라 해도 마음 쓰지 않고, 오로지 하늘의 사랑과 의, 참과 얼만을 드러내는 놀이를 한다. 버릴 것 다 버리고 하늘의 빈탕한데로 날아가 하늘놀이의 자유와 기쁨에 빠진다.

너는 씨올이다. 너는 앞선 영원의 총결산이요, 뒤에 올 영원의 맨 꼭지다. 설움은 네 허리를 묶는 띠요, 네 머리에 씌우는 관이다. 너는 작지만 씨올이다. 지나간 5천년 역사가 네 속에 있다. 5천 년만이냐, 5만 년 굴 속에 살던 시대부터의 모든 생각, 모든 행동, 눈물, 콧물, 한숨, 웃음이 다 통조림되어 네 안에 있다. 아니야, 5만 년만이겠나, 파충류시대, 아메바시대, 양치류시대, 조산(造山)시대, 허공에 소용돌이치던 가스 성운 시대까지도, 그보다도 절대의 얼이 캄캄한 깊음을 암탉처럼 품고 앉았던 시대의 모든 운동이 다 네 속에 있다. 그럴 때 너는 늘 설웠다. 《함석헌 전집 4: 죽을 때까지 이 걸음으로》 76쪽

▶아메바 시대, 물고기 시대, 파충류 시대, 포유류 시대를 거쳐 사람이 진화되어 나왔다. 사람의 뇌세포에는 이 모든 시대의 유전자와 경험과 의식이 새겨져 있다. 사람 속에는 뱀이나 공룡 같은 잔인한 감정과 의식이 숨겨 있을 수 있고 호랑이나 늑대 같은 사나운 감정과 의식이 숨어 있을 수 있다. 진화사적으로 보면 사람의 의식과 경험은 매우 짧다.

그러나 생명진화의 역사는 땅의 물질에서 하늘의 영으로 발전해 온 과정이었다. 땅의 물질 속에서 꼬물거리던 아메바가 하늘 기운을 숨 쉬면서 물고기, 파충류, 포유류를 거쳐 하늘을 향해 머리 들고 일어선 존재가 되었다. 사람은 하늘이 그리워 하늘로 머리를 들고 일어선 존재요, 하늘을 품은 존재다. 하늘은 더불어 살고 서로

살리는 사랑과 정의의 세계다.

5천 년 민족의 역사, 수십억 년 생명 진화의 역사가 내 속에 있다. 민족 역사와 생명 진화의 끝을 내가 쥐고 있다. 내가 이것을 깨닫고 바로 살면 생명 진화의 역사가 완성되고 민족의 역사가 꽃 피고 열매를 맺을 수 있다. 그러나 만일 내가 허투루 아무렇게나 살면 수십 억 년 생명진화의 역사를 망치고 5천 년 민족의 역사가 허무해진다.

내 정신과 신이 통할 때 눈에 정기가 있고 말에 힘
이 있다. <다석일지> (상) 821쪽

▶세상의 근심 걱정에 사로잡히면 사람의 정신은 바람 빠진 공처럼
힘이 없고 쭈그러든다. 그러나 신이 통하면 몸에는 기운이 가득 차
고 정신은 하늘로 솟아오른다. 신이 통하면 얼이 살고 얼이 살면 정
신에 힘이 나고 정신에 힘이 나면 몸과 맘이 꼿꼿이 일어선다. 정신
과 신이 통하면 눈에 맑은 기운이 있고 말에 힘이 넘친다. 신과 통
하여 바른 기운을 가득 품고 사는 것이 사람답게 사는 것이다. 신
과 통하면 마음은 자유롭고 편안해지며 마음이 자유롭고 편하면
몸에 기운이 나고 생각과 말에 힘이 있다.

　　마음의 왕국은 없음의 왕국이다. 마음대로는 마음이 모든 주장을 내버린 때에야 있다. 그것이 자유다. 인생을 버린다 할 때 나는 인생에 달라붙어 잡힌 것이다. 내버린다는 것은 나의 주장을 내버려야 되는 것이다. 버린다 하는 생각조차 버린 지경, 순수한 부정, 아무것도 없는 지경이다. 《함석헌 전집 4: 죽을 때까지 이 걸음으로》 393쪽

▶마음은 몸속에 하늘이 열린 것이다. 마음은 본래 물질이 아니다. 물질의 차원에서 보면 마음은 없는 것이고 빈 것이다. 마음대로 한다는 것은 마음의 본성에 따라 자유롭게 한다는 것이다. 그러려면 물질에 대한 욕심과 집착을 버려야 한다. 모든 욕심과 집착과 주장은 바깥의 물질이 마음속에 들어온 것이다. 물질의 지배에서 벗어나 마음이 자유로우려면 모든 욕심과 집착과 주장을 버려야 한다. 버린다고 하는 생각과 주장조차도 버려야 빈 마음이 되고 마음이 비면 마음대로 자유롭게 할 수 있다.

얼 김[眞理靈氣]을 맞으면 마음 문이 열리고 코가
뚫리고 귀가 띄며, 큰 기운이 온 몸의 세포들을 꿰뚫고,
땅과 바다와 온 우주를 하나로 꿰뚫는다. 《제소리》316쪽

▶숨을 바로 쉬는 사람은 우주를 둘러싼 호연지기, 얼의 기운을 숨
쉰다. 얼의 기운을 숨 쉬면 마음과 몸이 하나로 뚫리며 우주의 신
령한 큰 기운이 온몸의 세포들과 지구와 우주를 하나로 꿰뚫는다.
하늘의 기운을 숨 쉬는 목숨이 마음을 여는 '생각과 말씀의 숨'이
되고 생각과 말씀의 숨이 온 우주와 생명 세계를 하나로 꿰뚫는 얼
의 숨으로 된다.

모든 이론은 저를 판 밖[局外]에 세우려고 애씀이다. 저는 삶의 사슬[連鎖]에서 빠져나와 선 듯이 생각하는 것이 이론을 펴는 때의 심리다. 그것은 자유를 바라는 생명의 바탈에서 나오는 일이다. 그러나 작은 자유, 작은 평안은 판 밖에 섬으로 될 수 있지만 정말 큰, 참 자유, 참 평안은 삶의 사슬, 역사의 판 밖에 서 가지고는 아니 된다. 그러므로 저를 거기 던져 넣어서만, 틈을 메꾸는 볼개로 끊어진 데를 잇는 고리로 집어넣어서만 될 수 있다. 논리는 윤리를 가지고만 구원된다. 《함석헌 전집 4: 죽을 때까지 이 걸음으로》 394쪽

▶이론을 그리스말로 테오리아(theoria)라고 하는데 테오리아는 '본다'는 말이다. 이론이란 객관적으로 바라보는 데서 나온 것이다. 이론에서는 주체의 참여가 배제된다. 그러나 어떤 경우에도 주체인 '나'와 무관한 현실과 문제는 없다. 모든 현실과 문제는 '나', 나의 나, 너의 나, 그의 나가 만든 것이고 또 '나'가 풀 수밖에 없다. 모든 '나'가 구경꾼으로 관찰하기만 한다면 어떻게 문제가 해결될 수 있겠는가? 그러므로 이론이 이론으로 머물면 안 된다. 희생을 무릅쓰고라도 마땅히 자기가 할 일을 하겠다는 윤리가 있어야 이론과 논리가 쓸모 있게 된다.

얼굴을 보니 그 골짜기가 한없이 깊다. 소뇌, 대뇌를 넘어서 우주의 무한한 신비가 얼굴 뒤로 연결되어 있다. 별 하늘 뒤에 뒤에 천천만만의 별 하늘…… 그 뒤 생각의 바다가 있고 신의 보좌가 있고 얼굴의 골짜기 한없이 깊다. 그 깊은 그윽한 곳에 얼굴의 주인인 진짜 얼이 계신 것이다. 《다석일지》(상) 722쪽

▶우주보다 큰 얼의 세계가 숨 쉬는 사람의 얼굴에 드러난다. 얼굴은 얼의 골짜기요 얼의 굴이다. 영혼을 드러내는 골짜기가 얼굴이다. 사람의 얼굴 속에 수십 억 년 생명진화의 역사가 새겨져 있고, 우주의 무한한 신비가 깃들어 있다. 얼굴 속에는 얼굴의 참된 주인인 얼이 들어 있다.

사람의 얼굴 속에 '우주의 가장 깊고 깊은 성스러운 지성소'가 있고 그 지성소 속에 우주의 신비와 인간의 영성이 박혀 있다. 우주의 신비와 인간의 영성이 사람의 얼굴에서 하나로 통한다.

창조하는 힘은 씨올에게만 있습니다. 모든 시대를 죽음에서 건져내어 새 문화로 부활하게 하는 영원한 역사의 메시아는 씨올 속에 숨어 있습니다. 다만 하늘 소리 땅 소리가 그 속에서 결합되지 않으면 안 됩니다. 땅에서 올라온 양분과 하늘에서 내려온 빛이 열매 속에서 하나로 결합되듯 씨올은 지나간 역사를 씹어 그 의미를 깨닫고 영원한 앞을 내다보아 비전을 얻어 그것을 자기 속에서 결합시켜야 합니다. <u>《함석헌 전집 5: 서풍의 노래》12쪽</u>

▶역사와 사회의 주체인 민중의 삶이 새롭게 될 때 역사와 사회는 새롭게 된다. 아무리 과학기술과 산업이 발달해도 민중의 삶에 변화가 없다면 역사와 사회는 새롭게 된 것이 아니다. 정치가, 사업가, 과학자, 예술가가 아무리 큰 업적을 남겼다 해도 역사와 사회의 씨올인 '민'을 새롭게 하지 못했다면 역사와 사회를 새롭게 하지 못한 것이다.

그러면 누가 민을 새롭게 하는가? 민을 새롭게 하는 것은 민 자신밖에 없다. 민이 스스로 깨달아 새로운 주체가 되어 새 삶을 살 때 비로소 민이 새롭게 되고 민이 새롭게 될 때 사회와 역사도 새롭게 된다. 결국 역사와 사회를 새롭게 창조하는 힘은 씨올(민)에게 있다. 그래서 함석헌은 영원한 역사의 메시아는 씨올 속에 숨어 있다고 했다.

예수와 석가, 공자와 맹자, 노자와 장자 같은 성현들이 한 일이 무엇인가? 그들의 가르침도 씨올의 자각과 새로움을 목표로 삼고 있다. 씨올이 지나간 역사를 씹어서 그 의미를 깨닫고 앞날을 뚫어보아 비전을 얻을 때, 역사를 창조하고 사회를 새롭게 할 수 있다.

아침에 깨어 일어나면 생각하고 저녁에는 일체를
잊고 잔다[覺日起想忘夜息]. 생각하는 것이 생명이고 일하
는 것이 죽음이다.[想是生命也 事則死也]. 생각하는 것이 생
명이니 힘을 다해서 마음을 다해서 생각한다[想是生命也
盡心力以思焉]. 《다석일지》 1956. 4. 17

▶생각은 사변이 아니라 삶의 행위다. 생각은 생명의 자각[生覺]이
다. 삶의 주체인 '나'는 '생각의 끝머리', '생각의 불꽃'이다. 생각은
'정신의 불꽃'이고, 이 정신의 불꽃에서 '내'가 나온다. 생각은 삶
을 생성하는 행위다. 생각에 따라 뇌의 회로도 새롭게 생성되고 의
식과 습관과 생활이 형성된다.
그러므로 생각하는 것이 곧 생명이다. 일하는 것은 목숨을 바치는
것이고 자기를 죽이는 것이다. 목숨 바쳐 일하기 위해서는 힘을 다
하고 마음을 다해서 생각해야 한다. 그래서 생명이 힘 있게 살아
있어야 한다.

위기에 빠진 것은 우리나라만이 아닙니다. 온 세계 인류가 다 그렇습니다. 홀으로 사람만 아닙니다. 모든 생명의 씨가 한가지로 위급한 운명에 빠졌습니다. 생각하는 이 인간의 장난 끝에 잘못하다가는 10억 년 자라서 오늘에 이른 큰 진화의 생명나무가 씨째 망해 버리게 되었습니다. 이 나라의 어려움은 그래서 오게 되었습니다. 전신에 들어 있는 피가 썩어서 곪아터진 것이 우리 한국이라는 나라입니다. 그러므로 세계를 구원함 없이 이 나라를 구원할 수 없고 이 나라를 살리지 않고 우주를 살려낼 길이 없습니다. 여기 우리의 거룩한 사명이 있습니다. 《함석헌 전집 5: 서풍의 노래》13쪽

▶생각하는 인간이 과학기술을 내고 사치와 향락 문명을 만들어 자연 생명세계를 마구 파괴했다. 착취와 수탈을 위해 침략전쟁을 일으키고 식민지 쟁탈전을 벌이다가 1차 대전과 2차 대전을 일으켰다. 이제는 사람이 물질과 생명의 본질과 성격을 바꿀 수 있는 기술도 갖게 되었다. 과학기술로는 사람이 창조자 하나님과 비슷하게 된 것이다. 그러나 사람의 마음은 파충류 시대의 뱀이나 공룡처럼 잔혹하고 사자나 늑대처럼 사나워 보인다. 사람다운 사람이 되기 어려운 세상에 살고 있다.

오늘 인류는 원자폭탄과 수소폭탄, 생화학무기들에 둘러싸였고, 탐욕과 경쟁을 부채질하는 사회에서 산다. 인류만 아니라 자연 생명세계도 위기를 맞고 있다. 현대문명을 지배하는 패권주의, 정복

주의, 경쟁주의, 출세주의는 한 마디로 남을 희생시키고 안락하고 풍요로운 삶을 살자는 것이다. 남이야 살든 죽든 나만 즐겁고 편하게 살아 보자는 개인 이기주의로 가득 찬 세상을 살고 있다. 그러니 부정과 부패가 사라지지 않고 삭막하고 각박한 세상이 되고 있다.

세계문명의 썩은 피가 곪아서 터진 것이 한국이다. 그래서 식민지가 되고 남북분단이 되고 남북전쟁이 일어났다. 북한에서는 인민이 굶어죽는다는데 3대 세습이 이루어지고, 남한에서는 선진화를 이룬다면서 여전히 지역주의 당파주의에서 벗어나지 못한다. 왜 이렇게 되었는가? 씨올이 씨올답게 살지 못했기 때문이다. 씨올이 자신의 존재와 사명을 깨닫고 일어나야 한다. 씨올이 일어나서 한국사회를 바로 세우는 것은 한국사회뿐 아니라 세계 문명을 바로잡는 것이고 우주 생명 세계를 살리는 것이다.

　　　몸에서 깨, 캐내는 생각으로 산 사람의 나라는 맘
이 고맙고 하늘 머리 둔 사람 한 끗이나 두 눈 밝혀 먹이
꼭꼭 씹어먹고 누기 바로 눈 땅은 환. 《다석일지》 1956. 9. 28

▶참 생각은 머리에서 짜내는 것도 아니고 가슴에서 부풀린 것도
아니다. 몸에서 깨어나 몸에서 캐내는 생각이 참 생각이다. 몸으로
깨닫고 체험한, 삶과 정신에서 피어난 생각이 생명과 정신을 살린
다. 이런 생각으로 사는 사람들의 나라는 나라에 대해서 그리고
사람에 대해서 고마운 마음을 갖게 한다. 고마운 나라요 고마운
사람들의 나라다.

하늘에 머리를 둔 사람은 목숨은 하나지만 두 눈을 밝게 떠서 밥
을 꼭꼭 씹어 먹고 누는 일을 바로 해야 한다. 먹이는 다른 생명체
의 목숨이고 알짬이니 고마운 마음으로 아껴서 꼭꼭 씹어 먹어야
한다. 밥 먹고 누는 것은 오줌, 똥만이 아니다. 몸과 마음에서 나오
는 온갖 배설물과 쓰레기가 있다. 탐욕과 못된 감정, 근심과 걱정,
허영과 고집도 배설물이다. 이런 배설물들을 참된 생각으로 불태
워서 깨끗이 처리하는 게 바로 누는 것이다. 제 욕심과 감정과 생
각을 스스로 처리하는 사람들이 사는 땅은 환해진다.

　　새 문명, 새 세계관, 새 인생관, 새 국가를 세우지
않고 우리 살 길만을 찾을 재주가 없게 됐습니다. 정치가
역사를 만들거니 하는 생각, 이것은 완전히 망상입니다.
정치가 역사를 만드는 것이 아니라 역사가 정치를 낳습
니다. 반드시 할 일은 세계의 씨울이 어서 손을 잡는 일
입니다. 이제 세계적 혁명만이 혁명입니다. 선이야말로
세계적으로 협력하고 과학적으로 조직될 필요가 있습
니다. 《함석헌 전집 5: 서풍의 노래》17~18쪽

▶지중해 시대, 대서양 시대를 거쳐 태평양 시대를 살고 있다. 태평
양(太平洋) 시대는 말 그대로 큰 평화 바다의 시대요, 세계평화 시
대다. 정복전쟁을 일삼던 국가주의 시대는 1·2차 세계대전으로
끝나고 세계평화 시대가 시작되고 있다. 세계평화 시대는 새 문명,
새 세계관, 새 인생관, 새 국가를 요구한다. 국가주의 시대의 낡은
세계관과 인생관으로는 태평양 시대를 열어갈 수 없다.
정치는 오랜 세월 국가주의 문명의 틀 속에서 이루어졌기 때문에
국가주의 문명의 한계를 넘어서기 어렵다. 정치가들이 협상을 통
해서 새 시대, 새 문명을 가져올 것으로 기대하는 것은 망상이다.
세계의 씨울들이 새 시대를 열 때 새 정치가 이루어질 것이고 새 시
대를 열어가는 씨울들 속에서 새 정치인들이 나올 것이다. 국가주
의 시대를 넘어서 세계평화 시대를 열어가는 것이 세계혁명이다.
세계의 선한 씨울들이 서로 손잡고 효율적인 조직과 연대를 형성
해야 한다.

살림이란 물질을 불살라서 피어오르는 불꽃이다. 사람이 섭취한 식물도 필경은 피로 피고야만 꽃이요 불꽃이다. 위로 올라가는 거룩한 생각의 꽃내(향기)로 피를 살라 올려야 한다. 사람이 사름(삶), 말씀을 사름(사룀), 불을 사름은 같은 일, 같은 말이다. 《제소리》328쪽

▶먹이인 물질을 불살라서, 힘을 얻는 것이 살림이다. 신진대사로 밥을 태워서 피가 되고, 숨으로 묵은 피를 태워서 새 피를 낸다. 거룩한 생각으로 피를 씌우고 불사를 때, 사람이 살고, 말씀을 사뢰고, 목숨 불을 사르는 것이 같은 일, 같은 말이 된다. 사람이 사는 것도 말씀을 사르는(사뢰는) 것도 목숨 불을 사르는 것도 모두 사름이다. 사람은 사름이다. 삶을 살고 말씀을 사뢰고 목숨 불을 사른다. 거룩한 생각으로 피를 살라 올리면, 핏속에 거룩한 생각의 향기가 배고 사람은 사람답게 사르는 존재가 된다.

　　　이제 생명은 귀하다는 것, 정신은 절대 죽지 않는
다는 것, 정의의 법칙은 영원히 살아 있다는 것을 몸으로
증거할 때가 왔습니다. 나는 이때야말로 정말 우리가 우
리의 가지는 민족적 개성을 살려서 세계역사에 이바지
할 수 있는 때라고 합니다. 속알 없는 죽은 잎새나 마른
가지에게는 서풍이 무서운 죽음의 음성이겠지만 억만년
진화의 총결산과 미래 영원한 발전의 설계를 한데 합한
신비의 말씀인 알갱이를 속에 품고 있는 산 씨올에게는
그것이 신나는 복음입니다. <함석헌 전집 5: 서풍의 노래> 18쪽

▶물질 속에서 생명이 생겨났지만 생명은 물질보다 한없이 존귀하
다. 생명은 상처를 입고 죽을 수 있지만 생명 속에서 생겨난 정신
은 절대 죽지 않는다. 예수, 석가, 공자, 노자, 간디는 죽었지만 이들
의 정신은 지금도 시퍼렇게 살아 있다. 당시에 이들을 죽이거나 외
면했던 불의한 세력은 흔적도 없이 사라졌지만, 진리와 정의를 지
켰던 이들은 가장 힘 있게 살아 있다.
국가주의 시대의 오랜 역사 속에서 의인들의 시련과 고통을 통해
서 확증된 진실들이 있다. 생명이 물질보다 존귀하고 정신은 죽지
않고 정의가 이긴다는 것이다. 세계평화 시대의 새 문명을 열려면
우리가 이 진실들을 몸으로 입증해야 한다. 한국민족은 국가주의
문명의 폐해를 온몸으로 겪었다. 다른 어느 민족보다 국가주의의
폐해를 잘 알고 국가 없이도 살아 봤기 때문에 한국민족은 새 시대
를 여는 데 앞장설 수 있다.

한국민족은 '한'(큰 하나)을 품고 사는 '한겨레'다. '한'은 착하고 어진 마음이다. 함석헌은 한민족의 본성이 착하다고 했다. 피난 가는 열차에서 음식을 먹을 때도 옆 사람에게 권하고서야 먹는 것을 보고 함석헌은 한민족은 착함으로 세계에 기여할 것이라고 했다. 밥을 나누어 먹고 어려움에 빠진 사람을 돕는 착한 마음이라야 생명을 사랑하고 정의를 지킬 수 있다.

생명과 역사의 속알갱이는 사랑과 정의다. 사랑과 정의를 품고 있는 씨올에게는 낡은 문명을 허무는 혁명의 바람이 두렵지 않다. 국가주의 문명의 특권에 매달리고 그 찌꺼기에 취해 사는 것들에게는 새 시대의 바람이 죽음의 음성으로 들리겠지만 억만년 진화의 동인이고 미래 영원한 발전의 씨앗인 사랑과 정의의 말씀을 품은 사람에게는 신나는 복음이다.

머리를 무겁게 떨어뜨리며 하는 생각은 사람을 죽게 하는 생각이 되지만, 머리를 위로 우러러 들게 하는 거룩한 생각은 사람을 영원히 살리는 불꽃이다. 이런 생각을 못함으로 사람의 머리가 아픈 것이고, 이런 생각을 계속하면, 그의 머리는 성향로(聖香爐)의 상구(上口)로 거룩한 불꽃을 온전히 위로 정하게 올리는 임무를 하니, 그의 머리는 더욱 시원할 것이며, 전성단[全聖壇, 전신]의 제물[祭物, 에너지]도 치열하게 탈 뿐이니 장쾌 청정일 것이다. 《제소리》 328쪽

▶사람은 사르는 존재요 몸은 불꽃 제사를 지낸다. 몸 전체가 거룩한 제단이고 머리는 거룩한 향로다. 불꽃 중의 불꽃은 사람을 거룩하게 위로 올리는 생각이다. 위로 올라가게 하는 생각은 사람을 영원히 살리는 불꽃이다. 이런 생각은 머리를 맑고 시원하게 하고 신진대사를 원활하게 해서 온몸을 유쾌하고 깨끗하게 한다.

몸에는 나 아니고 남이 의사노릇을 해 줄 수 있
지만, 역사에는 민중 자신이 아니고는 아무도 고칠 수
없다. 《함석헌 전집 2: 인간혁명의 철학》 67쪽

▶역사의 주체는 민중이고 역사를 바로잡는 것도 민중이다. 왜냐
하면 민중이 바로 역사 자체이기 때문이다. 역사의 발달 정도와 수
준, 역사의 현실을 나타내는 것은 민중이다. 역사를 바로잡는 것
은 민중을 바로잡는 것이다. 누가 민중을 바로잡을 수 있는가? 민
중을 바로잡을 수 있는 것은 민중뿐이다. 누가 민중의 삶과 구실
을 대신하겠는가?
국민은 나라의 주권자다. 주권자의 현실과 수준이 그대로 나라의
현실과 수준이다. 국민의 수준이 높은데 정치와 경제의 수준이 낮
을 리 없다. 나라의 정치와 경제와 문화를 바로잡는 것은 국민뿐
이다. 천년이 가고 만년이 가도 나라의 씨울들이 깨어나야 나라가
바로 된다.

누구나 사는 사람이 먹고, 입고, 자고, 일어나고, 하면서 살되, 가장 잘할 노릇을 생각하여 먹든지 입든지 자든지 일어나든지 하는 사람은 철학자라 하여 가(可)하고, 사제(司祭)라 하여 가하리다. 생각 없이 먹고 입고, 자고 일어나는 사람은 밥벌레[食蟲]니 밥벌레는 병신 사람으로나 치리까? 그밖에 생각을 하되 제 머리를 무겁게만 할 따위의 생각을 하는 이는 마귀의 졸개[魔卒]라 할 것이니, 곧 거룩한 불꽃을 도적질하는 자라 스스로 심판이나 기다리는 자가 될 것이다. 《제소리》 328쪽

▶ 철학자는 옳게 제대로 살 것을 생각하는 이고, 사제는 옳게 제대로 사는 길을 함께 가는 이다. 생각하고 생각한 대로 사는 이는 누구나 철학자이고 사제다. 사람이 옳게 제대로 사는 것이 무엇인가? 하늘에 머리를 두고 사는 사람은 하늘을 숨 쉬고 하늘을 그리워하고 하늘과 사귀려 한다. 사람은 몸과 마음에 하늘을 품고 하늘로 올라가는 존재다. 하늘은 누구나 자유로우면서 더불어 하나로 되는 곳이다.

사람이 생각한다는 것은 하늘을 그리워하고 하늘에 비추어 보는 것이며, 하늘로 올라가 하늘과 소통하는 것이다. 하늘을 생각하는 것이 사람다운 것이고 사람 되는 것이다. 생각 없이 사는 이는 밥벌레요, 하늘 향한 머리를 땅에 떨어트리는 생각을 하며 사는 사람은 악마의 종이다. 이런 사람은 하늘이 자신에게 준 거룩한 생명의 불꽃을 도적질하는 자요 스스로 멸망의 길로 가는 자다.

　　나는 우리가 지루한 고난의 역사에서 닦아낸 우리의 특성은 여기 있다고 봅니다. 교만으로가 아니라 겸손으로 강함으로가 아니라 사랑으로 사는 것입니다. 이것이 우리의 알갱이요 또 인류의 알갱이 따지고 보면 우주 진화의 알갱이입니다. <u>《함석헌 전집 5: 서풍의 노래》18~19쪽</u>

▶생명진화의 역사를 돌이켜 보자. 냉혹한 뱀과 거대한 공룡, 곰과 호랑이, 서로 생각하고 다정하게 말하는 사람을 비교해 보자. 무엇이 생명진화의 역사를 이끌어 왔는가? 서로 헤아리고 다정히 품어 주는 마음이 생명진화를 이끌어 왔다. 이 마음이 파충류에서 포유류를 낳았고 포유류에서 사람을 낳았다.

5천 년 민족사 속에서 오랜 세월 고난을 겪으면서 우리 민족은 사랑으로 견디는 마음을 닦아냈다. 한(恨)도 많고 인정도 많은 민족이다. 우리는 겸손하게 사랑으로 사는 것이 참 사는 길임을 역사 속에서 터득했다. 단점도 많고 부족한 점도 많지만 인정만은 풍부한 민족이다. 그러므로 평화시대를 여는 데 앞장설 수 있다.

　　왜 간디를 기념하는가? 간디의 살과 피를 먹고 마셔 내가 간디처럼 사는 것이 중요하지 어째서 간디를 기념하는가? 《다석강의》 445~446쪽

▶어떤 인물을 기념하는 것은 과거의 인물로서 추억하는 것이다. 추억하는 '나'는 오늘 살아 있고 추억되는 사람은 죽은 인물로서 과거에 머물러 있다. 예수 시대에도 사악하고 위선적인 바리새파, 사두개파 사람들이 예언자들의 무덤을 꾸미고 예언자들을 기념하였다. 기념하는 자와 기념되는 자 사이에 삶과 정신의 연속성이 없었다. 예언자의 삶과 정신을 배신하고 모독하는 무리들이 예언자들을 기념하는 데 앞장섰던 것이다.

그래서 예수는 죽음을 앞두고 제자들에게 "밥을 먹을 때마다 내 살과 피를 먹고 마시라"고 부탁했다. 예수는 기념의 대상이 되기를 바라지 않고 사람들의 삶과 정신 속에 살아 있기를 바랐던 것이다. 그러나 오늘의 한국교회는 예수를 사는 교회가 아니라 기념하는 교회로 여겨진다. 예수와 간디, 유영모와 함석헌을 기념하는 것은 이들의 삶과 정신을 기리는 바른 자세가 아니다. 이들의 살과 피를 먹고 마셔 이들의 삶과 정신을 사는 것이 이들을 받들고 이어가는 옳은 자세다.

맘은 씨올
꽃이 떨어져 여무는 씨의 알
모든 자람의 끝이면서
또 온갖 형상의 어머니.

《함석헌 전집 6: 시집 수평선 너머》 16쪽

▶맘은 수억 년 생명진화의 역사 끝에 맺힌 생명의 씨올이다. 꽃이 떨어짐으로 씨올이 여물듯이, 크고 화려한 생의 모습이 죽음으로 사라지고, 예쁘고 고운 얼굴이 시듦으로 맘이 씨올로 여물게 되었다. 생명의 씨올인 맘은 모든 자람의 끝에 있는 씨눈이면서 온갖 형상을 잉태한 어머니다. 맘은 자라는 생명의 맨 앞 끄트머리면서 모든 생명을 품은 어머니다.

우주 전체는 하나밖에 없어 절대 하나[一]이다. 우
리는 하나에 대하여 까막눈이라는 것을 알아야 한다. 그
래야 맘의 눈이 밝아진다. 못 보면서 본다고 하면 영원히
까막눈이 되고 만다. 《다석 유영모 어록》 61쪽

▶우주 전체를 아우르는 것은 하나밖에 없다. 그것은 절대 하나다.
절대 하나는 생각 속에 들어올 수 없다. 절대 하나는 도무지 생각
의 대상이 되지 않는다. 따라서 절대 하나는 알 수 없다. 우리는
'하나'에 대하여 까막눈이다. 유영모는 절대 하나(하나님)에 대해
서 모름을 지켜야 한다고 했다. 공자도 아는 것은 알고 모르는 것
은 모른다고 했다. 그렇다. 모르는 것을 아는 척하면, 망령된 말과
행동이 나온다. 모름을 지킬 때 맘이 밝아지고 말과 행실이 깨끗
해진다.

하나님은 그를 위하여는 일체를 버려야 하는 분이다. 터럭만큼이라도 그 외에 두는 것이 있으면 하나님은 아니다. 그는 하나님 모르는 이다. 그리고 일체를 다 버리면 무밖에 될 것 없다. 하나님은 하나님을 버린 지경이다. 하나님에 달라붙어 있는 자는 하나님 모른다. 《함석헌 전집 5: 서풍의 노래》 329쪽

▶하나님은 누구나 부를 수 있는 친숙한 분이면서 아무도 누구인지 무엇인지 꼭 집어 말할 수 없는 이다. 하나님은 모든 것을 초월하는 존재이므로 하나님과 나란히 존재하는 것은 없다. 하나님은 우리가 그를 위해 모든 것을 버려야 하는 분이다. 세상적이고 물질적인 것을 터럭만큼도 남김없이 버릴 때, 완전한 버림과 없음에서 만날 수 있는 이가 하나님이다. 하나님을 만나려면 물질적인 것뿐 아니라 하나님에 대한 우리의 생각이나 관념, 욕망과 의식조차 버려야 한다. 하나님에 대한 이름도 교리도 주장도 상상까지도 다 버려야 한다.

빈탕한데[虛空]가 하나님의 겉모습이고 하나님의 속생명은 얼(성령)이시다. 백 칸 짜리 집이라도 고루고루 쓸 줄 알아야 한다. 우주 또는 그 이상의 것도 내 것으로 쓸 줄 알아야 한다. 그래서 빈탕한데인 하나님 아버지의 품에서 살아야 한다. 그리하여 늘 반성하고 좋은 일에 전력을 다하면 마음이 슬플 때나 괴로울 때나 악해질 리가 없으며 악한 놈이 길지 못하다는 것을 느낄 수가 있다.
《다석 유영모 어록》 55쪽

▶하나님은 얼이시니 물질로는 없다. 빈탕의 없음이 하나님의 겉모습이다. 하나님은 얼이시므로, 우주만물 속의 속에 계시면서도 우주만물을 초월해 계신다. 하나님을 모신 사람은 빈탕한데의 자유와 얼의 충만을 누릴 수 있다. 이 하나님을 모시고 하나님의 품 안에 살면 우주 생명 세계의 주인 노릇을 할 수 있다.

우주 생명 세계의 주인 노릇을 한다는 것은 나와 우주 세계의 본성을 실현하고 완성하는 것이다. 하나님의 품 안에 산다는 것은 하나님의 마음과 뜻으로 사는 것이다. 사람과 만물의 어버이인 하나님의 마음과 뜻은 무엇인가? 사람과 만물을 실현하고 완성하는 것이다. 늘 하나님을 생각하고 나와 만물을 실현하고 완성하는 삶과 일에 목숨과 힘을 다하면 하나님의 정의와 사랑이 이긴다는 것을 느끼고 알게 된다. 그런 사람은 악한 생각이나 일에 빠져들지 않고 악한 세력의 위협이 일시적인 것을 느낄 수 있다.

아침밥 맛난 냄새 바람결에 동해
저도 같이 먹자 청함만 여겨
상 옆에 내리 앉아 옷깃 고치고
공손한 걸음으로 살살 기어드는 파리를
삼대(三代) 원수나 만난 듯이 미운 생각에
채 들어 단번에 후려갈기면
앞뒷발 싹싹 비비고 죽으며 하는 말
나도 인생이야, 나도 살자고 생겨난 거야!

《함석헌 전집 6: 시집 수평선 너머》 57쪽

▶함석헌의 글 가운데 가장 해학적인 글이다. 맛난 음식 냄새는 파리에게 초청장이나 마찬가지다. 음식은 먹자는 것 아닌가? 음식 냄새를 맡은 파리는 조심스럽고 공손하고 예의 바르게 밥상에 다가간다. 파리도 먹어야 살지 않겠는가? 파리가 먹어 봤자 얼마나 먹겠는가! 그런데 사람은 큰 원수나 만난 듯 파리채로 파리를 후려갈긴다. 파리는 죽으면서도 앞발 뒷발 싹싹 비비며 죽는다. 파리는 억울하다. 파리도 살자고 생겨난 목숨 아닌가? 그런데 세상에는 파리처럼 학대받으며 살다 억울하게 죽는 인생이 많다. 파리의 억울한 심정을 모르고는 자연 생명 세계도 인간 사회도 지켜갈 수 없다.

님을 생각하는 것은 상사(想思)라 한다. 님을 머리 위에 받들어 이는 데는 반드시 생각이 있다. 생각이 없으면 님은 없다. 우리는 하나님, 말씀님, 길님처럼 님을 붙여서 생각할 수 있다. 이처럼 님을 붙여놓으면 그 깊은 뜻이 절로 우러나오는 것을 알 수 있다. 내가 하는 기도는 바로 최고의 님, 하나님 아버지를 부르는 것이다. 《다석 유영모 어록》 86쪽

▶ 생각은 그리워하고 사랑하는 데서 나오는 것이다. 사랑해서 생긴 병을 '서로 생각하는 병'(相思病)이라고 했다. 그리워하고 사랑하면서 생각하는 이를 '님'이라 한다. 님은 그립고 사랑해서 늘 생각하는 이다. 그립고 사랑하면 생각하지 않을 수 없다. 또 누구인가 무엇인가를 사무치게 생각하면 그립고 사랑하게 된다. 누구든 무엇이든 님을 붙여서 부르면 존재의 깊은 뜻이 우러나서 생각하게 되고 그리워하고 사랑하게 된다. 내가 최고의 님을 부르는 것은 최고의 님에 대한 나의 기도이고 생각이고 사랑이다. 최고의 님을 부름으로써 다른 많은 님들을 부를 수 있다.

이 세상에 뭘 하러 왔던고? 얼굴 하나 보러 왔지,
참 얼굴 하나 보고 가잠이 우리 삶이지.
시간의 끝없는 물결 들고 또 나는 영원의 바닷가
에,
한없는 모래밭에, 오르며 또 내리며 헤매어 다니
면서
진주 한 알 얻어 들잠이 우리들의 삶이지.

《함석헌 전집 6: 시집 수평선 너머》 89쪽

▶덧없는 이 세상에서 잠깐 살다 가는 인생의 목적이 무엇인가? 참
된 얼굴을 보고 참된 얼굴이 되자는 것이다. 얼굴은 육체로 된 것
이지만 정신과 얼을 드러낸다. 그래서 얼굴은 얼의 굴이요 얼의 골
짜기라고도 한다. 얼굴에는 관상(觀相)뿐 아니라 심상(心相)이 있
고 심상뿐 아니라 신의 형상(形相), 신의 얼굴이 들어 있다. 사람의
얼굴에서 영원한 신의 얼굴을 보자는 것이 인생의 목적이다.

시간의 끝없는 물결 속을 떠돌며 막막한 모래밭 같은 세상을 헤매
는 인생길에서 영원한 생명의 씨올맹이를 얻는다면 그보다 더 큰
보람이 어디 있을까? 그 씨올맹이를 얻은 사람의 얼굴에는 그 씨올
맹이가 심겨져 있다. 영원한 생명의 얼굴을 찾고 또 찾고 그리워하
고 또 그리워함으로 제 얼굴을 제가 그리는 것이다.

하나님께로 오르는 정신은 나이가 아무리 여든 아흔이 되어도 하나님 앞에서는 아이들이다. 이 사람이 오늘 이 시간까지 67살을 살고 있지만 아직 정신적으로는 어린아이다. 《다석 유영모 어록》 66쪽

▶땅에서 아무리 올라가도 하늘에 비기면 한없이 낮다. 높은 산꼭대기에 올라가도 하늘은 까마득히 멀고 높기만 하다. 하늘을 향해 올라가는 사람 가운데 누가 높이 올라갔다고 뻐길 수 있을까? 아무리 높은 산도 지구 위의 작은 주름에 지나지 않는 것을! 하나님께로 올라가는 정신은 겸허할 수밖에 없다. 늘 새롭게 올라가야 하니까 내가 낮고 부족한 것을 알 수 있다. 아흔이 되어도 백이 되어도 올라가는 정신은 늙을 줄 모르는 어린이 같은 정신이다.

진리는 슬퍼, 파랗게 슬퍼. 높이 드러나는 파란 하늘 깜박깜박하는 파란 별 아아슬하게 올려다볼 때같이, 진리의 얼굴 마주 대하면 파랗게 슬퍼. 파아란 바다…… 파란 물결…… 진리의 눈동자 건너다보면 파랗게 슬퍼.

《함석헌 전집 6: 시집 수평선 너머》 93~94쪽

▶진리가 왜 슬픈가? 덧없이 늙어가는 몸, 욕심에 물든 맘으로는 영원한 하늘의 진리에 가까이 갈 수 없다. 진리를 애타게 찾으면 찾을수록 진리는 멀어만 진다. 혼으로는 진리를 애타게 찾는데 마음은 게으르고, 마음은 진리를 그리워하는데 몸은 부질없는 일로 바쁘다. 몸의 감각과 이성의 생각으로는 하늘의 진리를 느낄 수도 없고, 헤아릴 수도 없다. 그러니 인생에게 진리는 슬픈 것이다.

왜 진리를 파랗다고 하는가? 진리는 늘 떳떳하고 변함이 없다. 파란 하늘처럼, 깜박이는 파란 별처럼, 파란 물결, 파란 바다처럼, 파란 것은 깨끗하고 영원한 것이다. 세상살이의 땟국물에 절어 더럽고 아침 이슬처럼 덧없는 인생이 깨끗하고 영원한 진리의 늘 푸른 얼굴을 보면 파랗게 슬프지 않을 수 없다. 몸에 든 멍이 파랗듯이, 맘의 슬픔도 파랗다.

영원한 하느님께서 알아서 으레 하시리라 하고 턱
믿고 가야 한다. 이렇게 하는 것이 천명(天命)을 아는 것
이다. 모든 것이 하나님의 섭리 속에서 움직인다는 것을
알아야 한다. 《다석 유영모 어록》 68쪽

▶나는 내게 맡겨진 일을 힘껏 하고 일의 결과는 하나님께 맡겨야
한다. 모든 일이 하나님의 손 안에서 움직인다는 것을 아는 것이
천명을 아는 것이다. 천명을 아는 사람은 조급하거나 낙심하지 않
는다. 몸과 맘이 닳도록 일하고도 실패와 좌절을 맛볼 수 있다. 어
쩌면 실패와 좌절, 고난과 죽음에서 비로소 천명을 아는 사람의
진면목이 드러난다. 예수가 그런 사람이 아닌가? 십자가가 천명을
이루는 자리가 될 줄 누가 알았을까?

완성은 반갑다고 누가 그러나?
끝맺음은 아름답다고 누가 그러나?
얻어들음은 즐겁다고 누가 그러나?
자연은 언제나 완성할 줄 모르는 영감(靈感)의 거
장(巨匠),
역사는 영원히 끝날 줄 모르는 절대의 의지.
《함석헌 전집 6: 시집 수평선 너머》 124쪽

▶살면서 작품을 완성하고, 일이나 과정을 끝맺고, 사업을 성공하고 새로운 것을 찾아 얻을 수 있다. 나름대로 보람 있고 좋은 일이지만 거기 계속 머물 수는 없다. 완성하고 끝맺고 성공한 일은 이미 지나간 것인데, 생은 자라는 것이고 늘 새롭게 시작하는 것이기 때문이다. 숨은 늘 쉬어야 하고 삶은 늘 살아야 한다.

자연 생명 세계는 무슨 일을 완성하거나 끝내고 머무르는 일이 없다. 늘 그대로인 듯하나, 늘 새롭게 생명을 지어 내고 스스로 돌아가고 스스로 바뀐다. 자연은 끝없는 영감을 불러일으키는 위대한 예술가인 듯, 인간에게 생의 아름다움과 엄숙함, 거룩함과 심오함을 보여 준다. 역사를 우연으로 보는 것은 물질주의요, 필연으로 보는 것은 법칙(이론, 관념)주의다. 그러나 역사를 생명의 역사, 맘의 역사로 보면 역사 속에는 영원히 끝날 줄 모르는 '절대의 의지'가 있다. 절대의 의지를 경험한 사람에게 절망은 없다.

유영모·함석헌의 생각 365

2012. 12. 13. 초판 1쇄 인쇄
2012. 12. 18. 초판 1쇄 발행
지은이 박재순

펴낸이 정애주 **편집팀** 송승호 한미영 김기민 김준표 오은숙 정한나
디자인팀 김진성 박세정 **제작팀** 윤태웅 유진실 임승철
마케팅팀 차길환 국효숙 박상신 오형탁 송민영 **경영지원팀** 오민택 마명진 윤진숙

펴낸곳 주식회사 홍성사 **등록번호** 제1-499호 1977. 8. 1.
주소 (121-897) 서울시 마포구 합정동 369-43
전화 02) 333-5161 **팩스** 02) 333-5165
홈페이지 www.hsbooks.com **이메일** hsbooks@hsbooks.com